フランス語を母語とする
日本語学習者の
誤用から考える

大島弘子 編

Analyses of Errors
Made by Native French Speakers
Learning Japanese

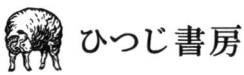
ひつじ書房

はじめに

　本書は、日仏研究者交流という形で、一方では、フランスの大学で日本語を教える日本語研究者の論文 8 本（中尾、竹村・神山、岩内・バザンテ、デロワ中村、牛山、中島、大島、東）、もう一方では、日本の日本語教育研究者、日仏対照研究者の寄稿論文 3 本（野田、砂川・黒沢、秋廣）を一冊の研究書として纏めたものである。

　フランス側研究者の論文は、パリのフランス国立東洋言語文化大学（INALCO）の日本研究センター（CEJ）の日本語学プロジェクトの 1 つとして 2013 年 1 月から 2017 年 12 月まで行われた「フランス語を母語とする日本語学習者の誤用研究」の成果を活字にしたものであり、自分達の学生の日本語学習の困難点を分析し、その成果を授業へ還元し、より良き日本語教育を目指すことを目的としている。このプロジェクト参加研究者の特徴は、全員フランスの大学で日本語教育に従事している教師でもあることである。その利点として、接する学習者が全員フランスの大学生であり、母語・学習背景・環境が共通しているため、各論文で分析に用いられている学習者コーパスは数が多く、均質性も高い。また、いずれの論文においても分析に日仏対照という視点が取り入れられている。

　本書の論文はいずれも、フランス語を母語とする日本語学習者の困難点という観点から分析を行っており、それは日本側寄稿論文でも同様である。野田論文はフランス語を母語とする日本語学習者の「聴解・読解におけるバリエーションの難しさ」を分析している。秋廣論文は、日本語とフランス語の対照という観点から受身表現においてフランス語を母語とする日本語学習者の出会うであろう問題を考察している。

　砂川・黒沢論文では、国立国語研究所が開発中の学習者コーパス I-JAS（International Corpus of Japanese as a Second Language）を用いて、仏語母語学習者と中国語母語学習者の漢語名詞の習得状況を比較している。日本国内

では、中国語、韓国語、英語等を母語とする学習者の誤用研究の成果が既に
いくつも積み重ねられているので、フランス語母語学習者との比較対照研究
が今後進んで行くことが期待される。また、日本の日本語教育研究の最近の
流れには、大規模な母語別日本語学習者コーパス構築があり、フランス語母
語学習者のコーパスも作られ始めている。砂川・黒沢論文ではいち早くそれ
を用いているが、これから日本ではそのようなコーパスを基にした研究が一
層進んでいくものと思われる。

　本書で「誤用（研究）」という語は、「誤って用いること／誤って用いた表
現」という限定的な意味では用いておらず、日本語学習において学生が見せ
る困難点、不自然さの現れをすべて含めた大きな意味で使っている。竹村・
神山論文では促音の知覚を分析しているので厳密には「誤聴」、野田論文で
も「誤聴」や「誤読」と表現しなければならない現象が分析されているが、
慣用語ではないので「誤用」で一括したい。また、いくつかの論文の中では、
ある表現の使用状況の理解・把握の難しさなどにも触れている。

　日本で母語別学習者コーパスが徐々に整備される中で、フランス語を母語
とする日本語学習者に特化した研究の成果を日本語で出版し、日本の関係者
に広く知らしめることには時機を得た意義があると思われる。また、本書
は、フランス語を母語とする日本語学習者の様々な困難点を集中的また多覚
的に提示することで、日本語学、日本語教育分野においても新たな研究テー
マを示唆できる可能性を秘めているのではないだろうか。そう考えると、日
仏を中心に据えた本書も、国内外の現職日本語教師、およびこれから日本語
教師を目指そうとする学生、日本語を研究対象とする研究者、対照研究を行
う言語研究者、日本語学習者の誤用を研究する研究者や専攻学生にとっても
何らかの役に立つのではないかと思われる。

　最後に、この「フランス語を母語とする日本語学習者の誤用研究」プロ
ジェクトは、東芝国際交流財団（TIFO）から三年に渡り助成金を受けるこ
とでその活動を充実させることができたことを述べたい。2015 年 8 月にフ
ランスのボルドーにおいて、第 19 回ヨーロッパ日本語教師会シンポジウム
ジョイントセッションとして同テーマで研究会を実施した折、シンポに参加
した日本からの研究者が何人も聞きに来てくれたことがきっかけで、日仏共

同研究が始まり、それが本研究書の出版へと進んだ。TIFO の支援なしには、プロジェクトの広がりも本書の出版も難しかったのではないかと思われる。また、Meiji Jingu Japanese Studies Research Grants for 2018 のおかげで、本書編集の最終段階で日本での現地調整が可能になったことも付け加えたい。末筆ながら執筆者の方々、そして本書の刊行に尽力して下さったひつじ書房の松本功社長、丹野あゆみさんへもこの場を借りて感謝の意を表したい。

2018 年 10 月

フランス パリにて　大島弘子

目　次

学習者の作文における恩恵表現「〜てくれる」の使用をめぐって

日仏対照の観点から

受身形式の体系的な日仏対照分析

聴解・読解における
日本語のバリエーションの難しさ

野田尚史

1 はじめに この論文の目的と構成

この論文の目的は、次の(1)と(2)である。

(1) 日本語学習者の聴解・読解では日本語のバリエーションのどのような
点が難しいのかを、フランス人学習者を対象にした聴解・読解の調査
から明らかにする。

(2) 日本語のバリエーションは、言語を産出する会話・作文という言語活
動においてより、言語を理解する聴解・読解という言語活動において
のほうが学習者にとって難しいことを主張する。

これまで日本語のバリエーションとして取り上げられることが多かったの
は、同じか似ている意味を違う形式で表すものである。たとえば、「男性の
一人称」という意味を「ぼく」や「おれ」など複数の形式で表すといったこ
とである。日本語学習者にとっては、このようなバリエーションは主に言語
を産出する会話・作文という言語活動を行うときに問題になる。

この論文では、それだけではなく、それとは逆のバリエーション、つま
り、同じか似ている形式が違う意味を表すものも取り上げる。たとえば、「彼
女」という形式が「女性の三人称」と「女性の恋人」という複数の意味を表
すといったことである。日本語学習者にとっては、このようなバリエーショ
ンは主に言語を理解する聴解・読解という言語活動を行うときに問題にな
る。

この論文では、日本語学習者の聴解・読解で問題になるバリエーションを

広く取り上げる。「彼女」が「女性の三人称」を表したり「女性の恋人」を表したりするように、同じか似ている形式が違う意味を表すバリエーションが中心になる。ただし、それだけではなく、「男性の一人称」を「ぼく」で表したり「おれ」で表したりするように、同じか似ている意味を違う形式で表すバリエーションも取り上げる。

この論文の構成は、次のとおりである。

最初に2から4で、この論文の前提を述べる。2では日本語のバリエーションの種類を整理し、3では日本語学習者にとっての日本語のバリエーションの難しさを整理する。4では日本語学習者を対象に行った聴解調査と読解調査の方法を説明する。

そのあと5から9で、聴解・読解における日本語のバリエーションの難しさのうち、似た形式が違う意味を表すバリエーションを取り上げる。5では音声、6では語彙、7では表記、8では文法、9では文章・談話のバリエーションを扱う。

さらに10から12で、それとは逆のバリエーション、つまり、似た意味を違う形式で表すバリエーションを取り上げる。10では語彙、11では表記、12では文法のバリエーションを扱う。

最後に13でこの論文のまとめを行い、今後の課題をあげる。

2　日本語のバリエーションの種類

前の1で述べたように、日本語のバリエーションには次の（3）と（4）の2種類のバリエーションがある。

（3）同じか似ている意味を違う形式で表すバリエーション
　　　例：「男性の一人称」という意味を「ぼく」や「おれ」など複数の形式
　　　　で表す。
（4）同じか似ている形式が違う意味を表すバリエーション
　　　例：「彼女」という形式が「女性の三人称」と「女性の恋人」という複
　　　　数の意味を表す。

　日本語のバリエーションには、音声に関わるもの、語彙に関わるもの、表記に関わるもの、文法に関わるものなど、さまざまなものがある。

　ただし、次の(5)のような音声に関わるバリエーションは、話しことばだけに見られるものである。また、(6)のような表記に関わるバリエーションは、書きことばだけに見られるものである。

(5) 話しことばで、「こうせい」という音声が「構成」という意味を表したり「校正」という意味を表したりするバリエーション（書きことばでは、「構成」と「校正」のように表記が違うのが普通である。）

(6) 書きことばで、「十分」という表記が「10分」という意味を表したり「充分」という意味を表したりするバリエーション（話しことばでは、「じゅっぷん」と「じゅうぶん」のように音声が違う。）

3　日本語のバリエーションの難しさ

　日本語学習者にとって日本語のバリエーションはどのように難しいのかを、言語を産出する言語活動と言語を理解する言語活動に分けて整理すると、次のようになる。

　まず、言語を産出する言語活動の場合は次のように整理できる。言語を産出する言語活動では、似ている意味を違う形式で表すバリエーションについては次の(7)の問題がある。しかし、(8)のように比較的対応がしやすい。

(7) 言語を産出する会話・作文という言語活動では、似ている意味を違う形式で表すバリエーションの使い分けが問題になる。たとえば、依頼を表すのに「〜して」や「〜してください」「〜していただけませんか」などのうち、どの形式を使うかということが問題になる。

(8) 依頼を表す形式には「〜してもらえないかなあ」「〜していただけるとありがたい」などを含め、さまざまのものがある。しかし、学習者はすべてを使い分けられる必要はない。2、3の主要な形式を使えれば問題ないことが多い。

　また、似ている形式が違う意味を表すバリエーションについても、次の(9)のように問題にはならない。そして、(10)のように比較的対応がしやすい。

（9）言語を産出する会話・作文という言語活動では、似ている形式が違う意味を表すバリエーションはあまり問題にはならない。たとえば、「沖縄まで行った」の「まで」という形式が格助詞として単なる到達点を表すか、とりたて助詞として「予想に反して普通は行かない沖縄に行った」という意味を表すかということはあまり問題にはならない。

（10）学習者が単なる到達点を表す意味で「沖縄まで行った」と言うときに、別の意味になるかもしれないということを知らなくても、あまり問題はないことが多い。

　このように、会話や作文では学習者は多くのバリエーションを知らなくてもあまり問題はないことが多い。自分が使える形式だけを使って話したり書いたりすれば、それで済むことが多いからである。

　一方、言語を理解する言語活動の場合は次のように整理できる。言語を理解する言語活動では、似ている形式が違う意味を表すバリエーションについては次の(11)の問題がある。そして、(12)のように対応が難しい。

（11）言語を理解する聴解・読解という言語活動では、似ている形式が違う意味を表すバリエーションの理解のしかたが問題になる。たとえば、「結構です」という形式を「それでよい」という意味で理解するか、「必要ない」という意味で理解するかということが問題になる。

（12）「結構です」は、「～で結構です」や「結構ですね」という形であれば「それでよい」という意味になり、「～は結構です」という形であれば「必要ない」という意味になるというようなことを理解する必要がある。それを知らなければ、学習者は「結構です」の意味を適切に理解できないため、難しい。

　また、似ている意味を違う形式で表すバリエーションについても、次の(13)の問題がある。そして、(14)のように対応が難しい。

(13) 言語を理解する聴解・読解という言語活動では、似ている意味を違う形式で表すバリエーションも難しい。聴解・読解という観点から見ると、似ている意味が複数の形式で表されるからである。たとえば、「多く」という意味がひらがなの「たくさん」で表記されていたり漢字の「沢山」で表記されていたりするということが問題になる。

(14) 学習者は「たくさん」という表記を知っていても「沢山」という表記を知らなければ、「沢山」の意味は理解できない。つまり、学習者はさまざまなバリエーションを知らなければ意味を適切に理解できないことがあり、難しい。

　このように、聴解や読解では学習者は多くのバリエーションを知らないと相手が話したり書いたりしたことを理解できないことが多い。相手は学習者の知っている形式だけを使って話したり書いたりしてくれるわけではないからである。

4　聴解調査と読解調査の方法

　聴解と読解における日本語のバリエーションの難しさを明らかにするために、フランス人日本語学習者を対象に聴解調査と読解調査を行った。聞き誤りや読み誤りを調べるためである。

　そのうち聴解の調査は、次の(15)から(17)のような方法で行った。この方法は、野田・阪上・中山 (2015)、野田・中島・村田・中北 (2016)、野田 (2016) と同じである。

(15) 学習者に日本語母語話者と日本語で雑談をしてもらう。そのときの母語話者の上半身を2人の音声とともに録画しておく。

(16) 雑談が終わったあと、学習者に、録画した映像を見ながらその音声を

少しずつ聞いてもらい、理解した内容や、理解できなかったところなどをフランス語で詳しく語ってもらう。

(17) 学習者に語ってもらった内容だけでは、どう理解したかがよくわからないときや、そのように理解した理由がわからないときは、それを確認するための質問をフランス語で行い、答えてもらう。

　聴解調査に協力してもらったのは、中級レベルのフランス人日本語学習者15名である。

　一方、読解の調査は次の (18) から (20) のような方法で行った。この方法は、野田・穴井・桑原・白石・中島・村田 (2015)、野田 (2016)、野田・穴井・中島・白石・村田 (2018) と同じである。

(18) 学習者に自分が読みたい生（なま）の読み物を選んでもらう。（上級学習者を対象にした調査では、インターネットのグルメサイトに載っている指定のレストランのクチコミの中から読みたいものを選んでもらう。）

(19) 学習者に、普段どおりに辞書などを使ってその読み物を読んでもらい、理解した内容や、理解できないところなどをフランス語で詳しく語ってもらう。

(20) 学習者に語ってもらった内容だけでは、どう理解したかがよくわからないときや、そのように理解した理由がわからないときは、それを確認するための質問をフランス語で行い、答えてもらう。

　読解調査に協力してもらったのは、初級レベル11名、中級レベル4名、上級レベル12名のフランス人日本語学習者である。

5　似た形式が違う意味を表す音声のバリエーション

　この5から9では、聴解・読解における日本語のバリエーションの難しさのうち、似た形式が違う意味を表すバリエーションを取り上げる。5では音声、6では語彙、7では表記、8では文法、9では文章・談話のバリエーショ

ンを扱う。

　音声の中には、上昇イントネーションかどうかが違うだけの音声のように、似ている音声が違う意味を表すものがある。そのような意味の違いを適切に理解するのは、学習者にとって難しいことがある。

　たとえば、次の(21)では、相手の発話「スペイン語は母音がいくつあるの？」の部分は上昇イントネーションになっている。ここで相手は学習者にスペイン語の母音の数を質問している。そのあとの「フランス語だと」の部分は上昇イントネーションにはなっていない。ここでは相手は学習者にフランス語の母音の数を質問しようとしているのではない。スペイン語の母音の数を質問する前提として、スペイン語の母音の数と対比するために、フランス語の母音の数を言おうとしている。

(21) 相　手：スペイン語は母音がいくつあるの？　［ここから声を落として］フランス語だと…
　　　学習者：9個…、15個。
　　　相　手：フランス語も15じゃない？　フランス語は14か。

　しかし、これを聞いた中級学習者は、フランス語の母音の数を質問されたと誤解した。そのため、フランス語の母音の数として「15個」と答えた。スペイン語の母音の数は5個であるが、「15個」と答えたために、スペイン語のことを知らない相手に「スペイン語の母音の数はフランス語とほぼ同じ15個だ」という間違った情報を伝えることになった。

　この誤解の原因は、同じような「フランス語だと」という音声でも上昇イントネーションかどうかによって意味が変わることを学習者が認識していなかったことである。たとえそのような認識があったとしても、実際の音声では上昇イントネーションかどうかは微妙な場合があり、聞き分けが難しいことがある。

　このように似ている音声が違う意味を表す音声のバリエーションを理解することは、学習者には難しい。

6　似た形式が違う意味を表す語彙のバリエーション

　語彙の中には、「とまる」(泊まる)と「とまる」(止まる)のように、形が似ている語彙が違う意味を表すものがある。そのような意味の違いを適切に理解するのは、学習者にとって難しいことがある。

　たとえば、次の(22)の「とまり」は、「鳥が肩や頭に一時的にとどまる」という意味である。

(22) ちゅんはパタパタ飛んではおじいさんの肩にとまり、パタパタ飛んではおじいさんの頭にとまり、ちゅんちゅんといい声で鳴きます。

　　　　　　　　　　　(ウェブサイト「左大臣どっとこむ」、「舌切り雀」)

　しかし、これを読んだ初級学習者は、「とまり」を「落ちた鳥をおじいさんが頭などで止めた」ということかもしれないと誤解した。この学習者は辞書で「とまる」を調べ、載っている意味のうち「泊まる」では意味が合わないので、「止まる」という意味が合うと考えた。このとき、「飛んで」の意味を「落ちる」だと誤解したこともあり、「落ちた鳥を頭などで止めた」という意味かもしれないと誤解した。「とまる」には「泊まる」「止まる」という意味のほかに「とどまる」という意味もあるが、それには気づかなかったということである。

　この誤解の原因は、同じ「とまる」に「泊まる」「止まる」「とどまる」など複数の意味があることを学習者が認識していなかったことである。

　語彙の中には、音声や表記は同じだが意味が違うものがある。同じ「きかん」という音声に「期間」という意味と「機関」という意味があるような同音異義語や、同じ「日中」という表記に「昼間」という意味と「日本と中国」という意味があるような同字異義語である。「骨が折れる」に「骨折する」という一般的な意味と「労力が要る」という比喩的な意味があるようなものもある。

　このように形は似ているが違う意味を表す語彙のバリエーションを理解することは、学習者には難しい。

7　似た形式が違う意味を表す表記のバリエーション

　表記の中には、漢字の「口」(くち)とカタカナの「ロ」(ろ)のように、形は似ているが違う文字であるものがある。そのような違いを見分け、意味を適切に理解するのは、学習者にとって難しいことがある。

　たとえば、次の(23)の「告げ口」は、「知られたくないことをこっそり他人に言う」という意味である。

(23) なんか告げ口してるみたいです。
　　　　　　　　　　　(ウェブサイト「左大臣どっとこむ」、「舌切り雀」)

　しかし、これを読んだ初級学習者は、「告げ口」を「何かを言う」ことだと誤解した。この学習者は辞書で「告げ」を調べたのだが、「告げ口」の「口」をカタカナの「ロ」だと思い、「つげろ」と発音していた。そのため、辞書に載っている「告げ口」を見つけることができなかった。

　この誤解の原因は、漢字の「口」(くち)とカタカナの「ロ」(ろ)は形が非常に似ているのにまったく違う文字であることを学習者が認識していなかったことである。

　日本語の文字の中には、形が似ているものがある。野田・穴井・中島・白石・村田(2018)には、ヨーロッパの初級学習者が似ている文字を見分けられず、文の意味を誤解した例があがっている。カタカナの「ブ」(ぶ)と「プ」(ぷ)が見分けられなかった例や、ひらがなの「つ」と促音を表すひらがなの「っ」が見分けられなかった例、漢字の「腹」(はら)と「服」(ふく)が見分けられなかった例である。

　このように形は似ているが違う文字である表記のバリエーションを見分けることは、特に初級の学習者には難しい。

8　似た形式が違う意味を表す文法のバリエーション

　文法形式の中には、「〜てよかった」と「〜てもよかった」のように、似

ている形式が違う意味を表すものがある。そのような意味の違いを適切に理
解するのは、学習者にとって難しいことがある。

　たとえば、次の(24)の「行かなくてもよかった」は、「モナコに行ったが、
行く必要はなかったと思った」という意味である。

(24) モナコにも、行きました。モナコは、<u>行かなくてもよかった</u>。モナコ
　　 は何もない。

　しかし、これを聞いた中級学習者は、「モナコには行っていないが、行か
なかったことはよかった」という意味だと誤解した。

　この誤解の原因は、次の(25)と(26)は形式が似ているのに意味が違うこ
とを学習者が認識していなかったことである。

(25) 行かなくてよかった。
(26) 行かなくてもよかった。

　(25)は「行かなくて」が過去の事実を表している。そのため、この文は「行
かなかったが、行かなかったことはよかった」という意味になる。それに対
して、(26)は「行かなくても」が過去の仮定を表している。そのため、この
文は「(実際には行ったが、)行かなかったと仮定すると、そうすればよかっ
たと思う」という意味になる。

　(26)の「行かなくてもよかった」が過去の仮定の意味になるのは、野田
(1994)で指摘されているように、(26)は仮定を表す次の(27)の「行かなかっ
たら」にとりたて助詞「も」が付いたものだからである。

(27) 行かなかったらよかった。

　このような「～てよかった」と「～てもよかった」の意味の違いを適切に
理解するのは、学習者にとっては難しい。この意味の違いの理解をさらに難
しくしているのは、「～てよい」と「～てもよい」では大きな違いがないこ

とである。

　たとえば、次の (28) と (29) では大きな違いがない。(28) も (29) も「行かないことに問題はない」ことを表している。(28) より (29) のほうが「行くことにも問題がない」という意味が強くなるという小さな違いがあるだけである。

(28) 行かなくてよい。
(29) 行かなくてもよい。

　このように「〜てよい」と「〜てもよい」の意味の違いは大きくないのに、「〜てよかった」と「〜てもよかった」の意味の違いは大きい。このような複雑な文法のバリエーションを理解することは、学習者には難しい。

9　似た形式が違う意味を表す文章・談話のバリエーション

　文章・談話に関わる言語事項の中には、似ている形式が違う意味を表すものがある。たとえば「省略」では、表面的には似ている文であっても、何が省略されているかが違うことがある。そのような意味の違いを適切に理解するのは、学習者にとって難しいことがある。

　たとえば、次の(30)の「どう思いますか」は、思う対象である「〜を」が省略されている。省略されている対象を補うと、「どう思いますか」は「ニースよりはマルセイユのほうがいいということをどう思うか」という意味になる。または、「ニースよりはマルセイユのほうがいいとみんなが言っていることをどう思うか」という意味になる。

(30) なんか、ニースよりはマルセイユのほうがいいよってみんな言うんですけど、どう思いますか。

　しかし、これを聞いた中級学習者は、「マルセイユをどんな町だと思うか」という意味だと誤解した。

　この誤解の原因は、質問によって何が省略されているかが違うことを学習者が認識していなかったことである。次の(31)の「どう思いますか」という質問でも、(32)の「本当ですか」という質問でも、(33)の「どんな町ですか」という質問でも、対象である「～を」や「～は」が省略されている。しかし、質問によって何が省略されているかが違う。それを学習者が認識していなかったということである。

(31) ニースよりはマルセイユのほうがいいよってみんな言うんですけど、<u>どう思いますか</u>。(≒(30))
(32) ニースよりはマルセイユのほうがいいよってみんな言うんですけど、<u>本当ですか</u>。
(33) マルセイユは行ったことがないんですけど、<u>どんな町ですか</u>。

　(31)の「どう思いますか」では、省略されているのは「ニースよりはマルセイユのほうがいい(こと)」か、「ニースよりはマルセイユのほうがいいよってみんな言う(こと)」である。つまり、それより前に出てきている「～ってみんな言う」の「～」の引用部分か、それより前に出てきている「～けど」の「～」の部分全体である。
　(32)の「本当ですか」では、省略されているのは「ニースよりはマルセイユのほうがいい」である。つまり、それより前に出てきている「～ってみんな言う」の「～」の引用部分である。
　それに対して、(33)の「どんな町ですか」では、省略されているのは「マルセイユ」である。つまり、それより前に出てきている名詞の部分だけである。
　このように、述語が「どう思いますか」か「本当ですか」か「どんな町ですか」かで、何が省略されているかが違う。
　省略をはじめとして、このように複雑な文章・談話のバリエーションを理解することは、学習者には難しい。

10　似た意味を違う形式で表す語彙のバリエーション

　ここまでの 5 から 9 では、似た形式が違う意味を表すバリエーションを見てきた。この 10 から 12 では、それとは逆のバリエーション、つまり、似た意味を違う形式で表すバリエーションを取り上げる。10 では語彙、11 では表記、12 では文法のバリエーションを扱う。

　語彙の中には、「あまりおいしくない」と「イマイチ」のように、似ている意味を違う形式で表すものがある。そのような形式の意味を適切に理解するのは、学習者にとって難しいことがある。

　たとえば、次の (34) の「イマイチ」は、「あまりよくない」という意味である。この文脈では「それほどおいしくない」ということを表している。

(34) デザートも、まぁ
　　　ちょっとイマイチなものもあったけど、
　　　さくらもちはおいしかった w　　　　　　　　　　　　　　　（ウェ
　　　ブサイト「食べログ」、「フーズパーク／ conano de café」のクチコミ）

　しかし、これを読んだ上級学習者は、「イマイチ」の意味がわからなかった。辞書を調べても載っていないということで、わからなかった。

　「イマイチ」の意味がわからなかった原因は、「あまりおいしくない」という意味を表すのに「あまりおいしくない」のほかに「イマイチ」などの形式があることを学習者が認識していなかったことである。

　語彙の中には、似ている意味を違う形式で表すものがたくさんある。「あまりおいしくない」という意味を表す形式のうち「あまりおいしくない」は初級学習者でも知っているが、「イマイチ」や「微妙」は上級学習者でも知らないことが多い。基本的な語彙は知っていても、非常にかたい文体で使われる語彙や非常にやわらかい文体で使われる語彙は知らないことが多いということである。

　このように似ている意味を違う形式で表す語彙のバリエーションがあるときは、そのバリエーションの中に知らないものがあり、学習者には理解でき

ないことがある。

11　似た意味を違う形式で表す表記のバリエーション

　表記の中には、「匹」と「疋」のように、似ている意味を違う表記で表すものがある。そのような表記の意味を適切に理解するのは、学習者にとって難しいことがある。

　たとえば、次の(35)の「二疋」は、「2匹」という意味である。

(35) 白熊（しろくま）のような犬を二疋（ひき）つれて、［省略］あるいておりました。

　　　　　　　　（ウェブサイト「青空文庫」、宮沢賢治「注文の多い料理店」）

　しかし、これを読んだ初級学習者は、「二疋（ひき）」の意味がわからなかった。この学習者は辞書を調べたが、「疋」は出てこなかった。そのため、「疋つれて」で調べたが、これも出てこなかった。そのため、「二疋つれて」の意味はわからなかった。

　「二疋（ひき）」の意味がわからなかった原因は、動物を数える助数詞の表記に「匹」のほかに「疋」という表記があることを学習者が認識していなかったことである。

　表記の中には、似ている意味を違う表記で表すものがある。学習者は、動物を数える助数詞の表記のうち「匹」は知っていても、「疋」は知らないことが多い。「きれい」という意味を表す表記でも、「きれい」は知っていても、「綺麗」を知らなかったり「キレイ」を外来語だと思ったりする。基本的な表記は知っていても、古い表記や特殊な表記は知らないことが多いということである。

　このように似ている意味を違う表記で表す表記のバリエーションがあるときは、そのバリエーションの中に知らないものがあり、学習者には理解できないことがある。

12　似た意味を違う形式で表す文法のバリエーション

　文法の中には、「食べたほうがよい」と「食べるべきだ」のように、似ている意味を違う形式で表すものがある。そのような形式の意味を適切に理解するのは、学習者にとって難しいことがある。

　たとえば、次の(36)の「無理してでも食べきるべきだ」は、「無理をしてでも、全部食べたほうがよい」「無理をしてでも、食べなければならない」という意味である。

(36) 残しても罰金はないのでしょうが、よくピザなどを半分近くまたはそれ以上残しているグループを見かけます。お腹がいっぱいであっても<u>無理してでも食べきるべきだ</u>と思うのは自分だけかな？

　　　　　　　（ウェブサイト「食べログ」、「ピソリーノ 桜田店」のクチコミ）

　しかし、これを読んだ上級学習者は、「このクチコミの投稿者は無理して食べている」という意味だと誤解した。「べきだ」の部分の意味を考えずに理解したということである。

　「食べきるべきだ」の意味がわからなかった原因は、望ましさや義務を表すのに「ほうがよい」のほかに「べきだ」という文法形式があることを学習者が認識していなかったことである。

　文法形式の中には、似ている意味を違う形式で表すものがある。望ましさや義務を表す形式のうち「ほうがよい」や「なければならない」は初級学習者でも知っているが、「べきだ」や「（し）なきゃ」は上級学習者でも知らないことが多い。基本的な語彙は知っていても、非常にかたい文体で使われる語彙や非常にやわらかい文体で使われる語彙は知らないことが多いということである。

　このように似ている意味を違う形式で表す文法のバリエーションがあるときは、そのバリエーションの中に知らないものがあり、学習者には理解できないことがある。

13　おわりに　この論文のまとめと今後の課題

　この論文では、フランス人日本語学習者が聴解・読解という理解活動を行うとき、日本語のバリエーションのどのような点が難しいのかを明らかにした。

　似ている形式が違う意味を表すバリエーションの理解では、学習者にとって次の(37)から(41)のような点が難しいことが明らかになった。

(37) 音声のバリエーション

　　　例：上昇イントネーションかどうかが違うだけの音声が質問になるかどうか

(38) 語彙のバリエーション

　　　例：「とまる」が「止まる」の意味になるか「とどまる」の意味になるか

(39) 表記のバリエーション

　　　例：「ロ」が漢字の「口」(くち)かカタカナの「ロ」(ろ)か

(40) 文法のバリエーション

　　　例：「モナコは行かなくてもよかった」が「モナコに行ったが、行く必要はなかったと思った」という意味になるか「モナコには行っていないが、行かなかったことはよかった」という意味になるか

(41) 文章・談話のバリエーション

　　　例：「ニースよりはマルセイユのほうがいいよってみんな言うんですけど、どう思いますか」が「ニースよりはマルセイユのほうがいいというみんなの意見をどう思うか」という意味になるか「マルセイユをどんな町だと思うか」という意味になるか

　一方、似ている意味を違う形式で表すバリエーションの理解では、学習者にとって次の(42)から(44)のような点が難しいことが明らかになった。

(42) 語彙のバリエーション

　　　例：「あまりおいしくない」だけでなく「イマイチ」も「あまりおいし
　　　　　くない」という意味を表す
(43) 表記のバリエーション
　　　例：「匹」だけでなく「疋」も動物を数える助数詞を表す
(44) 文法のバリエーション
　　　例：「食べたほうがよい」だけでなく「食べるべきだ」も望ましさや義
　　　　　務を表す

　これまで日本語のバリエーションは、高野（2011）にまとめられているよ
うに、方言をはじめとして社会言語学的な面から研究されることが多かっ
た。バリエーションの日本語教育での扱いについても、高木・丸山（2007）
にまとめられているように、同じような傾向があった。

　それに対して、この論文では、社会言語学的な面だけではなく、語彙や表
記、文法など言語の構造に関わる面のバリエーションも積極的に取り上げ
た。日本語学習者にとってはそのようなバリエーションの理解が重要になる
からである。

　また、これまで日本語のバリエーションは、言語を産出する会話・作文と
いう言語活動の観点から研究されることが多かった。そのため、バリエー
ションは、ある意味を表すのに複数ある形式のうちどれを使うかという観点
から分析されることが多かった。三牧（2007）で取り上げられている丁寧体
と普通体の使い分けや、沖（2007）で取り上げられている「お書きください」
と「書いていただけないでしょうか」のような表現の使い分けである。

　それに対して、この論文では、言語を理解する聴解・読解という言語活動
の観点から、フランス人日本語学習者にとって日本語のバリエーションのど
のような点が難しいのかを明らかにした。その際、ある形式が複数ある意味
のうちどの意味を表すかという観点を重視して分析を行った。

　学習者の理解については、鈴木（2007）で取り上げられている「男女差の
あるスタイルの選択により付加された重層的な意味」の理解のような高度な
ものもあるが、この論文で扱ったのはもっと単純で基本的なものである。

　今後の課題としては、次の(45)や(46)が考えられる。

（45）日本語学習者が適切に会話・作文ができなかったり聴解・読解ができ
　　なかったりする原因には、日本語のバリエーションが関わっているも
　　のがある。バリエーションの観点から学習者の日本語の産出や理解を
　　さらに分析する必要がある。

（46）日本語のバリエーションにはさまざまなものがあるが、まだ充分には
　　体系化されていない。ある形式が複数ある意味のうちどの意味を表す
　　かというバリエーションも含め、バリエーションを体系化する必要が
　　ある。

　今後、言語を理解する聴解・読解という言語活動の観点から、また、ある
形式が複数ある意味のうちどの意味を表すかという観点から、日本語のバリ
エーションをさらに研究していくことが必要である。

付記

　この論文は、国立国語研究所共同研究プロジェクト「日本語学習者のコミュニケーショ
ンの多角的解明」と「対照言語学の観点から見た日本語の音声と文法」および JSPS 科研
費 15H01884 の研究成果である。

　日本語学習者の調査では、中島晶子（パリ・ディドロ大学）の全面的な協力を得た。

例文出典

ウェブサイト「青空文庫」、宮沢賢治「注文の多い料理店」（新字新仮名）<https://www.
　　aozora.gr.jp/cards/000081/files/43754_17659.html>

ウェブサイト「左大臣どっとこむ」、「舌切り雀」<http://yomukiku-mukashi.com/shitakiri.
　　html>

ウェブサイト「食べログ」、「フーズパーク／ conano de café」のクチコミ <http://tabelog.
　　com/ishikawa/A1701/A170101/17006490/dtlrvwlst/>

ウェブサイト「食べログ」、「ピソリーノ 桜田店」のクチコミ <http://tabelog.com/ishikawa/
　　A1701/A170101/17000622/dtlrvwlst/>

参考文献

三牧陽子(2007)「文体差と日本語教育」『日本語教育』134: pp.58–67.日本語教育学会

野田尚史(1994)「仮定条件のとりたて―「〜ても」「〜ては」「〜だけで」などの体系―」『日本語学』13(9): pp.34–41.明治書院

野田尚史(2016)「非母語話者の日本語理解のための文法」庵功雄・佐藤琢三・中俣尚己編『日本語文法研究のフロンティア』pp.307–326.くろしお出版

野田尚史・穴井宰子・桑原陽子・白石実・中島晶子・村田裕美子(2015)「ヨーロッパの上級日本語学習者によるウェブサイトのクチコミの解釈―文化の相違による解釈の違い」『ヨーロッパ日本語教育』19: pp.245–250.ヨーロッパ日本語教師会 <https://www.eaje.eu/media/0/myfiles/35%20Oral31%20Noda%20et%20al_.pdf>

野田尚史・穴井宰子・中島晶子・白石実・村田裕美子(2018)「ヨーロッパの日本語学習者に有益な読解教育」『ヨーロッパ日本語教育』22: pp.218-236.ヨーロッパ日本語教師 会 <https://eaje.eu/pdfdownload/pdfdownload.php?index=234-251&filename=panel-noda-anai-nakajima-shiraishi-murata.pdf&p=lisbon>

野田尚史・中島晶子・村田裕美子・中北美千子(2016)「日本語母語話者との対話における中級日本語学習者の聴解困難点」『ヨーロッパ日本語教育』20: pp.219–224.ヨーロッパ日本語教師会 <https://www.eaje.eu/pdfdownload/pdfdownload.php?index=234-239&filename=29_Happyo13_Noda.Nakajima.Murata.Nakakita.pdf&p=bordeaux>

野田尚史・阪上彩子・中山英治(2015)「中級学習者が雑談に参加するときの聴解の問題点」The 22st *Princeton Japanese Pedagogy Forum Proceedings*: pp.142–152. Princeton, NJ: Department of East Asian Studies, Princeton University. <https://pjpf.princeton.edu/sites/pjpf/files/past/22nd-pjpf/PJPF15_Proceedings_final.compressed.pdf>

沖裕子(2007)「談話論からみた方言と日本語教育」『日本語教育』134: pp.28–37.日本語教育学会

鈴木睦(2007)「言葉の男女差と日本語教育」『日本語教育』134: pp.48–57.日本語教育学会

高木裕子・丸山敬介(2007)「日本語教育におけるバリエーション教材と教育」『日本語教育』134: pp.68–79.日本語教育学会

高野照司(2011)「バリエーション研究の新たな展開」『日本語学』30(14): pp.256–275.明治書院

フランス語と中国語を母語とする
日本語学習者の漢語名詞の習得状況
自然発話に見られる発音の誤用分析

砂川有里子、黒沢晶子

1　はじめに

　一般的に漢字圏の学習者は漢字の知識を有し、語彙も日本語と共通するものが少なくないことから、日本語の習得は非漢字圏の学習者より有利であると考えられている。その一方で、同じ漢字でも母語と日本語とで意味や発音が異なるため、その異なりに起因する母語からの負の転移が生じ得ることから、漢字圏の学習者にとっても漢語の学習が容易でないことが指摘されている。例えば、日本語と中国語で同じ漢字によって構成されている語（以下「同形語」）は少なくないが、これらの語は、形態はほぼ同じでも[1]日本語と中国語で意味が同じ場合もあれば異なる場合もある。加藤（2005）や小森ほか（2014）は、同形語で意味が異なっている語[2]の場合、中国語の意味が日本語に転移しやすく、そのために誤りが生じやすいことを述べ、その種の誤りは語彙知識が豊富な学習者でも気付きにくいこと（小森ほか 2014）や、多義語の1つの対応だけを学習した場合、その他の語義の習得が難しくなること（加藤 2005）が指摘されている。さらに、音韻の点に関しては、費・松見（2012）により、日本語と中国語で音韻の似ている単語は、その単語を聞いたときに中国語の音韻表象も活性化され、それによって概念表象への意味アクセスが相対的に遅くなることが指摘されている。また、砂川・黒沢（2017）では、中国語母語話者の日本語発話データを分析し、同形語のほうが非同形語[3]より発音の誤用が多く生じたことから、同形語の発音の際に中国語の負の転移が介在し得ると述べている。

　本稿は、漢字圏の言語である中国語を母語とする学習者を対象とした砂

川・黒沢 (2017) の調査結果を、フランス語という非漢字圏の言語を母語と
する学習者の調査結果と比較することにより、中国人学習者とフランス人学
習者のそれぞれにみられる発音の誤用について、その特徴と誤用が生じた原
因を考察し、さらに漢字圏と非漢字圏の学習者にみられる漢語の習得につい
て考察することを目的とする。

2　調査の概要

　本稿での調査は砂川・黒沢 (2017) の調査と同様に、I-JAS の第一次公開
データを利用する。I-JAS の第一次公開データとは、国立国語研究所が開
発中の学習者コーパス I-JAS (International Corpus of Japanese as a Second
Language) のうち 2016 年 5 月に公開された 225 名分のデータである。砂川・
黒沢 (2017) では、このコーパスの自然発話データであるストーリーテリン
グ、インタビュー、ロールプレイを用いて中国語を母語とする中級学習者
15 名を対象に漢語名詞の使用状況を調査し、その結果を踏まえて作成され
た 3,386 件の漢語名詞の語彙表を分析している。本稿はこの結果と比較する
ために、砂川・黒沢 (2017) と同様の方法でフランス語を母語とする中級学
習者 15 名の調査を行い、彼らが使用した漢語名詞の語彙表を作成し、分析
した結果を砂川・黒沢 (2017) の分析結果と比較する。

　この語彙表の作成法は以下に示す通りである。詳しくは砂川・黒沢 (2017)
を参照していただきたい。

（1）使用するコーパス：I-JAS 第一次公開データのストーリーテリング
　　　（ST1, ST2）、インタビュー（I）、ロールプレイ（RP1, RP2）
（2）調査対象：フランス語を母語とする中級レベルの日本語学習者 15 名
（3）検索システム：「中納言バージョン 2.2.3.1 短単位データ 20170519 版」
（4）検索条件：語種が漢語、かつ、品詞の大分類が名詞
（5）「中納言」を使い、（4）の検索条件により漢語名詞を抽出する。
（6）その中から、音読みでないのに漢語に分類されているものや誤解析さ
　　　れているものを手作業で取り除く。さらに、「観光」と「地」、「図書」

と「館」のように1語とすべきなのに別語と解析されているものを「観光地」「図書館」のように結合した上で語彙表を作成する。

（7）「中納言」を使い、Gタグ（形態素解析の精度を上げるために音声データを文字化する際に「語や活用や発音の誤り」をマークするために付与されたタグ）を用いて誤用例を抽出する。

　以上の結果、誤用例195件を含む2,930件の漢語名詞の語彙表が作成された。なお、ここで言う誤用とは、例えば、「あっぴょう（発表）」や「ようり（料理）」のように言いたい単語がうまく発音できなかったものに限られ、「いつも新しい単語を聞いたら興味になりました」の「興味」のように単語の使い方や意味を間違えたものは対象としない。

　以上の結果を砂川・黒沢（2017）の中国語を母語とする学習者の調査結果とともに示したものが表1である。これ以降はI-JASの略語に倣い、フランス語を母語とする学習者グループを「FFR」、中国語を母語とする学習者グループを「CCM」と呼ぶ。

表1　漢語名詞の調査結果：正用と誤用の頻度と比率

	FFR		CCM	
	頻度	比率	頻度	比率
正用	2,735	93.3%	3,115	92.0%
誤用	195	6.7%	271	8.0%
計	2,930	100%	3,386	100%

　この表から、漢語名詞の使用頻度はFFRが2,930、CCMが3,386でCCMのほうが多いことが分かる。この数字だけを見るとCCMのほうが漢語を自由に使っているように見えるが、その一方で誤用の比率はFFRが6.7%、CCMが8.0%で、CCMのほうが高い数値を示している。漢字圏の学習者であるCCMは漢語名詞をたくさん使ってはいるが、非漢字圏の学習者であるFFRに比べて必ずしも正しく使えてはいない様子が見て取れる。そこで、FFRとCCMの漢語名詞の使用状況をより厳密に比較するため、使用数に対する誤用数の比率にFFRとCCM間で有意な差が見られる

かどうかを、カイ二乗統計量を用いた比率検定（イエーツ補正あり）により確認した。その結果、差は有意であり（χ^2=3.98；df=1；p<.05）、誤用の比率はCCM のほうが多いことが示された。この結果から、中級学習者の自然発話に関しては、本来なら漢語の習得が有利であるはずの CCM のほうが FFR よりも発音の習得に困難をきたしていると言える。このような結果となった原因は何なのだろうか。

　この問題を明らかにするには、FFR と CCM のそれぞれにおいてどのようなタイプの漢語名詞が使用されたのか、より詳しく調査する必要がある。そこで、3 節において日本語文章難易度判別システム「jReadability[4]」を用い、FFR と CCM の漢語名詞の使用状況を語彙レベルごとに調査し、両者を比較検討する。次いで 4 節において語彙表に見られた誤用例を分析し、誤用の原因について考察する。以上により、中国語とフランス語のそれぞれを母語とする学習者、すなわち漢字圏と非漢字圏の学習者が漢語を習得する際に直面する発音の問題について両者の共通点と相違点を考察することにしたい。

3　漢語名詞の使用と誤用の頻度比較

3.1　jReadability を用いた語彙レベルの判定

　この節では、日本語文章難易度判別システム「jReadability」を用い、FFR と CCM のそれぞれが使用した漢語名詞の語彙レベルを判定する。jReadability とは、判定したい文章を入力すると、その文章で用いられた語彙、品詞、語種、文字種などを手掛かりとして文章の難易度を自動的に判定するオンラインシステムである。語彙の難易度のレベル分けについては、「日本語教育語彙表[5]」が定めた「上級後半、上級前半、中級後半、中級前半、初級後半、初級前半」の 6 段階のレベル分けが用いられている。判定結果はテキストファイルまたは CSV ファイルの形式で語彙リストとしてダウンロードできる。語彙リストには各単語の 6 段階レベル、品詞分類、読み、当該の文章に含まれている各単語の頻度などの情報が記載されている。本稿では、このツールで作成された語彙リストの 6 段階のレベル判定を利用する。

　ところで、jReadability は学習者が使用した漢語名詞のレベルを容易に判

定できる便利なツールであるが、それを本稿で使用するには次のような問題
がある。本稿では 2 節で説明したように、「観光地」「図書館」などの複合語
を 1 語と判定するが、jReadability は、短単位の形態素解析を採用している
ため、「観光地」と「図書館」はそれぞれ「観光」と「地」、「図書」と「館」
の 2 語として判定する。このような違いによって、使用された延べ語数や異
なり語数は 2 節で示した調査結果と jReadability での調査結果とでは異なる
数値となる。そこで、これ以降の節ではすべて jReadability に基づく調査結
果を分析する。

3.2　語彙レベルごとの使用（異なり語数）の比較

　表 2 は FFR と CCM が使用した漢語名詞について、jReadability の判定に
基づく語彙レベル別の異なり語数とその比率およびそれらの順位を示したも
のである。語彙レベルの「判定なし」とは、jReadability で判定が行えなかっ
たもの、つまり「日本語教育語彙表」に収められていなかった単語のことで
ある。

表 2　語彙レベル別使用の比較：異なり語数・比率・順位

語彙レベル	FFR			CCM		
	数	比率	順位	数	比率	順位
中級前半	133	30%	1	184	33%	1
中級後半	86	19%	2	156	28%	2
初級後半	77	17%	3	78	14%	3
初級前半	72	16%	4	66	12%	4
判定なし	61	14%	5	56	10%	5
上級前半	13	3%	6	16	3%	6
上級後半	1	0%	7	3	1%	7
合計	443	100%		559	100%	

　この表から分かるように、FFR と CCM の順位は一致しており、どちら
も「中級前半、中級後半、初級後半、初級前半、判定なし、上級前半、上級
後半」の順に多く使用されている。使用比率については、中級後半で FFR
が 19%、CCM が 28% と CCM の比率が高いが、それを除けばどのレベル

でもさほど大きな違いがない。

　使用された異なり語数は、FFR が 443 語、CCM が 559 語で CCM のほうが 116 語も多くの語を使っている。このうち 6 割以上の 70 語が中級後半レベルの語であり、これらの語が「FFR が 19%、CCM が 28%」という中級後半レベルの語の使用比率の開きに影響を与えている。また、FFR しか使用しなかった中級後半レベルの語は 53 語であったのに対し、CCM しか使用しなかった中級後半レベルの語は 123 語と FFR の 2 倍以上に達することが分かった。これらのことから、CCM は中級後半レベルの漢語名詞に関して FFR に比べるとかなり豊富な知識を有していることが分かる。FFR も CCM も日本語の能力としては同程度の中級レベルと判定されている[6]。それにも関わらず、中級レベルの漢語名詞に関して両者でこれだけ大きな開きが生じたことは、漢字圏の学習者である CCM のほうが非漢字圏の学習者である FFR よりも漢語の習得が進んでいることを示している。

　この点をより厳密に確認するため、FFR と CCM が使用した漢語名詞の異なり語数に関して、初級レベルの語とその他のレベルの語の使用、あるいは中級レベルの語とその他のレベルの語の使用に FFR と CCM 間で差が認められるかどうか、カイ二乗統計量を用いた比率検定（イエーツ補正あり）により確認した。その結果、差は有意であり、初級レベルの使用数は FFR（χ^2=2.03；df=1；p<.05）が、中級レベルの使用数は CCM（χ^2=12.54；df=1；p<.0005）が多いことが示された。この結果から、CCM は中級レベルの漢語名詞を豊富に使っており、中でも表 2 に示したように、中級後半レベルの語が際立って多く使われているのに対し、FFR は中級レベルの語の使用が少なく、初級レベルの漢語名詞に頼って発話していることが確認された。

　以上の結果からも CCM のほうが FFR より漢語の習得が進んでいることは明らかである。それにも関わらず、2 節で述べたように発音の誤用を犯す比率は CCM のほうが高いのである。それはなぜだろうか。

　このことの背景には FFR の発話で初級レベルの語が多く用いられていることの影響があるのではないかと思われる。すなわち初級で習った語は中級レベルの語よりも長く使っていることから中級レベルの語より正しい発音が身についており、初級レベルの語を比較的多く使用する FFR はその使用が

比較的少ない CCM よりも誤用を犯しにくいという可能性が考えられるのである。このことの当否を確認するために、以下においては使用された漢語名詞の誤用についても語彙レベルを判定し、FFR と CCM を比較する。

3.3　語彙レベルごとの誤用（異なり語数）の比較

表 3 は FFR と CCM の誤用の異なり語数と比率およびその順位について jReadability を用いたレベル判定の結果を示したものである。

表 3　語彙レベル別誤用の比較：異なり語数・比率・順位

語彙レベル	FFR			CCM		
	数	比率	順位	数	比率	順位
中級前半	33	29%	1	50	31%	1
中級後半	17	15%	5	37	23%	2
初級後半	22	19%	2	23	14%	3
初級前半	20	18%	3	21	13%	5
判定なし	19	17%	4	22	14%	4
上級前半	3	3%	6	5	3%	6
上級後半	0	0%	7	1	1%	7
合計	114	100%		159	100%	

　語彙レベルの提示順序は正用と誤用を含めた使用の状況を示した表 2 の順序と同じである。まず、順位をみてみると、CCM は初級前半と判定なしの順位が入れ替わっているだけで表 2 とほぼ同じであるが、FFR は中級後半の語が 2 位から 5 位に下がっている。つまり、表 2 の正用と誤用を合わせた異なり語数においては中級前半と中級後半がトップ 2 位を占めていたが、表 3 の誤用のみの異なり語数に関しては中級前半の次に初級後半と初級前半が続き、初級レベルの誤用が CCM より高い順位となっている。このことから、FFR の誤用の比率の相対的な低さ（= CCM の誤用の比率の相対的な高さ）には FFR が初級レベルの語を多く使うことが影響しているのではないかという我々の予測は裏切られ、FFR は初級レベルの語であっても正しい発音が習得されていないことが分かる。
　FFR の初級レベルの語彙使用への偏りに CCM の誤用比率の高さの原因

を求められないとするなら、その原因はどこにあるのだろうか。そこで以下においては語彙表に見られた漢語名詞の誤用例を分析し、FFR と CCM の誤用の原因を探り、その共通点や相違点の分析を通じて漢字圏と非漢字圏の漢字の習得について考察する。

4 漢語名詞の誤用分析

4.1 誤用の分類

本節では、FFR と CCM のそれぞれが使用した漢語名詞の誤用について、(1) FFR だけにみられたもの、(2) CCM だけに見られたもの、(3) FFR と CCM に共通して見られたものの 3 種に分けて分析する。表 4 はその 3 種の分類ごとに誤用の種類、頻度、用例を示したものである。「異なり頻度」は誤用の異なり語数、「延べ頻度」は誤用の延べ語数を示す[7]。

発音された語のかな書きは、I-JAS の表記に従った。

表 4 誤用の分類：種類と頻度

分類			種類		FFR		CCM		例		
					異なり頻度	延べ頻度	異なり頻度	延べ頻度			
1	FFRのみ	A	ハ行音		11	15			あっぴょう（発表）	ぶいん（部品）	こーへん（公園）
		B	チ・チュ・チョ		6	7			しゅがく（中学）	てんしょう（店長）	いんちょくてん（飲食店）
		C	ラ行音の聞こえ		6	11			りょうい（料理）	ようり（料理）	ゆうがく（留学）
2	CCMのみ	D	母語の漢字音				24	35	のんそん（農村）	としょくわん（図書館）	るんぶん（論文）
		E	入声音				18	28	かいけ（解決）	きょうしつ（教師）	しんせつ（親戚）
		F	ラ行音→ナ行音				9	24	にょうに（料理）	みない（未来）	のうじん（老人）
		G	子音				9	13	きごう（希望）	かんにん（担任）	べんき（電気）

	H	長音短音	40	58	33	42	りょうこ (旅行)	しょうど (書道)	てんちょ (店長)
	I	拗音直音	18	26	18	27	じゅごう (授業)	じょうきゅう (状況)	けっきゃ (結果)
	J	有声無声	21	24	43	55	ちかん (時間)	たいがく (大学)	ぶんが (文化)
3	FFR と CCM	K	母音	16	20	21	37	もんが (漫画)	ぐい (語彙)	としょけん (図書館)
	L	自立モーラ	1	1	7	11	まいち (毎日)	けんげ (元気)	ふいんき (雰囲気)
	M	特殊モーラ	31	37	25	36	にじ (人参)	きんぎょ (企業)	けーか (結果)

　次節以下では、3種の分類のそれぞれについて詳しく述べる。

4.2　FFR だけに見られた誤用

　表4の「A ハ行音」は、フランス語で通常発音されない [h] が日本語の
ハ行子音にも適用されたことによって生じた誤用である。「あっぴょう(発
表)」「やく(百)」「いこうき(飛行機)」「ぶいん(部品)」のように [h] を脱落
させて発音されるものと、「ア行音」があたかもハ行音であるかのように [h]
が添加され、「ひっぴき(一匹)」「へいご(英語)」「ていはん(提案)」「びょう
ひん(病院)」「こーへん(公園)」のような形で発音されるものがある。後者
の誤用は、母語で [h] 音を発音しないことを意識しすぎたものと思われ、英
語学習においても不要な [h] を付加する傾向が見られるという(石田1991)。
　「B チ・チュ・チョ」とあるのは、「しゅがく(中学)」「しゅうしゅう(集
中)」「てんしょう(店長)」のようにチ・チュ・チョがシ・シュ・ショで発音
されたり、反対に、「いんちょくてん(飲食店)」「ちんせんぐみ(新撰組)」の
ように、シ・シュ・ショがチ・チュ・チョで発音されたりするものを指す。
前者は、フランス語に破擦音 [tɕ] がないことから、調音点の近い摩擦音 [ʃ]
で代用するため、後者は、本来摩擦音であるものにまで破擦音を適用してし
まったためだと考えられる。
　「C ラ行音の聞こえ」というのは、「料理」が「りょうい」「ようり」「よ
いー」となるほか、「ゆうがく(留学)」「ようこ(旅行)」のようにラ行子音が
聞こえないものを指す。日本語のラ行子音が舌先で歯茎を軽く弾く弾き音で

あるのに対し、フランス語の r は後舌と口蓋とで狭めを作り、口蓋垂を後舌面に当てながら喉を摩擦する音であるという違いがある。フランス語の r に引きずられた発音が日本人の耳にはラ行音の子音として捉えられる範囲を逸脱していたのだろう[8]。

4.3　CCM だけに見られた誤用

中国語母語話者には、母語の音韻体系から来る発音の問題とは別に、母語の漢語名詞や漢字の音による干渉が引き起こす発音の誤用が存在する。非漢字圏のフランス語母語話者にはない問題で、「D 母語の漢字音」と「E 入声音」に関するものがそれに当たる。

「D 母語の漢字音」には、母語の漢字音が部分的に顔を出したものとして、「のんそん（農村）」農 nong2、「としょくわん（図書館）」館 guan3、「るんぶん（論文）」論 lun4、「いっしょうけんみん（一生懸命）」命 ming4、「すいめん（睡眠）」眠 mian2、「つんきん（最近）」最 zui4 などが挙げられる[9]。

「E 入声音」は、日本が隋唐の漢字音を取り入れた当時、中国語で韻尾（音節末音）が k、t、p のどれかで終わっていたものが、日本語では 2 拍目がキクチツフ（ウ）のどれかをとる漢字音として定着したものである（例：適、国、一、発、立、合）。その後、中国ではこれらの韻尾が失われ、元代にはすでに母音で終わる音になっていた。それを受け継いだ現代中国語（標準語）から見ると、例えば「師」「詩」「試」「勢」「石」「食」「失」「実」「湿」「十」は、ピンインがすべて shi であり、日本語でどれがシであり、セイであり、セキ、ショク、シツ、ジツ、ジュウなのか、母語の漢字音からは見分けがつかない。中国語における漢字音の歴史的変化と古い音を維持している日本語音とのずれから起きるのが次のような誤りである。

1 つ目の「かいけ（解決）」型は、2 拍目のキクチツッが落ちたもので、「こうがい（国外）」、「ほぶー（北部）」「しけ（湿気）」「いじかん（一時間）」などがある。2 つ目の「教師（きょうしつ）」型は、不必要なキクチツを添加したもので、「しっけん（試験）」などがある。そして、3 つ目の「しんせつ（親戚）」型は、まちがったキクチツを付けたもので、「しゅんせき（春節）」「のりつ（能力）」などがある。

　「F ラ行音→ナ行音」はラ行音がナ行音で発音されるものだが、それは、湖南省などで話される中国語の方言の1つ、湘語で [l] と [n] が区別されないことによる。「にょうに（料理）」「みない（未来）」「のうじん（老人）」「ねいき（礼儀）」「どにょく（努力）」のように語頭・語中に見られる。これは、被験者の中に湘語を話す地域出身者が含まれていたためである。

　「G 子音」は「きごう（希望）」のように異なる子音を用いた誤用（子音の代用）であるが、これについては 4.4.4 節で触れる。

4.4　FFR と CCM に共通して見られた誤用

　フランス語と中国語は異なる系統に属する言語だが、それを母語とする学習者たちは長音と短音の誤用や拗音と直音の誤用など複数の発音の問題点を共有している。これらは現象としては同じように見えるが、その原因は必ずしも同じではない。以下に、「H 長音短音」「I 拗音直音」「J 有声無声」を中心に論じることにする。

4.4.1　長音と短音

　日本語で長母音の第二要素は、それだけで音節を作ることはできない非自立的なモーラだが、1拍分の長さがあり、長いか短いかは「倒壊」と「都会」のように意味の違いに結びつき、仮名表記にも反映される。一方、フランス語や中国語では音節が単位である。フランス語では、アクセントをになう音節が [r] や [ʒ] などの子音で終わるとき、ある程度長く発音される（東京外国語大学 2007）。例えば、bonjour の下線部はジュールとカタカナ表記される程度に日本語母語話者にも長く聞こえる。だが、その音節を原語で2拍に分けることはできない。中国語では、母音、声調、前後の子音などによって音節の長さは異なるが（楊・高 2005）、相対的に長く発音された音節を2拍に数えることはない[10]。日本語の長母音が2拍で1音節となることはフランス語母語話者にも中国語母語話者にも非常に分かりにくく、知覚が困難であると考えられる。「こえん（公園）」「しょらい（将来）」のように長音が短く発音されたり、「しゅーじん（主人）」「たしゅう（多種）」のように短音が長く発音されたり、「りょうこ（旅行）」「しょうど（書道）」のように同じ単語で複数箇

所の誤用が生じたりするのは、以上に述べた日本語との音韻構造の異なりに原因があるものと思われる[11]。

4.4.2　拗音と直音

　FFR にとっても CCM にとっても、すべての拗音の構音が難しいわけではなく、近い音が母語にある場合は問題なく発音できることが多い。例えば「しゅ」(宿題、毎週など)は FFR に 74 件、「しょ」(一緒、図書館など)は CCM に 226 件あるが、それぞれ、この拗音が発音できていない例はない。
　拗音と直音に関する誤用としては以下のものが観察された。

（1）拗音が直音化している誤用
　　　例：FFR　じゅごう(授業)、りゆう(龍)、るうがく(留学)
　　　　　CCM　じゅごう(授業)、べんこう(勉強)、もくほう(目標)、みろく(魅力)
（2）拗音が別の拗音になる誤用
　　　例：FFR しゅがく(小学校)、じょうたい(渋滞)
　　　　　CCM じょうきゅう(状況)
（3）直音が拗音化している誤用
　　　例：FFR けっきゃ(結果)、りゅう(理由)
　　　　　CCM にちょー(日用)、びゅーじん(美人)

　FFR は直音が拗音化する例が多く、CCM は拗音が直音化する例が目立った。なお、FFR には「けっきゃ(結果)」「さんきゃい(3 回)」「だいぎゃく(大学)」のように「か」が「きゃ」、「が」が「ぎゃ」になるものが延べ 6 件あった。これは中国語母語話者には見られないタイプの誤用である。フランス語の [k]、[g] は [a] の前で前部軟口蓋音であり、[ka] は「キャ」、[ga] は「ギャ」に近く発音される(例：café、garçon)ことの転移だろうと考えられる。

4.4.3　有声音と無声音

　有声音と無声音の問題は、CCM に多く見られるが(15 名中 11 名に異な

りで 43 件、延べで 55 件）、FFR にもその半数ほどが観察されている（15 名中 11 名に異なり 21 件、延べ 24 件）。両者の誤りは類似した形をとっているが、その原因は異なるものと思われる。

　中国語母語話者の場合、その原因はよく知られているように、中国語の破裂音・破擦音・摩擦音は有声無声で弁別せず、有気無気によって弁別するためである。それによって次のような問題が起こる。

　日本語の語頭の無声音（例：/t/）は有気化しやすいため、中国語話者の耳には中国語の有気音 /tʰ/ として聞こえるが、語中の無声音 /t/ は通常有気化せず、VOT 値（voice onset time, 破裂と声帯振動が始まる間の時間）が語頭の環境に比べて短いため、無気音のカテゴリーに属する音として聞き取られる（西郡他 2004）。日本語母語話者にとっては、/t/ は語頭でも語中でも同じ音素の異音に過ぎず、通常、違う音と意識することはないが、中国語母語話者には、それぞれ母語における有気音と無気音に聞こえるのである。その結果、学習者は「たたみ（畳）」という語を聞いたとき、無気音 = 濁音という認識から、「ただみ」と判断してしまうという[12]。CCM で「いじど（一度）」「ちかでつ（地下鉄）」などの誤用が生じたのはそのためであると思われる。

　また、多くの中国語母語話者は、日本語の無声音と中国語の有気音、日本語の有声音と中国語の無気音を同様と見なし（楊 2012）、学習者は語頭において日本語の無声音は中国語の有気音、日本語の有声音は無声無気音に近い VOT 値で発音している（清水 2011）。さらに中国語の無気破裂音は、VOT 値が日本語の有声音と無声音の間にあり（清水 1993、2011）、日本語母語話者の耳で聞くと、有声に聞こえることもあれば、無声に聞こえることもある（朱 2012）。語頭のガ・ザ・ダ行子音および語中のガ・ザ・ダ行子音の無声化（「たいがく（大学）」「ふたん（普段）」など）は、母語の無気音で発音した結果、日本語母語話者の耳には無声音に聞こえたのではないかと思われる。

　一方、語頭の無声音が有声で発音された「ごうがい（国外）」、「どかい（都会）」などは、母語の漢字音（国 guo2、都 du1）から無気音で発音した可能性が考えられる。「じけん（試験）」の中国語の漢字音は、「試 shi4」だが、ピンインが共通する「時 shi2」の漢字音と混同したとも推察される。このように、中国語母語話者の問題点に関しては、母語の音韻構造のほかに母語の漢

字音の干渉という要因も考えられる。

　これに対してフランス語は有声無声を弁別する言語である。かつ語頭の破裂音が有気化しない点で、英語よりもむしろ日本語に近い言語である[13]。しかし、FFR の発話には、「ちかん（時間）」「へんし（返事）」「そし（掃除）」「せんねん（前年）」のように有声音が無声化する誤用や「がぞく（家族）」「ろうぞく（蝋燭）」「きょうじ（教師）」のように無声音が有声化する誤用が少なからず観察される。同様の誤用は、有声と無声の対立がある英語やスペイン語などを母語とする学習者にも見られるものであり、有声無声の対立のない言語の転移とは別の原因を考えなければならない。その 1 つとして FFR の誤用には次の原因が考えられる。

　フランス語は maison [mɛzɔ̃]、visiter [vizite] のように母音にはさまれた s が [z] になる特徴を持つ。会津（1970）は「大阪」が「おおざか」、「銚子」が「ちょうじ」と発音される例を挙げ、「日本語にもちこまれやすいフランス語の特性」が原因だと指摘している。FFR に見られた「ろうぞく（蝋燭）」「きょうじ（教師）」などの誤用もこのタイプである。一方、「へんし（返事）」や「そし（掃除）」は本来「じ」でよいものを「し」に「直した」可能性が考えられる。

4.4.4　その他の誤用

　母音の音価がその単語のものでなく、異なる母音に聞こえることがある。ここでは、それを母音の代用と呼ぶことにする。FFR に見られた、「もんが（漫画）」「じこん（時間）」などの例は、フランス語の鼻母音 /ã/ の母音は後舌でアよりオに近いことによる影響、「ぐい（語彙）」「にほんぐー（日本語）」「ぐじゅう（五十）」などの例は、フランス語の母音 /o/ の円唇性のため、ウに近く聞こえることによる影響を考えることができるだろう。いずれも母語の母音の転移が原因だと考えられる。

　これに対して、CCM の次の例は、母語の漢字音の負の転移である可能性が高い。4.3 節で取り上げた「すいめん（睡眠）」眠 mian2 や「るんぶん（論文）」論　lun4 のほかに、「こうむえん（公務員）」員　yuan2、「だいがくえん（大学院）」院 yuan4 の 中国語の発音が日本語の「え」の音に近いため、それが原因となった代用であると考えられる。さらに、「じけん（時間）」は、

「間　jian1」の母音だけでなく、同じピンインの字に「見・件・建・剣・健」などケンと読むものが多いことも、この母音代用の引き金になっているのではないかと思われる。

　一方、次の例は、同じように母音の代用であっても、母語の音韻体系や漢字音には原因が求められないものである。

FFR　「ちゅうごく(中学)」、「とんこち(豚骨)」
CCM「ごほん(ご飯)」、「てんじょうび(誕生日)」、「かいすい(改正)」

　CCM には母音の代用のほかに、「きごう(希望)」「かんにん(担任)」「べんき(電気)」といった子音の代用も観察されている。このような母音や子音の代用は、日本語母語話者が日本語で話すときにも言い間違いとして現れる現象である(寺尾 2002)。FFR と CCM の上記の例は、日本語母語話者にもある「意図とは異なる音形が口に出た」言い間違いである可能性がある。このように、母語の音韻構造や母語の漢字音に原因が求められない誤りで、日本語母語話者にも見られる言い間違いは、このほかに、自立モーラや特殊モーラの脱落(まいち(毎日)や代用(けーか(結果))、けんかん(警官)、ふっけい(風景))、自立モーラと特殊モーラの交替(ふいんき(雰囲気))などがある[14]。

4.5　誤用の原因

　以上、FFR と CCM に見られた漢語名詞の誤用例を検討したが、そこで見られた誤用の原因は大きく次の 3 つに分けられる。

原因 1： 母語の音韻体系の特性
　　　　母語と日本語の音韻体系の違いにより日本語音の知覚と構音に問題が生じるため
原因 2： 母語の漢字音の転移
　　　　中国語母語話者に中国語の漢字音や語彙から負の転移が生じるため
原因 3： 言い間違い

　　　　　母語の音韻構造や漢字音の干渉などに帰することができないもの

　原因1（母語の音韻体系の特性）は発音の誤りの最も基本的な原因であり、フランス語母語話者特有のハ行音やラ行音の問題、仏中共通の長短、拗音直音の問題や母音の問題、特殊モーラの問題の一部など、多くをこれによって説明することができる。基本的に構音の問題であり、発音が実行される段階でそれがうまくいかないというものである。

　それに対して、原因2（母語の漢字音の転移）は、発音が実行される前、どの音形をとるかを決める段階でL1とL2の競合が生じたことによる点が異なるものであり[15]、漢字圏の学習者特有の問題である。漢字を共有することは日本語学習の大きな助けになると同時に、フランス語話者にはない誤りを起こさせる諸刃の剣ともなるものであることが分かる。

　原因3（言い間違い）は日本語母語話者にも起きる言い間違いであり、母音や子音、自立モーラや特殊モーラの代用といった問題の多くに認められる。いずれも構音の問題ではなく、発音する音形を選ぶ段階で起きた問題である点が原因2と共通する。一方、それがフランス語母語話者にも中国語母語話者にも起きる問題だという点は原因2と異なっている。

　第3節では、漢字圏の学習者であるCCMは多くの漢語名詞を使っているが、非漢字圏の学習者であるFFRに比べて必ずしも正しく発音できてはいないことを述べた。その違いは何によるものなのかという問いに対しては、次の点が示唆できる。発音の問題の3つの主な原因の1つ（原因2：母語の漢字音の干渉）はフランス語母語話者にはなく、中国語母語話者にだけあることである。漢字、そして特に漢字音を媒介することが中国語を母語とする学習者（少なくとも中級学習者）には、母語と日本語、2つの心内辞書へのアクセスにつながり、発音に至る前に母語の音韻と日本語の音韻とが競合する可能性を持っている。フランス語母語話者には日本語の漢語名詞に関してこうした干渉を受けることがないため、そのことによる負担はない。この点が最も大きな違いであると言うことができる。

5　おわりに

　本稿では、日本語学習者コーパス I-JAS の中国語とフランス語を母語とする中級学習者の自然発話データから、漢語名詞の発音の誤りを取り出し、その特徴と誤用の原因について考察した。本稿の調査と誤用分析で明らかになったことは以下の通りである。

1．使用に関しては、CCM は中級レベルの語彙を豊富に使っている。しかし、使用に対する発音の誤用の比率を見ると CCM のほうが有意に高く、FFR より誤用を犯しがちであることが分かった。
2．FFR は CCM より初級語彙を多く使用し、発音の誤用も初級語彙に多い。したがって、FFR の初級語彙使用への偏りに CCM の誤用比率の高さの原因は求められない。
3．発音の誤用の原因には、(1) 母語の音韻体系の特性に由来するもの、(2) 母語の漢字音の転移によるもの、(3) 日本語母語話者にも見られる言い間違いの 3 種が認められた。
4．以上の (1) と (3) はフランス語母語話者にも中国語母語話者にも関与する原因であるが、(2) については漢字圏の学習者である中国語母語話者にのみ見られるもので、この種の誤用が中国語母語話者の誤用比率の高さの原因となっているものと思われる。

　従来、漢字圏の学習者が日本語の語彙、とりわけ漢語の習得に有利であると考えられがちであったが、費・松見(2012)、砂川・黒沢(2017) などが指摘するように、音韻の処理に関しては漢字圏である中国語を母語とする学習者は母語からの負の転移を受けやすい。本稿の調査と誤用分析でもその点が確認され、漢語の発音の習得という点では漢字圏の学習者のほうが非漢字圏の学習者より不利な状況にあることが示された。

付記

　本研究は、科研費（課題番号 25370573）の成果物である「日本語文章難易度判別システム」（http://jreadability.net）を利用した。

　執筆に際し、グルノーブル大学の東伴子氏、フランス国立東洋言語文化大学（INALCO）の竹村亜紀子氏に貴重なご意見をいただいたことに感謝いたします。

注

1　中国では簡体字、台湾では繁体字が用いられており、日本で用いる漢字と必ずしも形態が一致するわけではないが、ここではその点は問題とせず、「学校」「大学」のように中国語と日本語で対応する漢字を用いているものを同じ形態とみなし、同形語とする。

2　同形語には日本語と中国語とがほぼ同じ意味を表すもの（学校、経済など）のほかに、意味が異なるもの（勉強、料理など）や、一部の意味しか一致しないもの（得意、無理など）が存在する。

3　非同形語には「映画（電影）」「会社（公司）」「授業（課業）」「自分（自己）」などがある。

4　科研費基盤研究（C）「読解教育支援を目的とする文章難易度判別システムの開発」（課題番号：25370573、研究代表者：李在鎬）の成果物。https://jreadability.net/ja/terms_of_use

5　科研費基盤研究（A）「汎用的日本語学習辞書開発データベース構築とその基盤形成のための研究」（課題番号：23242026、研究代表者：砂川有里子）の成果物。https://jreadability.net/jev

6　I-JAS では SPOT90 と J-CAT という 2 つのテストを用いて日本語能力の判定を行い、その結果を統計的に処理した上で中級レベルの 15 名を選出している。

7　1 つの語に二種類以上の誤りが生じている場合があるため、表 4 の誤用頻度の合計は、表 1 の誤用頻度の合計とは一致しない。
　　例：そし（掃除）：長短 1、有声無声 1

8　口蓋垂音の r を持つドイツ語母語話者 GAT15 名（オーストリア）のデータにも「ようり（料理）」「むい（無理）」「ようしん（両親）」など延べ 6 件、フランス語母語話者と同様の誤用があった。一方、口蓋垂音の r を持たない中国語母語話者、スペイン語母語話者 SES15 名、韓国語母語話者 KKD・KKR 計 50 名には、この誤用は見られなかった。米語話者 EUS27 名にも「ようり」が 2 件、「ろーい」が 1 件あったが、誤用のほとんどは「ろうり・りより（料理）」「ろしん（両親）」「ろう（寮）」

など、拗音の直音化だった。

9　中国語の漢字音はピンインで表記。数字は声調を表す。

10　漢語の長音は、本来中国語で -au、-ou、-iu などの複母音だったものが簡略化されたり（高山 2002）、-ng で終わる音節からできたりしたものだが、和語の長母音（例：あふぎ→おうぎ 扇）が 2 拍を維持しているのと軌を一にし、日本語の音韻構造の枠組みに取り入れられて、原語とは異なる 2 拍の漢字音として定着したものと考えられる。

11　仏中で違うのは、短くなったり長くなったりする部分が漢語名詞の前半と後半のどちらに偏っているかということである。FFR は、「しょらい（将来）」のように長音が短くなるのも、「しゅーじん（主人）」のように短音が長くなるのも、漢語名詞の前半に目立って多い。一方、CCM は長音が短く発音される部分は前半（例：こえん（公園）と後半（例：てんちょ（店長））がほぼ半々だが、短音が長く発音されるのは「ほくぶう（北部）」のように後半に多くなっている。

12　西郡他（2004）では、それをカテゴリー境界のずれという観点から説明している。

13　Tranel（1987）に英仏の比較、Nasukawa（2005、2010）に英仏日の比較、Caramazza & Yeni-Komshian（1974: 242–244）にフランス語の破裂子音の VOT 値がある。

14　「パンセント（パーセント）」のような日本語母語話者の言い間違いを、窪薗（1995: 173–174）は、子音と母音の交替と見なすのでなく、モーラという単位を立てることで説明できるとしている。

15　詳しくは砂川・黒沢（2017）を参照されたい。

参考文献

会津洋（1970）「フランス語の日本語への干渉―音声の面において」『講座日本語教育』第 6 分冊：pp.101–109. 早稲田大学語学教育研究所

Caramazza, Alfonso. and Grace H. Yeni-Komshian.（1974）Voice onset time in two French Dialects. *Journal of Phonetics* 2: pp.239–245. Amsterdam: Elsevier.

費暁東・松見法男（2012）「中国語を母語とする上級日本語学習者における日本語漢字単語の聴覚的認知―中日二言語間の形態・音韻類似性による影響」『教育学研究ジャーナル』11: pp.1–9. 中国四国教育学会

石田敏子（1991）「フランス語話者の日本語習得過程」『日本語教育』75: pp.64–77. 日本語教育学会

加藤稔人（2005）「中国語母語話者による日本語の漢字習得―他言語話者との習得過程の違い」『日本語教育』125: pp.96–105. 日本語教育学会

小森和子・玉岡賀津雄・斉藤信浩・宮岡弥生（2014）「第二言語として日本語を学ぶ中国語話者の日本語の漢字語の習得に関する考察」『中国語話者のための日本語教育研究』

5: pp. 1–16. 中国語話者のための日本語教育研究会

窪薗晴夫(1995)『語形成と音韻構造』くろしお出版

Nasukawa, Kuniya. (2005) *A Unified Approach to Nasality and Voicing.* Berlin and New York : Mouton de Gruyter.

Nasukawa, Kuniya. (2010) Place-Dependent VOT in L2 Acquisition. in *Selected Proceedings of the 2008 Second Language Research Forum: Exploring SLA Perspectives, Positions, and Practices.* The Second Language Research Forum.

西郡仁朗・小松恭子・尾崎和香子・馮秋玉(2004)「中国人初級日本語学習者の有声音・無声音の知覚について－マルチメディア教材の開発と学習効果」『日本語研究』23: pp.31–45. 東京都立大学国語学研究室

清水克正(1993)「閉鎖子音の音声的特徴―有声性・無声性の言語間比較について」*Journal of Asian and African Studies.* No.45: pp.163–175. California: SAGE Publications.

清水克正(2011)「韓国語、タイ語および中国語の話者による日本語閉鎖子音の習得について」『名古屋学院大学論集 言語・文化篇』23(1): pp.1–13. 名古屋学院大学

朱春躍(2012)「中国語発音教育の問題点―音声研究成果の教育への応用」『中国語教育』10: pp.10–24. 中国語教育学会

砂川有里子・黒沢晶子(2017)「中国語を母語とする中級日本語学習者の発話に見られる日本語漢語名詞の使用状況―中国語の字音の影響を中心に」『日中言語研究と日本語教育』10: pp.64–79. 日中言語研究と日本語教育研究会

高山知明(2002)「日本漢語の史的音韻論的課題」『音声研究』6(1): pp.44–52. 日本音声学会

寺尾康(2002)『言い間違いはどうして起こる?』岩波書店

Tranel, Bernard. (1987) *The Sound of French: An Introduction.* Cambridge: Cambridge University Press.

東京外国語大学(2007)「東京外国語大学言語モジュール フランス語」21 世紀 COE プログラム 言語運用を基盤とする言語情報学拠点(2002–2006 年度)
http://www.coelang.tufs.ac.jp/mt/fr/

楊暁安(2012)「日中の母音と子音及びその比較」『長崎大学 大学教育機能開発センター紀要』3: pp.21–28. 長崎大学

楊暁安・高芳(2005)「中国語における単母音の長さに関する実験」『北海道文教大学研究紀要』29: pp.65–79. 北海道文教大学

初級後半の日本語学習者の作文における誤用

中尾雪絵

1　はじめに

　本稿があつかうのは、初級の学生の作文における誤用である。分析対象となった大学生（第2学年）の日本語の受講時間が120時間から240時間となることから、初級「後半」とした[1]。この時期、学習者は日本語の基礎を積み重ねながらも、より豊かな表現ができるようになってくる。語彙も文法もまだまだ限られてはいるが、初級前期のころよりも複雑な内容を伝えることができるようになり、前もって準備をしなくても、ある程度のことは即座に表現できるようになっている。一方で、知識としての情報量が増え続けているために、「整理整頓」が追いつかなくなり、初級前期よりも細かい部分の正確さを欠いてしまったり、あやふやなまま次へ次へと進んでしまう学習者もいる。誤用の内容も、初歩的なものから、より複雑なものまで多岐にわたり、中には「誤り」と判断するのをためらうような表現もみられるようになる。

　「誤り」といっても、うっかり間違えてしまったものと、正しいと確信を持って書いたものが結果として誤りであったものとでは、大きく異なる。あわてて書いて、読み直しをしなかったために気づかなかった誤りは、知識としてはきちんと把握しているということであり、書いた内容を確認するなどして、防ぐことが可能である。しかし、正しいと確信を持って書いた場合には、それが「正しい」以上、読み直しによっても、その確信は深まるばかりである。正しいと思っていたものが誤っている場合、学習者本人が一人で誤りに気づくことはむずかしく、外部から入ってくる何らかの新たな情報に

よって、確信が揺らぎ、正しく訂正されなければならない。

　また、うっかりではないが、確信もなく起こる誤りもある。つまり、知識があやふやで、よくわからないまま、何らかの選択を迫られて起こる誤りである。日本語能力試験の選択形式の設問で、4つある選択肢のうち、2つまではしぼることができるが、残る2つで迷ってしまうようなケースである。知識としては頭に入りつつあるが、安定していないわけである。

　外国語の習得において、学習者の誤用は、学習者がどこでつまずいたのかを具体的に示すものであり、授業に対するフィードバック的な側面も持つ。そして、この側面は、当然ながら、教師の反省を促すものでもある。

　本稿では、筆者が勤務するナント大学の学生が書いた作文における誤用、不自然な表現を分析するとともに、作文指導における取り組みや反省点を踏まえつつ、初級後半の学習者の表現力の可能性について考察したい。

2　分析対象と使用データ

　ナント大学外国語外国文化学部・応用言語学科は、国際商業等の分野で実践的に役立つ教科を学ぶことを目的とした学科である。本学科では、少なくとも2つの外国語を学ばなければならない。学科共通の第一外国語は英語で、日本語を含む複数の外国語を、第二言語・第三言語として選択する。言語によって初心者レベルと既習者レベルに分かれており、日本語は初心者レベルのみが開講されている。

　週6時間の日本語・日本文化の授業のうち、1時間が講義、4時間が筆記、1時間が実践オーラルである。このプログラムは各言語共通で、いずれも必須科目となっている。

　本稿があつかう誤用データは、2016年度の2年生の学生が書いた作文のうち、学生の承諾を得られた24人分（約500文）を使用した。作文は3種類で、長さは6文から8文程度である。1つは筆記の授業中に行った「最近見た夢」というテーマで、例を提示した後、教科書やオンライン辞書を含む辞書等の使用を認め、45分ほどの時間を使って書かせた。未習の語彙等は、学生の求めに応じて、教師がその場で回答した。また、残り2つの作文は、

いずれも定期試験で出題された設問である。1つは前期試験の出題で、une personne importante ou que vous aimez（あなたにとって大事な人、またはあなたが好きな人）について、もう1つは後期試験の出題で、「好きなことはなんですか。好きなことのこれからのよていも書いてください」という質問に答える形式のものである。どちらも3時間という長い試験時間に回答しなければならない設問のうちの1つで、辞書等の持ち込みは禁止されている。このため、語彙や表現に限界があることも考慮し、授業中に実施され、教師が添削したことのある課題が使われた。

　作文といっても、書き換え、空欄を埋めるタイプのものから、自由作文まで、様々な形式があるが、今回データとして使用した作文は、ある程度のまとまりを持った文章である。「まとまり」、つまり文脈を持った「文」は、単文と違い、前後のつながりや、話の流れを表現することが重要になる。このため、単文であれば誤用とみなされない文が、文脈レベルでの誤りを含むこともある。

　本稿は誤用を分析することが目的であるため、正しく書かれた文は、当然ながら分析対象とならないのだが、「文脈」の構成という点では、どの作文もしっかりとまとまった内容が多く、これは学習者の母語環境が大きく寄与していると思われる。フランスの学生は、自分の考えを述べたり書いたりすることに慣れており、意見を表明するというタスクにも真面目に取り組む。「第一言語で『書く』ことに慣れた学習者は初級レベルにおいても内容に深みのある文章を書くことが多く、『構成』や『発想力』といった基本的な言語力を土台として『書く』能力が成立している」（村上 2005: 218）という意見は、まさにその通りである。

　なお、作文を対象とした誤用の分類は、すでに多くの先行研究があるが、誤用を網羅的に分類した研究としては楊（2014）、コベルニック（2012）等を挙げることができる。前者は、異なる国籍の中級レベルの日本語学習者が書いた 2800 例を超える文を分析したもので、後者はロシア語とウクライナ語を母語に持つ日本語学習者が書いた 169 の作文を分析している。中でもコベルニックは母語干渉による誤用を積極的にとりあげている。

　本稿では、初級後期の学習者の表現力を包括的に考察する目的で、作文

データにおける誤りを可能な限り網羅的に分析しようと考えた。そこで、文脈に依存しない誤りと、文脈依存の誤りのどちらも調査の対象とした。前者は、主に表記や文法上の誤りを、後者は語彙の用法や構文の選択などを考察した。

　本稿で使用した作文データにおける誤用は、原文のあとに矢印を入れ、修正文を提示した。文脈がわかりにくい場合は、修正文にカッコを入れて、指示を加えた。また、読みやすさの観点から、修正文に学習者の既習漢字を加えた箇所もある。なお、原文の中の個人名はアルファベットのイニシャルに改めた。最後に、提示した修正文は、本稿の調査のためにまとめ直したもので、実際の添削とは一致しないことをお断りしておく。

3　表記の誤り

　表記の誤りは、うっかりミスとの判別がむずかしいものもあり、作文における誤りの中で量的にもっとも多い。本稿では、覚え間違い・書き間違いが原因と思われる、ひらがな・カタカナ・漢字の文字表記の誤り、「バス」が「パス」になるなどの濁音と半濁音の混同は省略し、そのほかの典型的な誤りをとりあげる。

3.1　促音・長音・短音

　促音に関しては、「ずっと」が「ずと」になったり、「むずかしかった」が「むずかしかた」になる促音の脱落、そして「ちょうと」のように促音の代わりに「う」が代用されるケースがみられた。本橋・石橋（2015: 16）が指摘するように「表記と音声には強い関連」がある。促音には「耳に聞こえる音」（北村、2005: 149）がないため、日本語母語話者にとっては1つの音でも、日本語学習者には認識がむずかしい。発音だけでなく表記にも現れるこうした誤りは、初級後期になっても、なかなかなくならない。さらに、学習時間が増え、ある程度自分の力で自由に書くことができるようになるため、かえって、単語1つ1つに注意をはらわなくなるという背景もある。

「がっこう」の「う」が欠如し、「がっこ」となったり、「りょうり」が「りょり」となるなど、長音が短音化する表記誤りもみられた。

　長音の短音化の誤りに比べると、短音が長音化される表記誤りの数は少ないが、「少し」が「少しい」となったり、「きょねん」が「きょうねん」、「りょこう」が「りょうこう」となったりする誤りがあった。また「いっしょ」という語については、「いしょ」「いいしょ」「いっしょう」など、表記に揺れがあった。頭ではわかっていても、いざ書こうとすると、細かい部分があやふやになってしまう誤例の1つだろう。

3.2　カタカナ語

　カタカナ語においても、促音、長音、短音に関連した誤りが多い。促音については、「ピクニック」を「ピクニク」、「キャラクター」を「キャッラクター」と書き表す例があった。また、長音化の誤りとしては「クラーブ」(クラブ)、「ファンタージー」(ファンタジー)、「カーレ」(カレー)、短音化の誤りとしては「グルプ」(グループ)、「クレプ」(クレープ)などがあった。外国語起源の固有名詞では、「パリ」を「パーリ」や「パリス」と表記したり、「マルセイユ」をフランス語 Marseille をベースにしたのか「マルセイレ」、映画でも有名なイギリスの児童文学の主人公「ハリー・ポッター」を「ハッリポタ」「ハリポタ」とするなどの例がみられた。「カレー」をのぞくと、教科書(『みんなの日本語』初級 I と II)には出てこない語であるという共通点がある。

　カタカナ語でもうひとつ興味深いのが、音声表記である。自分の使いたい語彙の日本語がわからないとき、該当する語をそのまま音声表記するのである。傾向としては母国語であるフランス語よりも、英語をベースとした音声表記になりやすい。「ハンバーガー」「チョコレート」など、英語起源の単語が日本語の日常生活で多く使われているのを知るうちに、ひょっとしたらと思って、英語をカタカナ表記にして書いてみるのかも知れない。

（1）じかんがあれば、デジターレのえかきたいです。→時間があれば、デジタルイラストがかきたいです。

（２）もあたらしりょうりの<u>リサイプ</u>をつくるよていです。→新しい料理の
　　　レシピもつくるよていです。
（３）五月にいいしょにロントンの<u>ハリポタスツヂオ</u>へ行きたい。→五月に
　　　（妹と）いっしょにロンドンのハリー・ポッター・スタジオへ行きたい。

　（1）では、パソコンで絵を描くということを表現するのに「デジターレ」
と表記している。長音を加えた表記で、書き間違えたのか「レ」が「ル」に
なっているが、日本語の「デジタル」に近い。なお、日本語では「デジタル
イラスト」「デジタル画」あるいは「デジ絵」などの表現が使われている。
　（2）の「リサイプ」は、料理の「レシピ」のことである。英語の recipe を
音声表記したのだが、英語の発音解釈がおかしいために、「リサイプ」とい
う表記になってしまっている。
　（3）は「スタジオ」を「スツヂオ」と表記している。スタジオという単語
は、授業中には習っていない。このため、英語の発音が、そのまま音声表記
されたと考えられる。なお、「ハリー・ポッター・スタジオ」のことを書い
た別の学生もやはり「スツジオ」と表記していた。
　カタカナ語にとどまらず、自分の思いや経験を表現するような活動におい
ては、教科書で使われている語彙以上のものが必要になってくる。学習者に
とっては知識の幅を広げる好機であるだけでなく、自分の「世界」により密
着した語彙を身につけることができるだけに、定着しやすいという利点もあ
る。だからこそ、表記の誤りはできるだけ早期に修正し、正しく覚えられる
ようにしたい。

4　文法の誤り

4.1　助詞

　文法的な要素を持つ誤りの中でもっとも多かったのは助詞の間違いであ
る。初級後期になると、助詞の知識がごちゃ混ぜになり、わかっていたこと
もわからなくなってくるような混乱が起きる。同じ学習者の作文でも、ある
箇所で間違えた助詞が、別のところでは正しく使えていることもあり、きち

んと定着していないことがうかがえる。さらに、会話では省略される助詞も
あることから、それが書き言葉に反映され、必要なところで助詞が欠落する
こともある。このように、助詞の間違いは様々なケースがあり、同じ学習者
の作文でも揺れがあるが、総じていえることは、すべての学習者に多かれ少
なかれ助詞の誤りがあるということである。以下、典型的な誤りのパターン
と、特定の助詞に多かった誤用をみていく。

4.1.1　不必要な助詞の挿入

　助詞が不要な場所に助詞を入れてしまう誤りのうち、期間や頻度の表現に
「に」を加える誤りがある。(4)や(5)がそうで、それぞれ期間と頻度を表し
ている。時刻の表現につける「に」にひきずられてしまうのだろう。(6)は、
助詞「も」と助詞「が」を並置してしまっている。

(4) 二ヶ月に住むよていです。→二ヶ月住むよていです。
(5) 毎週二回にれんしゅうしています。→週二回れんしゅうしています。
(6) ひろいプールもがありました。→広いプールもありました。

　動詞や形容詞の後に「の」が入ることもある。以下の(7)では、動詞「か
く」の後に、不要な「の」が入っている。「絵をかくのが好きです」の「の」
と混同したのだろうか。(8)も、イ形容詞「たのしい」と名詞の「音楽」が
「の」で結びつけられている。

(7) えをかくのべんきょうがしたいですが、おかねがない。→絵の勉強が
　　したいですが、お金がありません。
(8) たのしいのおんがくをひくことできたいです。→(ピアノで)楽しい音
　　楽をひけるようになりたいです。

4.1.2　助詞の欠如

　必要なところで助詞が抜けてしまう誤りのうち、(9)のように国籍と名詞
を接続する「の」が欠如するケースについてはかなりパターン化した誤用に

なっており、学習者が必要ないと判断している可能性が強い。フランス語では、「韓国人の」に相当する形容詞 coréen があり、「友達」を意味する ami に直接付与して、ami coréen と表現することができる。学習者は、初級の最初期の段階で国名を習っているが、この段階で、フランス語との違いをもっと強調する必要があるかも知れない。

（9）まず、トラムの中で、かん国人友達とはなしていました。→まず、トラムの中で、かん国人の友達と話しました。

4.1.3 「を」の多用
　『日本語誤用辞典』（2010: 786）では、「を」を使うべきところで他の助詞を使う誤りが多いという指摘があるが、ナント大学の日本語学習者の場合、「を」が万能の助詞であるかのように頻繁に使う傾向にある。

（10）ひこうきをのりました。→飛行機にのりました。
（11）音を聞こえました。→音が聞こえました。

　（10）は移動を表す動詞「乗る」が使われており、移動の着点を表す助詞「に」の理解があやふやになっていることがわかる。（11）は、自発の動詞である「聞こえる」が正しく使えているにもかかわらず、助詞の選択を誤って「を」が使われている。動詞と助詞の組み合わせは固定したものであると考えている学習者もいるため、同じ動詞でも、表現事項に応じて助詞が違うことがあることを伝えなければならないだろう。

4.1.4 「に」の不使用
　前述の（4）や（5）の誤用でもわかるように、「に」は学習者にとってむずかしい助詞である。早くから習っているが、いくつもの異なる働きがあるうえ、他の助詞との違いを消化しきれず、混同してしまう。以下の（12）では、「へ」を使っているが、これは「行く」など移動の動詞を使う際に、助詞「へ」を入れるということに影響されてしまったのだろう。また（13）では、「が」

が使われている。これは、所有・存在の「いる」と、助詞「が」とを合わせて「ねこがいます」のように、存在の対象と合わせて使うことが多いことから生じてしまった誤りと考えられる。

(12) あねと、ナント<u>へ</u>すんでいます。→姉と、ナントに住んでいます。
(13) おととい、しぶや<u>が</u>いる夢をみました。→おととい、渋谷にいる夢をみました。

4.1.5 「から」「まで」を含む表現

　過去から今までの継続する期間を表現するとき、(14)のように「から」と「まで」を混同してしまう学習者がいる。(15)では、「から」は正しく使えているが「前」が抜けている。これには、フランス語と関係があるように思われる。フランス語で「12年前から」は depuis douze ans である。Depuisは「から」に相当し、douze ans が「12年」なので、日本語の「前」にあたる語はない。このことから、日本語で書くときに「前」が抜けてしまっている可能性がある。また、(16)の場合は、「のときから」を入れるほうが自然である。『日本語誤用辞典』(2010: 88)で「五年生」という学年の例が解説されているが、「高校」も当時「所属」していた学校であることから、「時」であることを明示し、それから「から」を付けるべきである。

(14) 8年<u>まで</u>ピアノを弾いています。→8年前からピアノを弾いています。
(15) <u>十二年から</u>ピアノをひくことができます。→十二年前からピアノをひいています。
(16) でも、<u>高校から</u>、私たちが時間とお金がありません。→でも、高校のときから、私たちは時間とお金がありません。

4.2　動詞の誤用
4.2.1 「する」と「ある」の多用

　フランス語を母語とする日本語初級の学習者が、頻繁に使う動詞に「する」と「ある」がある。以下は、「する」の例である。

(17) しょらいに大きえを<u>したい</u>です。→将来、大きい絵をかきたいです。

(18) ひまのとき、おかしとたべものを<u>する</u>ことがすきです。→ひまなとき、おかしや食べものをつくるのが好きです。

　日本語の動詞「する」は、行為を指すものであって、製作するという意味の「作る」とは違う。「する」（します）については、かなり早い段階で学んでおり、フランス語版『みんなの日本語』には、faire という訳が入っている。フランス語の faire には、「作る」という意味があるため、「絵をかく」「お菓子を作る」などの表現を習った後も、フランス語の faire につい影響されてしまうのだろう。

　「ある」も「する」と同様、口頭発表などでも、「ある」の使用頻度が高く、あらゆるところで使える万能な動詞ととらえられがちである。特に、事物の描写や容姿の特徴、自然現象や、音などの視聴覚現象と合わせて「ある」が使われることが多い。

(19) きれいなかみが<u>あります</u>。→（妹は）かみがきれいです。

(20) つくの時、外に強い台風が<u>あります</u>から、私たちはきれいなレストランにいれました。→（渋谷に）着いた時、外は（台風で）風が強かったので、（私たちは）きれいなレストランに入りました。

　フランス語では、きれいな髪をした状態のことを avoir de jolis cheveux などと、英語の have に相当する動詞 avoir で表現する。直訳すると「きれいな髪を持っている」となる。似たような間違いは、目の色や声など身体描写で頻繁にみられるが、いずれもフランス語では avoir を使って表現できる。教科書では、「ある」の訳語の1つに avoir があてられていることから、母語干渉が大きいと思われる。新しい単語を導入する際に、教科書に載っているフランス語訳をただ提示するのではなく、フランス語との微妙な違いを説明することで、誤解釈の広がりを少しは抑えることができるのかも知れない。

　(20)は自然現象の描写であるが、台風は低気圧であり、強い風は台風のも

たらす現象の1つにすぎない。「今日はちょっと風がありますね」とは言っても、「今日は台風がありますね」とは言わない。なお、自然現象に関しては「強い風があります」「強い雨があります」などの誤用も多い。「強い」が含まれることで、「ある」の使用は不自然になるが、「ある」に依存せず、「風が強いです」「雨が強いです」などと表現するべきである。

4.2.2　テイル形

　動詞の活用で、初級後期の学習者に多いのは「テイル形」の不使用である。次の(21)のように「マス形」が使われることが圧倒的に多い。

(21) たくさんのことを<u>しります</u>から、この人とはなしますはとてもおもしろいです。→（彼は）たくさんのことを知っているから、話すのがとてもおもしろいです。
(22) 弟はゲームいつもします。いつもコンピューターの前に<u>すわります</u>。→弟はいつもゲームをしています。いつもコンピューターの前にすわっています。

　(22)は、自分の弟が好きなことを書いているのだが、いつもコンピューターの前に座ってゲームをしているという習慣的な状況は、「テイル形」なしでは読み取りにくい。
　「テイル形」は、形そのものは問題なく習得する学生がほとんどだが、いつ使うかということと同時に、なぜ使うのかということをきっちり理解し、作文のような自発的な創造性が求められる活動につながらなければならない。

4.2.3　動詞＋こと・の

　動詞と共に使われる「こと」や「の」に関連した誤用のパターンとしては、「こと」や「の」の欠落と「こと」と「の」の混同の2種類が顕著である。以下の例は、「の」の欠落例である。
(23) Mさんは料理を<u>つくる</u>がとてもじょうずですから、昼ごはんは美味し

　　いですよ。→Mさんは料理をつくるのがとても上手ですから、昼ごは
　　んは美味しいですよ。

(24) わたしは<u>かく</u>と<u>よむ</u>がすきです。→わたしは書いたり読んだりするの
　　が好きです。

　(23)では、「料理をつくる」の後の「の」が抜けており、(24)では、「の」
の欠落に加え、「書く」「読む」の2つの動詞を語形変化させずに、助詞「と」
でつなげている。フランス語では「好きです」に相当する動詞 aimer を動詞
と合わせて使う際、動詞を不定詞のまま、接続詞 et でつなぐことから、フ
ランス語に影響された可能性もある。(24)をフランス語に直すと、« J'aime
écrire et lire. » となり、「の」に相当する語はない。また、écrire（書く）と lire（読
む）は、日本語の辞書形に相当する不定詞である。つまり、(24)はフランス
語の規則を日本語の表現「〜が好きです」にはめ込んだような折衷型の文に
なってしまっている。なお、この文をより自然な表現に訂正するには、「書
くのと読むのが好きです」とミニマムな修正を加えるよりも、「書いたり読
んだりするのが好きです」と「〜たり〜たりする」の構文を使う方がいいだ
ろう。
　次に「こと」が脱落する例をあげる。

(25) 私のすきなことは手品を<u>する</u>。→私の好きなことは手品をすることで
　　す。
(26) しめいは悪のこうさくいんを<u>見つけました</u>。→私の使命は悪い工作員
　　を見つけることでした。
(27) MIKAはピアノを<u>ひく</u>ができます。→MIKAはピアノをひくことがで
　　きます。

　(25)では、自分の好きなことを名詞で「手品です」と書く、あるいは「手
品をするのが好きです」としてもよかったのかも知れない。いずれにせよ、
「私の好きなことは」から始めた文では、「〜ことです」と終わらなければ座
りが悪くなってしまう。(26)は、自分が見た夢の話をしている作文で、自分

のミッションについて説明しているのだが、「見つけました」としたことで、あたかも使命を果たしたかのような解釈になってしまう。文脈によっては、理解がむずかしくなる誤りである。(27)は、自分の好きな歌手について紹介する作文で、「ことができます」の構文を使っているが、「こと」が抜けている。

4.2.4　授受文

　初級後半になると「あげる」「もらう」「くれる」と動詞と組み合わせて使う、いわゆる受益表現を学ぶが、作文や口頭表現では使われることそのものが少ない。

(28) 毎ばん、ねむ前に、本を<u>よみました</u>→(母は)毎晩、ねる前に、本を読んでくれました

(29) 母はわたしにりょりを<u>おしえました</u>。→母はわたしに料理を教えてくれました。

(30) K 先生が<u>教えた</u>歌を歌ってあげました。→K 先生が教えてくれた歌を(祖母に)歌ってあげました。

　いわゆる授受の文は、ポライトネスと深く関わっている。ポライトネスとは、「人間関係を円滑にするための言語ストラテジー」(宇佐美 2002)である。(28)から(30)の文は、いずれも文の理解を妨げる誤りではない。しかし、より日本語らしく表現するには、このような場面でも受益の表現が使われるということを理解しておかなければならない。(28)と(29)は、異なる学生が書いたものだが、「好きな人物」として自分の母親のことを書いている。自分の家族から教わるということが受益表現の対象となりうるということは、フランス人の学生にとっては考えにくいかも知れない。しかし、「私は本を読みます」という文と「母は本を読みます」という文は主語が異なるだけで同じであるが、後者の「母」が「私のために」本を読む場合には、表現が異なってくる。(30)も、一人称の利益に関わる「先生が教えてくれた」(あるいは「教えてくださった」)の部分では受益の表現が使われていな

いが、文の後半では「歌ってあげました」と受益の表現が正しく書かれている。この１例から一般化することはできないが、自分の動作を「～てあげる」で表現することは、他人の動作を授受文で表すことに比べれば、把握しやすいのかも知れない。

4.3　形容詞

　形容詞の活用の誤用の特徴としては、語学力がある学習者にも誤りが散見するということがいえる。特に多いのは、２つ以上の形容詞を並べて使う場合の活用と、過去形の使用の間違いである。

4.3.1　形容詞の並置

　２つの形容詞を並置する過程で起こる誤用例には、様々なタイプがある。多いのは、２つの形容詞を助詞「と」でつないでしまう誤りである。これは、イ形容詞の場合にもナ形容詞の場合にも共通して見られる。ナ形容詞の場合、「ナ」が脱落する誤用と、しないものとがある。

(31) 母はきれいとおもしろい女です。→母はきれいでおもしろい人です。
(32) 母はとても親切とかわいです。→母は親切でかわいいです。
(33) きれいなとおもしろい人です。→（姉は）きれいでおもしろい人です。
(34) Ｅさんはきれいな人としずかな人。→Ｅさんはきれいでしずかな人です。

　このタイプの誤りは、語彙として覚えた形容詞をそのまま投げ込んだような使われ方になっている。また、フランス語の形容詞は性数一致を必要とするが、並置することによる活用変化はないため、母語干渉もあるだろう。
　(34)は、ナ形容詞と「人」を文法的には正しく使っているが、「人」を２度繰り返し、「と」でつないでしまっている。
　なお、形容詞で、文法的な問題以上にむずかしいと思われるのは、形容詞の意味的な使用である。(32)では、自分の母親に対して「親切な」という形容詞が使われ、日本語だと違和感がある。「親切」の範疇は、母語話者に

とっては、どちらかというと家族以外の人になる。このため、「母はとても
やさしいです」とすれば、より日本語らしい表現になる。「親切な」と「や
さしい」の違いは、例文を出すなどして、導入時にしっかりと説明する必要
がありそうだ。「かわいい」についても、自分の母親に使うかどうか、人に
よっては疑問があるかもしれない。また、(31)のように、自分の母親に「女」
を使うのは、文化的な違いだろうか。日本語の場合は、「女」という性別を
明確にした単語よりも、「人」のような性別を特定しない言い方のほうがよ
り自然である。

　形容詞の並列の意味的な解釈の問題をもう1つあげたい。以下の例では、
「きれいな」と「青い」を並列して「ワンピース」が修飾されている。

(35) きれいで青いワンピースをきりました→きれいな青いワンピースを着
　　　ました。

　この文は、教科書で学んだことを正しく実践しているが、色という客観的
な性格の形容詞と、美しさという主観的な性格の形容詞を同列に並べたこと
で生じる違和感がある。「きれいな青いワンピース」(青いワンピースがきれ
いであるということ)とすれば自然だが、第2学年ではそこまで細かな表現
方法を求めていなかった。表現力がより広がりを見せるにつれ、このような
既習項目から一歩踏み込んだ「誤用」がさらに出てくるのだろうということ
に気づかされた例である。

4.3.2　イ形容詞の過去形

　形容詞の活用で多い、もう1つの誤用が、過去の出来事を表現する際のイ
形容詞の「タ形」の不使用である。形容詞に続く「です」を過去形にして処
理されることが多い。

(36) あたたかいふくをきましたけど、とてもさむいでした。→あたたかい
　　　ふくを着ましたけど、とても寒かったです。
(37) それに、ゆめの中でひとりでしたから、さびしいでした。→それに、

　　ゆめの中でひとりでしたから、さびしかったです。

　形容詞は、それだけを意識させて練習すると、きちんと活用できる学生が多いが、作文や口頭表現になると、活用がおろそかになってしまう。そして、活用が頭に入り始めた学習者の作文には、イ形容詞の「タ形」と「でした」を併せて使う誤用もみられた。

(38) すごくたのしか(っ)たでした。→すごくたのしかったです。
(39) とてもこわかった夢でした。→とてもこわい夢でした。

4.3.3　ナ形容詞の誤用

　ナ形容詞をめぐる誤用で目立つのは、名詞を修飾する際の「ナ」の脱落である。以下の2つはその代表例であるが、「です」に接続して使う場合には「ナ」がないことから、名詞の前につけるときにも「ナ」を省略してしまっている。(40)は、「きれい」をイ形容詞と誤解してしまった可能性もある。

(40) きれいえをかけってできたいです。→きれいな絵をかけるようになりたいです。
(41) 毎晩、大好きミュージカル「Wicked」に歌たいました。→毎晩、大好きなミュージカル「Wicked」を歌いました。

4.3.4　形容詞＋なる

　形容詞と動詞「なる」を組み合わせて使う際には、イ形容詞の語形変化を忘れたり、助詞「に」に関する誤りが起こったりする。(42)では、イ形容詞の語形変化の間違いに加え、必要のない助詞「に」が挿入されている。(43)では、助詞「に」が抜けている。

(42) 目がさめたとき、さびしいになりました。→目がさめたとき、さびしくなりました。
(43) 上ずなるために毎日手品をする。→上手になるように毎日手品をします。

　フランス語には、日本語の動詞「なる」に相当する動詞 devenir がある。形容詞と合わせて使う場合、形容詞の性数一致はあるが、日本語のように活用する必要はない。こうした母語の影響もあって、活用が忘れられてしまうのだろう。また、助詞「に」の付加や脱落は、イ形容詞とナ形容詞の語形変化の違いが整理しきれていないことを示唆するものである。

　次に、形容詞の意味的な要素に目を向けてみたい。以下の例は、動物を「きれい」と表現したケースである。

(44) 白いおおかみはとてもきれいでした。

　フランス語では、動物の姿形を好意的に表現するとき、「きれいな」「美しい」を意味する joli, beau などの形容詞を使う。日本語の場合「きれいな馬」という言い方もないことはないだろうが、「立派な馬」「見事な馬」、あるいはもっと具体的に「毛並みがいい」などの表現を使うことが多いのではないか。とはいえ白い狼を日本語の「きれい」で表現することに、訂正の必要があるのかどうかの判断はむずかしく、「誤用」と呼べるのかどうかも迷う。言語と文化の密接なつながりを示す例である。ちなみに、作文の添削の際、訂正はしていない。

4.4　指示詞

　指示詞の間違いは、指示詞を使った表現そのものでつまずく誤りが多い。(45)の「このところ」はその一例である。これは、フランス語の cet endroit の直訳と考えられる。

(45) そしてこのところでピクニックをしました。→そして、そこでピクニックをしました。

　次にむずかしいのが、どの指示詞を使うかという問題である。初級の前半で、「この・その・あの」を習うときに土台となるのは、話者と聞き手と対象の所属する「領域」である(益岡・田窪 1992: 38)。しかし、(45)は過去

に見た夢の話をしており、文脈指示としての指示詞ととらえなければならない。文章中の文脈指示では、「あ」は使われず、基本的に「そ」が使われるとされる（白川 2001: 5）。（45）の場合、「そのところ」としても不自然であり、「そこで」が適当である。

　（46）は、文脈がわかりやすいように直前の文も引用した。指示するもの（中国語・日本語・韓国語）が前の文の内容そのものであるときには、「こ」が使われなければならないが、「その」が使われている。さらに、複数の言語が言及されているので、少し堅苦しいが「これらの」とするのがよいのではないだろうか。

（46）しょう来中国語と日本語とかんこく語の本読めたいです。それから、
　　　今年のなつ休みはそのことばのまん画を読む予定です。→しょう来、
　　　中国語と日本語と韓国語の本を読めるようになりたいです。だから、
　　　今年の夏休みはこれらのことばでかかれたまん画を読むつもりです。

4.5　接続詞

　逆説を表す接続詞「でも」を「が」のように文中に置いて、2つの文を連結させる誤りは、初級前半の学習者に多い間違いだが、今回の作文でも何人かが「でも」を文中で使っていた。

（47）ゆめで、ふつうでしたでも、今ふつうじゃありませんでしたとおもい
　　　ます。→ゆめで、ふつうでした。でも、今ふつうではなかったと思い
　　　ます。

　フランス語の「でも」に当たる mais は語頭につくこともあれば、文中に入ることもあるため、mais に影響されてしまった可能性が高い。「でも」は会話などでも学生がよく使う語だが、書き言葉に比べて文の句切れが不明瞭な口頭発表では、語の位置が曖昧で、教師も誤りに気づきにくい。筆記の場合は、「でも」の文中での使用は明らかな誤りとなる。

4.6　副詞

　副詞のうち、「とても」と「たくさん」の混同は、初級前半に比べると格段に減っているため、ここでは省略し、「よく」をめぐる誤りをとりあげたい。学生の作文では「よく」が使われるが、使い方を誤っているもの、日本語として不自然ものが多いからである。

(48) よくレストランへ行けません。→あまりレストランへ行けません。
(49) 大学がおわるとき、よくかこうと思っています。→大学がおわったら、もっと(絵を)かこうと思っています。
(50) わたしはよく音楽をならいたいんです。→わたしはもっと音楽をならいたいんです。

　(48)は、お金がなくてレストランへ行けないという文脈であるが、「よく」を「行く」の否定形とあわせて使うのは不自然である。「よく」という副詞には、『みんなの日本語初級 I 翻訳・文法解説』のフランス語版の新出単語のリストで、bien(第 9 課)と souvent(第 22 課)という訳があてられている。Bien は分量や度合いを、souvent は頻度を表す。(48)の「よく」は頻度であるが、フランス語の souvent はフランス語の「行く」にあたる aller の否定形と一緒に使っても不自然にはならない。しかし日本語の場合、「あまり」と動詞の否定形を使う方がおさまりがよい。また、(49)と(50)では、今は忙しくて暇がないという文脈で、頻度を表す souvent としての「よく」が使われている。しかし、「よく描く」「よくならいたい」という表現は日本語としてわかりにくい。

　フランス語の bien には、多様な意味合いがあるが、プチ・ロベール辞典によると、そのうちの 1 つが d'une manière satisfaisante(満足のいくように)というものである。(49)や(50)の文脈にあてはめると、「心おきなく」といったところだろうか。ただし、『日本語誤用辞典』(2010: 763)でも、このタイプの間違いが指摘されており、副詞「よく」の多用は、フランス語圏の学習者には限らないようである。

4.7　名詞・代名詞

　正しい語を選択するためには、選択肢となる複数の語の違いが理解できなければならない。初級後半になると、似たような意味を持つ言葉が増えてくる。この時期だからこそ、せっかく覚えた語彙をしっかりと整理できれば、より美しいことばづかいが身につく。そのためには、試行錯誤を繰り返すことも必要になってくる。ここでは、意味的には近いが、使い方としてふさわしくないものという視点から、名詞の誤用をみていく。

　(51)の「語」は langue（言語）の意味で使われたと考えられるが、国名とともに使われる「日本語」とは異なり、単独の「語」は、単語のような言葉の細かい単位を指す。また、(52)では「しゅうりょう」（終了）が使われている。夢の最後の部分を忘れてしまったという文脈だが、「終了」は終えるという動的な性格があって、座りがよくない。

(51) たくさん<u>語</u>をべんきょうしたいです。→たくさんの外国語を勉強したいです。

(52) 私の夢の<u>しゅうりょう</u>をわすれました。→私の夢の終わりをわすれました。

　代名詞の使用で、文が不自然になったケースもある。(52)では、「祖母」が「かのじょ」で置き換えられている。「かのじょ」を使うことは、文法的には間違いでないかも知れないが、よそよそしい印象になることは否めない。ただ、フランス語では、同じ単語や表現の繰り返しを避ける傾向があるため（Riegel, Pellat et Rioul 1994: 612–613）、母語の性質に影響されて自然と代名詞が使われてしまうのだろう。

(53) それから、私の祖母に会った、<u>かのじょ</u>はプレゼントをくれました。
　　→それから、祖母に会いました。祖母はプレゼントをくれました。

　また、名詞の選択で、母語からの類推と思われる語を使った興味深い例を以下にあげる。

(54) 音楽の<u>あじ</u>が同じあるので、なつ休みにいっしょにロックのまつり
　　へ行きました。→(姉と)音楽の好みが同じなので、夏休みにいっしょ
　　にロックフェスティバルに行きました。

　この文は、気の合う姉のことを紹介した作文からの抜粋である。冒頭部分
で使われている「あじ」(味)は、日本語では「好み」や、英語の taste の借用
語である「テイスト」などで言い表す方が自然だろう。この学生が「あじ」
という語を使ったのは、「好み」や「テイスト」を習っていないということ
もあるが、フランス語で「好み」のことを goût(味)と表現するからかも知
れない。
　また、「ロックのまつり」という表現も示唆に富む。日本語の「祭り」が
イメージさせるのは、どちらかというと夏祭りや天神祭のような日本の伝統
行事である。そのため、日本語にはフェスティバルという借用語もあって、
日本人は2つの語をそれとなく使いわけている。こうした細かな違いを学習
者が使い分けていくことができるような作文指導を心掛けなければならない
と痛感する例である。

5　表現の誤り

5.1　文の構成
　ここからは、品詞の分類にとどまらない、文の構造や表現の誤用に焦点を
あてていくことにする。

(55) いっしょに、えいがをよむし、ともだちを見るし、りょうりをつくて
　　います。→いっしょに、映画を見たり、友達に会ったり、料理をつくっ
　　たりしています。
(56) ただのしゅみですけど、みらいにもっとじょうずになるよていです。
　　→ただのしゅみですが、しょうらいもっと上手になりたいです。

　(55)は、「〜し〜し」の構文を使った文であるが、この構文は理由や背景

を述べるものであって、行動を羅列するのにはふさわしくない。また、(56)
では「よていです」という表現が使われているが、「上手になる予定」とい
うのは、不自然な響きがある。「予定」というのは、あらかじめ実行すると
決めた事柄に対して使うが、上達するということは目標である。作文の課題
に「よていも書いてください」とあったため、「よてい」という言葉を使わ
なければならないと無理をして使ったのかも知れないが、いずれにせよ、「上
手になる」という動的な表現と、「予定」という未来に視点を置いた表現の
組み合わせは、興味深い。また、「未来」と「将来」は意味的には似ている
が、「未来」が、過去や現在との対比としての性格を持つのに対して、「将来」
は、どちらかというと、「未来」よりも現在に近く、(56)の文脈では「将来」
の方がふさわしい。

(57) 僕のさいきん見た夢の時、日本に新しい友達を会いました。→僕がさ
　　いきん見た夢の中で、日本にいて、新しい友達に会いました。

　(57)は、「とき」の構文を使った文で、「夢のとき」となっている。「試験
のとき」「子どものとき」など、期間を表す名詞を「の」といっしょに使う
ことができるので「夢」にも使ったと考えられるが、「夢の中で」や「夢で」
と表現するほうが自然である。なお、「夢の中で」「日本で」と「で」が繰り
返されてしまうので、動詞を加えて「日本にいて」などとすれば、繰り返し
を避けることができる。

(58) しょうらい、えを書きたくて、ゲームがしたいです。→しょうらい、
　　絵をかいたり、ゲームをしたりしたいです。
(59) たぶん、じょずになるあとで、インターネットでえをうります。→絵
　　が上手になったら、インターネットで売ります。

　(58)では、絵を描くという行為とゲームをするという行為の2つがそれ
ぞれ「たい」とともに使われている。「たい」をテ形に活用するという文法
の面では正しいが、少し重くなる。既習の「〜たり〜たりする」の構文なら

より自然な表現になるだろう。(59)も、将来の夢を書いたもので、いくつかの修正が必要である。まず、「たぶん」が文のどの部分にかかるのかがわかりにくい。「売るかもしれない」という意味合いなら、「たぶん」の位置を変えたほうがいいだろう。「もし上手になったら」という意味合いなら、「たぶん」では不自然である。また、「あとで」は、意志(＝上手になる)の意味としては適さない。

5.2　語順

　語順の誤りは、母語の語順に影響されることが多い。例えば、5月3日を「3日5月」と書いたり、日本人の名前の姓名をフランス人の名前のように「名姓」の順で「とも子鈴木」と書いたりするような誤りは、フランス語からの影響である。加えて今回の作文では以下のような誤りがみられた。

(60) そして、パリのフランスに八年間すんでいます。→そして、フランスのパリに八年間住んでいます。

(61) 弟のへやの中にまん画ぐらい 60 まいあります。→弟のへやにまん画が 60 さつぐらいあります。

(62) なしパラシュートへとびました。→パラシュートなしでとびました。

　(60)の場合、フランスとパリが逆になっている。フランス語では、国名と都市名を都市名→国名の順に並べる。また、(61)では「ぐらい」の位置がおかしいが、フランス語では、「ぐらい」に相当する environ は数詞の前に置くことから、やはり母語干渉が考えられる。(62)は、「パラシュートなしで」と表現しようとしたのだが、フランス語の sans parachute を直訳したような「なしパラシュート」となっている。語順の誤りは、日本語における語順への理解が不十分だということでもある。母語干渉をなくすには、日本語の正しい語順をきちんと把握する必要がある。

6　おわりに

　ここまでみてきた初級後半の学習者の誤用は、初歩的なものから、初級前半の頃にはなかったような少し高度なものまで、多様である。これは、学習者同士の日本語の興味や語学力のばらつきによっても説明されるだろう。誤用は、各学習者がこれまでに身につけた知識をどこまで運用できるのかを知るうえで、大きな役割を果たしているのである。今回の調査のまとめとして、以下に気づいた点をまとめる。

　第1に、初級後半の学習者の誤用には、まだまだ多くの初歩的な間違いが多い。新しい文法や語彙を習っても、きっちりと消化しきれない状態では、いずれ飽和状態になる。初級前半で習った内容が、初級後半になって「誤り」として表出する学習者もいるので、基礎をしっかりと積み直し、せっかく学んだ知識が、崩壊してしまわないようにしたい。

　第2に、初級後期の学生の作文は、特に語彙の面で、大きな広がりを見せ始める。自己表現をする上で、あるいは自分の経験や夢など非現実の世界を表現する上で、必要となる語彙は、教科書に載っている語彙を飛び越え、より個人的なものとなり、学習者それぞれに特化した語彙もできてくる。そのような環境で生まれる誤用は、必ずしも知識不足という見立てだけでは判断できないものである。こうした、積極的ともいえる誤りを支援できるような指導を教師も積極的に考えなければならない。

　第3に、学習者の母語であるフランス語に目を向けることの意義である（谷口 2005: 9–10）。本稿でもみてきたように、誤用の原因に、かなりの割合で母語干渉がある。教師が学習者の母語を何としても知らなければならないというのではない。しかし、母語との関連を考察することで、誤用への理解がより深まるであろうことは確かである。外国語を日常的に使う環境にある人なら、とっさの一言や、些細な表現で苦労した経験がある人もいるだろう。間違いのない言葉づかいができるに越したことはないが、言語とはそのような単純明快なものではない。語学の教室は、より自然で、より正確な表現力を身につけるための、舞台裏のようなものである。教師は、学習者を表現力が確かなものになるよう支援しなければならない。そのためには、フラ

ンス語への理解を深めることも1つの重要なアプローチといえるだろう。

　作文や翻訳を添削する際、ただ正解を与えるのではなく、なぜこれではよくないのかを説明できることも「誤用」の有効活用となるだろう。そのためには、不自然な表現があるときには、教師が一歩立ち止まり、なぜこのような表現になったのか、思いを馳せてみなければならない。仮に苦し紛れに作成された文でも、そこには様々な理由が隠されているかも知れないからである。しかし、それ以上に、教師自身の教え方に原因がなかったか、まずは考え直してみなければならない。

　最後に、作文の誤りを添削で迷うのは、どこまで訂正するか、である。あれこれ説明を加えて直しても、返却した作文には目を通さない学生もおり、添削に意味があるのかを疑問に思う教師もいる。また、初級後期は、まだまだ基礎づくりの段階であり、細かく厳密に直すよりも、のびのびと表現させたほうがよいという考え方もある。また、もっと現実的なところでは、クラスの規模も指導法に影響を与える。今回の作文は30人に満たない人数であったため、添削することには問題はなかった。授業中に行った「夢」についての作文は、提出されたものを教師が添削をして返却し、添削内容に基づいて書きなおしたものをさらに提出させた。試験中の作文については、授業中に教師が一度同じテーマの作文を課しており、提出されたものを添削して返却している。しかし、100人を超えてしまうような大きなクラスを担当する場合、たった一人の教師が作文を添削するには、大変な労力がいる。こうした場合、作文という選択肢が妥当であるかどうかはわからない。もっと効率的で、かつ意味のある活動を考えなければならないだろう。

　学習者一人一人へ向けた個別の作文添削のほかに有効であると感じたのは、教室で、彼らの誤用を提示したことである。これは、複数の学生にみられるパターン化した誤りを対象にしたもので、「よくある間違い」として、何が問題なのかを解説した。また、あえて間違いを含んだ文を提示して、何が間違っているかを見つけさせるなどの練習も行った。「誤り」を共有し、いつもと違った角度から見ることで、うろ覚えになっていたことを少しでも解決できればと思う。これらの試みがすぐに効果を発揮することはないかも

知れないが、自分の書いたものを読み直す、確かめるなどの自立的な学びに
つながればと願っている。

注

1　第 2 学年では『みんなの日本語初級』の 21 課から 37 課前後までを学習する。

参考文献

市川保子編著 (2010)『日本語誤用辞典―外国人学習者の誤用から学ぶ日本語の意味用法と
　　指導のポイント』スリーエーネットワーク

宇佐美まゆみ (2002)「ポライトネス理論と対人コミュニケーション研究」『日本語教育通
　　信』日本語・日本語教育を研究する (第 18 回)、国際交流基金．https://www.jpf.
　　go.jp/j/project/japanese/teach/tsushin/reserch/pdf/tushin42_p06-07.pdf 2017.9.24

北村よう (2005)「第 3 章第 4 節　音声」東海大学留学生教育センター編『日本語教育法概論』
　　pp. 136–152. 東海大学出版会

コベルニック・ナディア (2012)「ロシア語・ウクライナ語母語話者による日本語学習者コー
　　パス誤用分析」『言語・地域文化研究』18: pp. 173–180. 東京外国語大学大学院

白川博之監修 (2001)『中上級を教える人のための日本語文法ハンドブック』スリーエー
　　ネットワーク

谷口聡人 (2005)「第 1 章第 1 節　日本語教育の概況」東海大学留学生教育センター編『日
　　本語教育法概論』pp.3–18. 東海大学出版会

益岡隆志・田窪行則 (1992)『基礎日本語文法―改訂版』くろしお出版

村上治美 (2005)「第 4 章第 4 節　書くことに焦点を当てた指導の理論と実践」東海大学留
　　学生教育センター編『日本語教育法概論』pp.216–237. 東海大学出版会

本橋美樹・石澤徹 (2015)「日本語初級学習者による文字表記の誤りの特徴―無意味語との
　　比較から」『関西外国語大学留学生別科日本語教育論集』25：pp.15–23. 関西外国語
　　大学留学生別科

楊帆 (2014)「中級日本語学習者の作文における困難点―文構造の呼応関係について―」『秋
　　田大学国際交流センター紀要』3：pp.15–28. 秋田大学

『みんなの日本語初級 I 本冊』第 2 版 (2012) スリーエーネットワーク

『みんなの日本語初級 II 本冊』第 2 版 (2013) スリーエーネットワーク

『みんなの日本語初級 I 翻訳・文法解説フランス語版』第 2 版 (2012) スリーエーネットワーク

『みんなの日本語初級 II 翻訳・文法解説フランス語版』第 2 版 (2015) スリーエーネットワーク

Marquilló Larruy, Martine. (2003) *L'interprétation de l'erreur*. Millau: CLE International.

Riegel, Martin, Jean-Christophe, Pellat, et René Rioul. (1994) *Grammaire méthodique du français*.
　　　Paris: PUF.

Le Petit Robert, (2016)dir. Alain Rey, Paris: Robert.

フランス語を母語とする
日本語学習者の促音の知覚

竹村亜紀子、神山剛樹

1 はじめに

　来て、切って──日本語母語話者にとって両者の区別は促音（っ）の有無によって容易にできる。しかしながら、母語に単子音・重子音による区別──がない日本語学習者にとって促音の知覚は一般的に難しい。もし促音の有無が知覚できなければ「誤聴」となり、話者が発した言葉の意味を誤ってしまう可能性がある。促音はその有無によって意味が変わるという弁別的機能があるため、日本語学習においては重要な意味をもつ。本稿では仏語を母語とする日本語学習者の促音知覚に焦点を当て、知覚実験を通して日本語母語話者と仏語母語話者との共通点、および相違点を明らかにする。そして、仏語を母語とする日本語学習者が促音を知覚する上で注意しなければならない点を提示する。

2 促音

　このセクションでは、まず日本語の促音について音声学的にどのようなことが言われているのかを概観する。次に促音がもつ弁別的機能について説明をする。そして、仏語以外の言語を母語とする日本語学習者を対象とした促音知覚の実験で明らかになっていることを概観し、最後に仏語を母語とする話者の促音知覚について予測する。

2.1 日本語の促音

日本語の促音は英語では子音を重ねるという意味で geminate（重子音）と

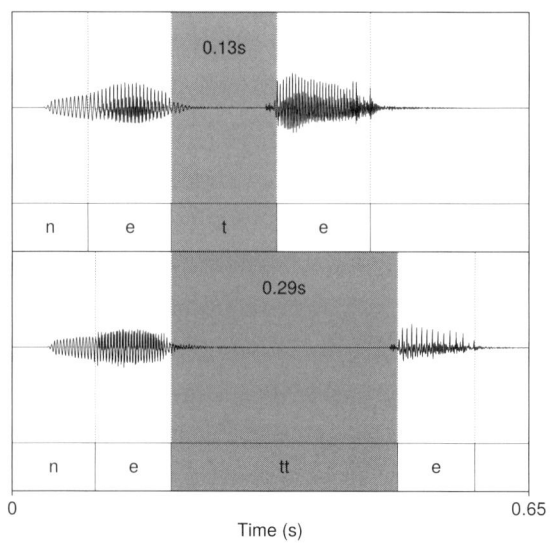

図1　/nete/ と /nette/ の [t] の持続時間

呼ばれる。しかし、重子音が観察されるのは日本語だけではない。フィンラ
ンド語、イタリア語も重子音をもつ言語である。ここでは、特に日本語の鼻
音以外の音（閉鎖音、摩擦音、破擦音、接近音、はじき音）の重子音のことを
促音として統一して扱うことにする。

　では、日本語の促音にはどのような音声学的特徴があるのであろうか。
Kawahara (2015) によると、日本語の促音は音声学的には子音の持続時間の
違いによって特徴づけられるとしている。

　図1は単独ではっきりと発音された「寝て」/nete/ と「練って」/nette/[1] の [t]
の閉鎖の持続時間を表したものである[2]。/nete/ の [t] の持続時間は 0.13 秒、
/nette/ の [t] の閉鎖持続時間は 0.29 秒である。単純に計算すると、/nette/
の [t] の閉鎖持続時間は /nete/ のそれよりも 2.14 倍の長さがある。促音が
ある場合は促音がない場合よりも長いことは確かだが、子音の種類、発話速
度やスタイルなどによって促音部分の持続時間は異なる (Kawahara 2015)。

2.2　促音の弁別的機能

　語彙的意味を区別するために寄与するものを弁別的機能と呼ぶ。例えば、

坂(さか)と作家(さっか)は単独形式の場合(助詞を付けずに読む場合)促音の有無によって区別される(アクセントは低高で同じである)。このように、促音の知覚は日本語を学習する上で意味の区別に関与するため重要な意味をもつ。また、単語の動詞活用にも促音は現れる。

表1　日本語の動詞活用（て形）に現れる促音の例

辞書形	て形
来る	来て
切る	切って
変える	変えて
帰る	帰って

　表1は日本語の動詞の辞書形と「て形」の例である。例えば、辞書形では「来る /kuru/」、「切る /kiru/」であるが、「て形」になると「来て /kite/」、「切って /kitte/」となり促音の有無によって区別される（アクセントは同じ）。一方、「変えて /kaete/」、「帰って /kaette/」の場合は、促音の有無だけでなくアクセントも異なる。そのため、学習者は促音の有無だけでなく、アクセントの違いによっても意味を区別できる可能性もある。
　いずれにしても、促音の有無が意味の弁別に寄与するという意味では、日本語の学習において促音の知覚は重要であると言える。もし促音の有無が知覚できなければ「誤聴」となってしまい、発話者の意図を正しく受け取ることができない可能性がある。

2.3　促音の知覚　韓国語母語話者、英語母語話者の場合

　母語に対応する音韻がない場合、学習者にとってその違いを把握することは難しいと言われている (Sonu et al., 2013, Tsukada et al. 2015)。ここでは、促音のように子音の長さを弁別的に用いない言語の話者を対象とした促音知覚の先行研究を整理する。
　中国語、韓国語、タイ語、米国英語、スペイン語を母語とする話者を対象とした促音知覚の実験で、中国語、韓国語、タイ語の母語話者は日本語の促音の有無を正確に判断できる正答率が低かったとされている (Minagawa 1996)。

そして、英語を母語とする話者も日本語の促音の知覚が日本人の促音知覚とは異なることが示されている (Takeuchi 2010)。どの言語も子音の長さを弁別的に用いる言語ではないため、促音の知覚は難しい傾向にあるといえる。

　では、仏語を母語とする日本語学習者はどのように促音を知覚するのだろうか。仏語は母音の /e/ 脱落（「脱落性の e」）によって形態素または語の境界音声的に重子音が生じることがある（例：Je vais te tuer. Je vais le lire.）が、語彙レベルでは弁別的ではない。同様に長母音が条件異音として音声的に現れるが、長母音と短母音の対立がない (/v z ʒ ʀ/ が末尾子音の場合、母音がほとんどの方言では長くなる (Léon 2000)（例：（長）base [baːz] – （短）basse [bas]))。他の言語の日本語学習者と同じように、単子音・重子音を弁別的に用いる言語ではないため、仏語を母語とする日本語学習者にとって日本語の促音の知覚は難しいものと予想される。

3　促音の知覚実験

3.1　実験の目的

　この実験の目的は仏語を母語とする日本語学習者、および日本語母語話者を対象に、日本語の促音の有無を聞き分けることができるかどうかを調べることである。先行研究からもわかるように、フランス語は単子音・重子音を音韻として用いない言語であるため、フランス語を母語とする日本語学習者にとって、日本語の促音の知覚は難しいことが予想される。

3.2　実験方法

　本稿では AXB 同定実験を行なった。AXB 同定実験とは、刺激を 3 つ提示し、そのうち 2 番目に提示される刺激語 X が、その直前に提示される刺激語 A と、その直後に提示される刺激語 B のどちらと同じであるかを判断する実験である。この実験は音声分析ソフト Praat 上で行なった。回答の選択肢はカタカナで画面上に提示され、被験者は自身の選択した刺激語に該当するボタンをクリックすることによって回答した。

3.3　刺激語

　刺激語は 2 音節語（多くは無意味語）で、音節構造は $bV_iC_j(C_j)V_i$ である。語頭の子音は常に /b/ に統一している。子音は /k/、/p/、/s/ の 3 つで単子音と重子音（つまり促音の場合）と 2 種類がある。そして、母音は /a/、/i/、/u/、/e/、/o/ である。さらに、刺激語を読むときのアクセントは高低（HL）、低高（LH）の 2 種類である。図 2 に示したように、刺激語は子音のタイプ 6 種類 × 母音 5 種類 × アクセント 2 種類で合計 60 語ある。刺激語は東京出身の男女の話者二人にキャリア文「それは〜という」の中で発話してもらったものを、刺激語のみ切り出した。これら 60 語を 3 回提示する形にして合計 180 回被験者に提示した。

```
                        （母音）
                        _a_a
（子音）                  _i_i        （アクセント）
b_k(k)_        ×        _i_i    ×      HL        =  60 語
b_p(p)_                 _u_u           LH
b_s(s)_                 _e_e
                        _o_o
```

図 2　刺激語の音節構造とアクセント

3.4　被験者

　被験者はフランス、パリの大学で日本語を専攻する学生（1 年生と 3 年生）、およびパリ在住の日本語母語話者である。実験は第一筆者が勤務する大学で行われた。被験者の内訳は次の通りである。

表 2　被験者の内訳

グループ	人数	男：女	年齢（平均）	日本語学習歴（平均）
学習者（1 年生）	10	3:7	26.9	3.7 年
学習者（3 年生）	9	3:6	22.7	5.2 年
日本語母語話者	6	1:5	31.3	−

　1 年生の学習者 10 人の平均年齢が高いのは学習者の中に年齢が高い人がいたためである（最高年齢は 69 歳）。また、多くの学習者が大学 1 年時に日本語の学習を開始する一方、中には高校から日本語を習い始めていた学習者

もいる。そのため、学習歴がそれぞれ平均 3.7 年と平均 5.2 年となり、在籍する学年と学習歴との間に乖離が見られる。

4　実験結果

4.1　仏語母語話者と日本語母語話者の結果

　仏語を母語とする学習者（仏語母語話者）1 年生と 3 年生、および日本語母語話者の知覚実験の結果を提示する。表 3 は 1 年生、3 年生、日本語母語話者の各グループの促音知覚の正答数（および正答率）と誤答数（および誤答率）を表している。一人につき 180 の知覚実験の結果を得たが、刺激語の提示の仕方に問題があったため、分析に用いたデータは一人につき 177 となった。

表 3　各グループの促音知覚の結果

	正答	誤答	合計
1 年生（10 人）	1571 （88.76%）	199 （11.24%）	1770 （100%）
3 年生（9 人）	1425 （89.45%）	168 （10.55%）	1593 （100%）
日本語母語話者（6 人）	1021 （96.14%）	41 （ 3.86%）	1062 （100%）

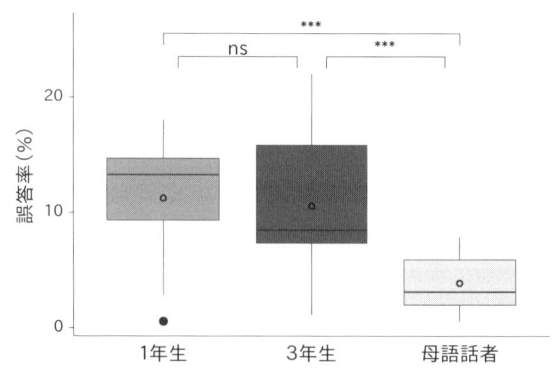

図 3　仏語母語話者と日本語母語話者の促音知覚（誤答率）

　図 3 はグループ別に誤答率を示している。図 3 の箱ひげ図の箱の上下はそれぞれ、25 パーセンタイル順位、75 パーセンタイル順位（データの 25%、75% がこの値以下／以上に存在していること）を表しており、箱の中の線は

50 パーセンタイル順位（中央値）を表している。そして、箱ひげ図の丸はそのグループの平均値を表している。この図をみると、日本語母語話者の誤答率が一番低く（平均 3.86%）、2 グループの仏語母語話者の誤答率（1 年生 11.2%、3 年生 10.6%）は日本語母語話者のそれよりも高いことがわかる。日本語母語話者と 2 つの仏語母語話者グループ（1 年生、3 年生）におけるグループの効果を確かめるため ANOVA を行なった。その結果、グループ間での統計的有意差が確認された（$F(2, 22) = 3.625, p < .05$）。どのグループ間で統計的有意差があるかを確認するため、ウェルチ多重検定を行なった。その結果、日本語母語話者のグループと 2 つの仏語母語話者グループ（1 年生、3 年生）との間には統計的な有意差が確認されたが（日本語母語話者と 1 年生：$p < .05$, 日本語母語話者と 3 年生：$p < .05$）、仏語母語話者の 1 年生のグループと 3 年生のグループとの間には有意差は確認されなかった（$p > .05$）。

4.2　子音別の結果

　次に第二子音の種類別に促音知覚の誤答率をみてみる。子音別に促音知覚の正答率と誤答率を表したものが表 4 である。そして、図 4 がその誤答率を表した図である。X 軸は第二子音の /k/、/p/、/s/ を表し、Y 軸は誤答率を表している。そして、各子音の中に 3 つの箱ひげ図があるが、それぞれ左から仏語母語話者の 1 年生、3 年生、日本語母語話者を表している。

表 4　子音別の促音知覚の正答率と誤答率

		正答	誤答	合計
/k/	1 年生	561 (93.5%)	39 (6.5%)	600 (100%)
	3 年生	508 (94.07%)	32 (5.93%)	540 (100%)
	日本語母語話者	358 (99.44%)	2 (0.56%)	360 (100%)
/p/	1 年生	521 (91.4%)	49 (8.6%)	570 (100%)
	3 年生	481 (93.76%)	32 (6.24%)	513 (100%)
	日本語母語話者	335 (97.95%)	7 (2.05%)	342 (100%)
/s/	1 年生	489 (81.5%)	111 (18.5%)	600 (100%)
	3 年生	436 (80.74%)	104 (19.26%)	540 (100%)
	日本語母語話者	328 (91.11%)	32 (8.89%)	360 (100%)

　この図をみると、第二子音が /s/ の場合、促音知覚の誤答率が他の子音 /k/

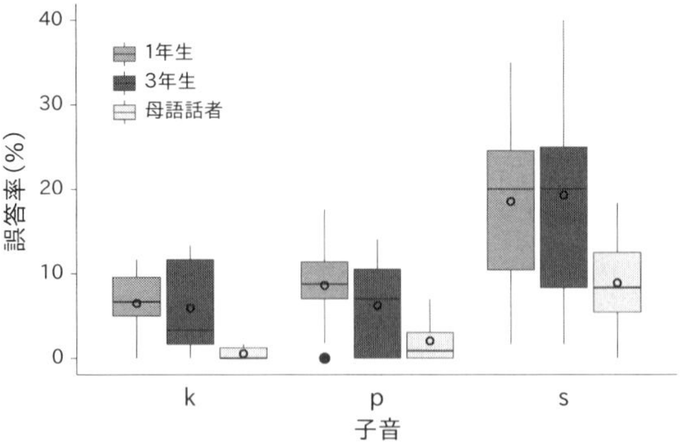

図 4 子音別の誤答率

と /p/ と比較すると著しく高いことが分かる。この /s/ と /ss/ の区別が難しいという傾向は仏語母語話者だけなく、日本語母語話者も誤答率が高くなっていることがわかる。 /s/ と /ss/ を区別することがなぜ難しいのかについては後で考察を行う。

4.3　母音別の結果

　続いて、母音の種類による促音知覚の結果を示す。ここで用いた刺激語の音節構造は $bV_iC_j(C_j)V_i$ であるので、第一母音も第二母音も同じである。表5 は母音の種類別でみた促音知覚の正答率と誤答率である。そして、図5 はその誤答率を図で表したものである。X 軸は母音 /a/、/i/、/u/、/e/、/o/ を表し、Y 軸は誤答率を表している。そして、各母音の箱ひげ図はそれぞれ左から仏語母語話者の 1 年生、3 年生、日本語母語話者を表している。

表 5　母音別の促音知覚の正答率と誤答率

		正答	誤答	合計
/a/	1 年生	328 (91.11%)	32 (8.89%)	360 (100%)
	3 年生	293 (90.43%)	31 (9.57%)	324 (100%)
	日本語母語話者	211 (97.69%)	5 (2.31%)	216 (100%)
/i/	1 年生	312 (86.67%)	48 (13.33%)	360 (100%)
	3 年生	278 (85.8%)	46 (14.2%)	324 (100%)
	日本語母語話者	201 (93.06%)	15 (6.94%)	216 (100%)

/u/	1年生	301 (83.61%)	59 (16.39%)	360 (100%)
	3年生	272 (83.95%)	52 (16.05%)	324 (100%)
	日本語母語話者	200 (92.59%)	16 (7.41%)	216 (100%)
/e/	1年生	303 (91.82%)	27 (8.18%)	330 (100%)
	3年生	287 (96.63%)	10 (3.37%)	297 (100%)
	日本語母語話者	197 (99.49%)	1 (0.51%)	198 (100%)
/o/	1年生	327 (90.83%)	33 (9.17%)	360 (100%)
	3年生	295 (91.05%)	29 (8.95%)	324 (100%)
	日本語母語話者	212 (98.15%)	4 (1.85%)	216 (100%)

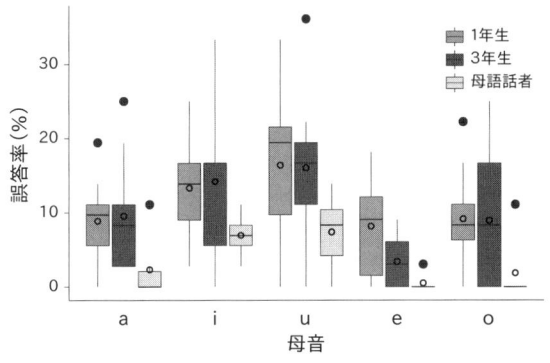

図5　母音別の誤答率

　母音の種類によっても促音知覚の誤答率が異なることがわかる。特に高母音の /i/ と /u/ の場合、仏語母語話者だけなく日本語母語話者も促音の知覚が難しくなることがわかる。

4.4　アクセント別の結果

　次にアクセント別に促音知覚の結果を示す。表6はアクセント別に各グループの促音知覚の正答率と誤答率を表したものである。そして、図6はその誤答率を図で表している。図6のX軸は2種類のアクセント（HL、LH）を表し、Y軸は促音知覚の誤答率を表している。これまでと同様に、各アクセントの中は左から仏語母語話者の1年生、3年生、日本語母語話者を配置している。

表6　アクセント別の促音知覚の正答率と誤答率

		正答	誤答	合計
HL	1年生	741 (85.17%)	129 (14.83%)	870 (100%)
	3年生	672 (85.82%)	111 (14.18%)	783 (100%)
	日本語母語話者	501 (95.98%)	21 (4.02%)	522 (100%)
LH	1年生	830 (92.22%)	70 (7.78%)	900 (100%)
	3年生	753 (92.96%)	57 (7.04%)	810 (100%)
	日本語母語話者	520 (96.3%)	20 (3.7%)	540 (100%)

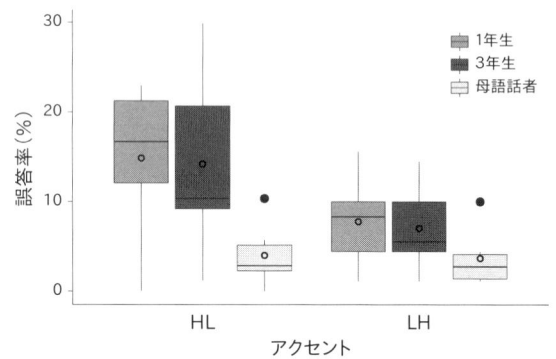

図6　アクセント別の誤答率

　日本語母語話者の場合、アクセントが HL でも LH でもほとんど誤答率が変わらないが、仏語母語話者の 2 グループは HL のアクセント型で誤答率が高くなっていることが分かる。しかし、この結果だけでは促音があるものを無いと知覚したのか、あるいは促音がないものをあると知覚したのか、誤答の方向性が分からない。また、アクセント型とその誤答の方向性に関係があるかどうかも分からない。そこで、誤答の方向性とアクセント型を調べるために誤答を詳しく調べてみた。

表7　仏語母語話者の誤答の方向性（元の刺激音→知覚した音）

	促音無し→有り		促音有り→無し
HL	134	>	106
LH	54	<	73

　表7はアクセント型と誤答の方向性を示したものである。この表をみる

と、HL のアクセント型の場合、促音無しの刺激音を促音有りと知覚してい
るものが多く、LH のアクセント型の場合、促音が有る刺激音を促音がない
ものと知覚してしまうものが多いことが分かる。アクセント型と誤答の方向
性に関係性があるかどうかを調べるためにカイ二乗検定を行なった。その結
果、アクセントと誤答の方向性には統計的に有意な関係があることが分かっ
た (χ^2 = 5.37, df = 1, p = 0.02)。仏語を母語とする日本語学習者はアクセント
と促音知覚の間に関係があることから、アクセントによって促音の知覚を惑
わされないようにする必要があるといえる。

5　考察

　本稿では仏語を母語とする日本語学習者(仏語母語話者)を対象に促音知覚
の実験を行った。その結果、日本語母語話者と比較すると統計的に有意な差
があることが確認された。しかし、両者の実験結果、特に誤答に焦点を当て
て調べてみると、日本語母語話者と仏語母語話者で誤答の傾向が同じものと
異なるものがあることが分かった。両者の誤答で同じ傾向が見られたのは、
子音の /s/ および母音の /i/、/u/ である。

　この実験では子音は /k/、/p/、/s/ を用いて、それぞれ単子音(/k/、/p/、
/s/)と重子音(/kk/、/pp/、/ss/)の区別ができるかどうかを調べた。その結
果、日本語母語話者も仏語母語話者も /s/ と /ss/ の区別が他の 2 つの子音対
に比べると誤答率が高くなることが明らかになった。では、なぜ /s/ と /ss/
の区別が他の 2 つの子音対に比べて難しいのかという問題が出てくる。これ
はおそらく摩擦音であることが要因であると考えられる。Kawahara(2015)
によると、摩擦音の単子音 /s/ と重子音 /ss/ の長さの比率(重子音の長さ／
単子音の長さ)は 1.61 であるのに対し、/k/ - /kk/ の比率は 1.91、/p/ - /pp/
の比率は 1.68 と報告しており、摩擦音の比率は他の閉鎖音のそれよりも小
さいことがわかっている[3]。つまり、/ss/ の摩擦部分の持続時間は他の子音に
比べると長くないため、単子音の /s/ と区別がしにくいのではないかと考え
られる。また、Sadakata et al. (2014) によると、摩擦音の重子音 /ss/ とその
前半の摩擦音を切り取り無音にした /_s/ (長さは /ss/ も /_s/ も同じ)では、

日本語母語話者はこの両者を区別することが難しいと報告している[4]。

　さらに、この実験の結果では高母音(/i/、/u/)に挟まれた子音では促音の知覚が難しくなる傾向がみられた。これはおそらく高母音(/i/、/u/)がもつ音声的特徴が関係していると考えられる。高母音(/i/、/u/)は日本語の母音の中で短く発音される母音とされ、母音としての特性が一番低いと言われている(窪薗 1999)。一方、母音の音色にかかわらず、日本語の重子音(＝促音)の前に位置する母音の長さは単子音の時よりも長くなる傾向が観察されている(文献については Kawahara 2015 などを参照)。この先行母音の長さの観察に基づいて促音の知覚を考えると、先行する母音の長さが長ければ促音として知覚されるけれども、それが短ければ促音として知覚されない可能性があるということが考えられる。例えば、/besse/ と /bissi/ を考えた場合、前者の母音 /e/ は、内在的に /i/ よりも(音声的に)長い母音なので後続の子音 /s/ は促音として知覚されやすいが、後者の母音 /i/ は音声的に短い母音なので後続の子音 /s/ は促音として知覚されにくいというものである。しかし、促音を知覚する上で先行母音の長さの役割が有効かどうかはまだ議論されているところである[5]。特にこの実験では先行母音も後続する母音も同じであるため、先行母音の長さだけでなく、後続母音の長さも促音／非促音の知覚に影響した可能性も考えられる。

　この実験で仏語母語話者および日本語母語話者に共通して見られた傾向(摩擦音の /s/-/ss/、および高母音の /i/、/u/ の場合は誤答率が高くなる傾向)は普遍的なものである可能性もあるが、それを調べるためには他の言語の母語話者も比較に入れる必要があるだろう。

　日本語母語話者と仏語母語話者とで誤答の傾向が異なるのはアクセントとの関係である。仏語母語話者は高低アクセントと促音の知覚に関係があることが分かった。促音の知覚とアクセントに関係があるということは、仏語を母語とする日本語学習者はアクセントも促音の知覚にストラテジーとして使っている可能性を示唆している。このことを確認するためには、仏語を母語とする日本語学習者を対象としたより細かい実験が必要となる。ここでは促音の知覚にアクセントも関係していることが明らかになったことから、日本語教育において、促音を正しく聞き取るセグメントやリズムの教育だけ

でなく、同時にアクセント教育の必要性もあると考えられる。

6　おわりに

　本稿では促音知覚に焦点を当て、仏語を母語とする日本語学習者と日本語母語話者との共通点、および相違点を明らかにすることを試みた。

　まず、日本語学習者と日本語母語話者の共通点は、摩擦音 /s/ - /ss/ では誤答率が高くなる点と高母音 /i/、/u/ に挟まれた子音対も誤答率が高くなるという点である。前者は /s/ と /ss/ の長さの相対的な比率が他の子音よりも小さいこと、そして後者は母音の中でも他のものより内在的に短い母音であることが促音の知覚が困難になる要因ではないかと考察した。

　また、日本語学習者と母語話者との相違点は促音とアクセントとの関係である。日本語学習者は HL のアクセント型の時に存在しない促音を聞いてしまう傾向があることが分かった。このことから、仏語を母語とする日本語学習者は HL のアクセントに惑わされるのではなく、子音の持続時間に留意して促音を聞き取ることが求められる。

　日本語を学習する上で母語にない音韻を習得することは容易なことではない。促音以外にも日本語には短母音、長母音の区別もある。歩行、方向等、母音の長短によって区別される語彙は特に漢語に多い。母音の長短による音素対立がない仏語母語話者にとって母音の長短の区別も困難と予測されるが、その知覚についての報告は、管見であるが、見当たらない。仏語母語話者による日本語の母音の長短の知覚も単子音／重子音の知覚と合わせて明らかにしていくことが今後の課題である。

注
1　通常、促音は後続子音に関わらず促音という音素 /Q/ として音韻解釈／表記されるが、本稿では重子音として表記する。
2　「寝て」/ne.te/ のアクセントは LH、「練って」/neQ.te/ は HL である。

3 Kawahara (2015) では /s/-/ss/ の長さの比率は 1.61、/p/-/pp/ の長さの比率は 1.68 なので、この僅かな差が知覚的に顕著な差をもたらすのかどうかは疑問が残る。

4 日本語母語話者以外に、オランダ語母語話者およびイタリア語母語話者の被験者がいたが、オランダ語母語話者は /ss/-/_s/ の区別が日本語母語話者よりも有意にできたとしている。

5 日本語の促音を知覚する上で最も有効な相対的指標は何かということについて、様々な指標が提案されているが(重子音の長さ(＝促音の長さ)を先行母音の長さで割った値や、重子音の長さ(＝促音の長さ)をその語全体の長さで割った値など)、研究者間でまだ一致した見解は得られていない。

参考文献

Kawahara, Shigeto. (2015) The phonetics of sokuon, or geminate obstruents. In Kubozono, Haruo. (ed.)*Handbook of Japanese phonetics and phonology*, De Gruyter Mouton. pp.43–78.

窪薗晴夫(1999)『日本語の音声』岩波書店

Léon, Pierre R. (2000) *Phonétisme et prononciations du français* (4ᵉ édition). Paris: Nathan.

Minagawa, Yasuyo. (1996) Discrimination of geminate and singleton stops in Japanese by five different language speakers. *The Journal of Acoustical Society of America* 100(4): 2690

Sadakata, Makiko, Mizuki Shingai, Simone Sulpizio, Alex Brandmeyer and Kaoru Sekiyama. (2014) Language specific listening of Japanese geminate consonants: a cross-linguistic study. *Frontier in Psychology* 5: 1422.

Sonu, Mee, Hiroaki Kato, Keiichi Tajima, Reiko Akahane-Yamada and Yoshinori Sagisaka. (2013) Non-native perception and learning of the phonemic length contrast in spoken Japanese: Training Korean listeners using words with geminate and singleton phonemes. *Journal of East Asian Linguistics* 22(4): 373–398.

Takeuchi, Miyuki. (2010) The Perception of Geminate Stops by L1 English Learners of Japanese. *IULC Working Papers*. 10(1): 1–31.

Tsukada, Kimiko, Felicity Cox, John Hajek and Yukari Hirata. (2015) Perception of Italian and Japanese singleton/geminate consonants by listeners from different language backgrounds. In The Scottish Consortium for ICPhS 2015 (ed.), *Proceedings of the 18th International Congress of Phonetic Sciences*. Glasgow: University of Glasgow.

フランス人学習者に見られる場所を表す助詞 「に」「で」の誤用
語彙カテゴリーとの関連性

岩内佳代子、ジャン・バザンテ

1　はじめに

　アリストテレスの時代からわれわれは「空間・場所・動きとは何か」と問い続けてきた。言語学においては、この場所の理論に依り、格文法が生まれた。格というのは、語形の変化、接置詞（前置詞、後置詞）、語順の変化などのように、さまざまな形を取り、名詞や名詞句と動詞との関係を表す。場所を表す補語は処格であり、文の意味上では動作の指示内容に直接は必要ない外的な補語であり、一般的に文や節の主要構造をにない、意味上動作の指示内容に必要な内的条件を示す必要格の主格と対格といった格と相対する。Feuillet (2006: 454) の場所を表す補語についての定義を確認しておこう。彼の定義によると、場所を表す補語はラテン語の場所疑問詞のシステムにのっとって一般的に以下のように区別される : ubi (存在場所) quo (方向、着点)、unde (起点) qua (通過点)。語彙論の観点からは、動きがあるかないかに区別されることになる。フランス語ではこの補語は à, dans, vers, de 等のような前置詞や、à côté de, à l'intérieur de 等のような前置句で表される。これらの語は名詞に前接する。一方、日本語においては存在場所を示す「に」、動作場所を示す「で」、移動の方向を示す「へ」通過点を示す「を」というように、名詞または名詞句に後接するさまざまな格助詞で表される。このようにシステムが異なる両言語において、学習者は場所を表す補語「処格」をどのように習得していくのか。本稿では、「に」と「で」の習得過程での誤用に焦点を当ててみたい。

　先行研究（バザンテ・岩内 2014、岩内 2015）では学習者の作成した文を

通して学習者が混乱をおこす原因になるだろうと推測されるもののうち、Besse・Porquier (1991) の理論に基づいて、以下の問題点を指摘してきた。

1．習得過程にある学習者が限られた知識で処理することの問題
2．母国語の干渉
  - フランス語の前置詞の影響
  - フランス語と日本語では同じ場所を表す名詞や動詞（動作や行為を表す動詞、状態を表す動詞、存在を表す動詞）でも、両言語間で語の持つ性質が同じように認識されていないため、日本語母国語話者とは異なる語彙分類を行うという点
3．学習者が自分の知識をもとに作り出したニセの文法規則。野田他 (2001) によれば、「学習者は後者の動詞に関係なく助詞を選択するというユニットを形成している。「に」と「で」は名詞の種類で差があり、名詞とのユニットを形成しており、隣接する名詞によって選択される可能性がある。このユニット形成のもとになっている学習者が持っている使い分けの規則を「ニセの文法規則」と呼びその規則は母語話者の日本語や学習者向けの教科書の日本語にある使い分けが影響している。」

　学習者の誤用を分析考察することは「学習者は、学習過程においてどのように助詞を選択し文形成をするか」ということを具体的に把握、理解することが出来、誤用を避ける方法を考えるために有効な手段だと考える。そこでこの3点の問題点を明らかにすべく、学習者にとっての誤用が予想される様々な問題点を取り入れたテストを、セルジーポントワーズ大学 (以下セルジー) とイナルコ (フランス国立東洋言語文化大学) の計173人の学生を対象に行った。

　本稿はその報告であるが、学習者が日本語を学習する際に起きる両言語間の干渉を考察する試みである。この調査を分析、考察し、誤用の要因を明らかにするとともに、誤用を防ぐ対策にも触れてみたい。

2　場所名詞につく「に」と「で」について

　ここで、本稿で取り上げる、学習者にとって既習の助詞「に」と「で」の用法を整理しておきたい。動詞のカテゴリー、主語の性質といった文の構成要素から、以下の6つの用法に分類される。

2.1　存在場所　（以下　NI$_1$）
（1）机の上に本があります。
（2）図書館にいます。

2.2　出現場所　（以下　NI$_2$）
（3）山の上に月が出ています。
（4）駅の前にいろいろな店が並んでいます。

2.3　着点　（以下　NI$_3$）
（5）ノートに名前を書きます。
（6）ここに触ってください。

2.4　移動の到達点、移動の目的　（以下　NI$_4$）
（7）日本に行きます。
（8）図書館へ本を読みに行きます。

2.5　動作場所（以下　DE$_1$）
（9）図書館で本を読んでいます。
（10）廊下で待つ。

2.6　存在場所（以下　DE$_2$）
（11）展覧会はどこでありますか。
（12）昨日ホールでパーティーがありました。

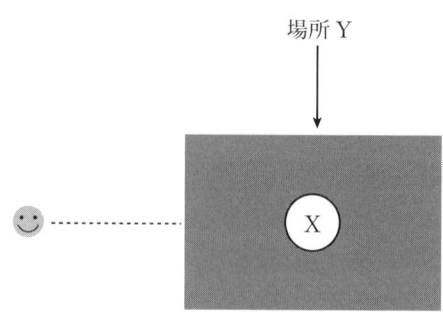

図1　存在のスキーマ（岡 2013 : 142）

　2.1 存在場所と 2.2 出現場所は 二格の中心的な用法である。岡 (2013) は、
「存在」の基本概念を表すために下の「存在のスキーマ」を抽出し、『この「存
在のスキーマ」は、「存在物 X が場所 Y に位置づけられる。」という関係を
表しているとともに、「存在物 X が場所 Y に包含される。」という関係をも
表している。』と述べている。

3　外国語としての日本語の難しさ

　学習者は、文を形成する際に、習得した文法の知識を駆使し（暗号を解く
ように）文を構成しているそれぞれの語の文中での働きを理解した上で場所
を表す名詞の後に来る助詞を選択することになる。

3.1　文の構成要素に関しての問題

　ここで、日本語とフランス語の文の構成の違いを説明しておきたい。ま
ず、語順であるが、日本語の文は「主語　補語　動詞」であるが、フランス
語の文は「主語　動詞　補語」となる。本稿で取り扱う場所を表す名詞は
この中の補語になるわけだが、フランス語は名詞の前に前置詞や前置句をと
るが、日本語は助詞が名詞に後接する。この日本語の助詞とフランス語の前
置詞を比べてみると、助詞の働きは以下のフランス語の例文に見られる前置
詞の "au" と "dans" とはかなり異なることがわかる。フランス語の前置詞
"au" は存在動詞「います」、移動動詞「行きます」、そして動作動詞「食べ

ます」とも共起する。"Dans"について言えば、存在動詞「います」、動作動詞「遊びます」、そして通過や一定の範囲内での移動を表す動詞「走る」とも共起する。いずれの前置詞も日本語に訳すときは、日本語は動詞の性質によって場所名詞の前につく助詞が選択されることから、助詞「に」か「で」を選択して訳さなければならない。このようにフランス語の前置詞と日本語の助詞は根本的には関連性はないと言えるので、この観点からの助詞の選択の規則は作れないということになる。

(13) Je suis <u>au</u> restaurant.　　　　　　レストラン<u>に</u>います。

(14) Je vais <u>au</u> restaurant.　　　　　　レストラン<u>に / へ</u>行きます。

(15) Je mange <u>au</u> restaurant.　　　　　レストラン<u>で</u>食べます。

(16) Les enfants sont <u>dans</u> le parc.　子供は公園<u>に</u>います。

(17) Les enfants jouent <u>dans</u> le parc.　子供は公園<u>で</u>遊んでいます。

(18) Les enfants courent <u>dans</u> le parc.　子供は公園<u>を</u>走っています。

　このように両言語間の前置詞と助詞に関連性が見られない中で、学習者は動詞のカテゴリーを分類し、文脈を理解し正しい助詞を選択しなければならない。格助詞の完全習得が学習者にとっていかに難しいことかがよく理解できる。ここで学習者の混乱を招きかねないほかの要因についても述べてみたい。

3.2　日本語における助動詞の交替の問題

　以下の例文のように、助動詞「に」と「で」を交替させることにより、ニュアンスの違いを出すことが出来る。が、この助詞の使い分けが学習者には問題になる。

(19) パリ<u>に</u>アパートを買った。

(20) パリ<u>で</u>アパートを買った。

　　J'ai acheté un appartement <u>à</u> Paris.

この 2 つの文のフランス語訳は同じである。(19) では「に」を使うことにより、パリは(売買契約を結んだ場所については言及せず)買ったアパートが存在する場所となり、(20) では「で」を使うことにより、(アパートが存在する場所には言及せず)アパートを買うという行為を行った場所がパリになる。このように、"à Paris" の部分の日本語訳するとき、日本人にはニュアンスの違いによって、つまりアパートの存在場所を優位にするか、売買契約を結んだ場所に優位性を与えるかは助詞の使い分けで示すことが出来るが、この文法規則を学習していない学習者は混乱する。もちろん語用論の観点から言えば、(19) のほうが自然ではある。このように存在場所を表す「に」と動作場所を表す「で」が交替している。この混乱を避けるためにニュアンスの違いを出すための助詞の交替が可能な文は、学習過程においては同時に提示するのを避けるべきである。ここで再びフランス語の前置詞 à と日本語の格助詞を比較してみると、後者のほうがより細かい情報を提供するということが出来る。しかし、この 2 文とも (19) では売買契約を結んだ場所についての情報が、(20) ではアパートが存在する場所についての情報が(存在場所がパリと考えるのは普通であっても)欠けていることも事実である。

　これらの例を見ても明らかなように、ニュアンスの違いを表現するために「に」と「で」の交替が可能であるということは、語源の観点からみると、「で」は「にて」(「に」＋「て」)が変化した助詞であり(松村 1971)、「に」と「で」の距離が近いということでもある。これが学習者の混乱を招く原因だと言える。「生まれる」という動詞と使用される時も同様の混乱を招く。

　また交替によっては、以下の例のように、フランス語の異なる動詞を使うことでそのニュアンスが出せる場合もある。

(21) ここに車を止めてください。
　　 Stationnez la voiture ici, SVP.
(22) ここで車を止めてください。
　　 Arrêtez la voiture ici, SVP.

　(21)のように「止める」という行為の結果を表す場合、つまり車が静止し

ているという状態に焦点を当てる場合は、stationner（駐車する）を（22）のように、「止める」という行為そのものに焦点を当てる場合は arrêter（単なる止める）とフランス語の動詞の持つニュアンスと日本語の助詞のニュアンスが一致しているためである。

3.3　教科書の影響

　いろいろな世代のフランス人学習者に日本語を教えた Fujimori（1986）の『日本語講義』には、指示詞「こ / そ / あ」が第一課で導入されている。大部分の教科書は、これらの指示詞を比較的早い時点で導入して場所を表す表現の導入につなげているようである。しかし、次の表が示すように、場所を表す格助詞に関しては、どの使い方をどの課で教えるか、教科書によって違いがある。また、前出した基本的な使い方をすべての教科書が全部提出しているわけではない。

表 1　教科書における助詞「に」と「で」の用法別導入課

	NI$_1$	NI$_2$	NI$_3$	NI$_4$	DE$_1$	DE$_2$
みんな*	10 課		15 課	13 課	6 課	21 課
ひらけ*	2 課	12 課		8 課	4 課	6 課

みんな*：『みんなの日本語』セルジーで使用
ひらけ*：『ひらけ日本語』イナルコで使用

　セルジーで使用されている『みんなの日本語』はフランスの大学で一番多く使われている教科書である。この教科書では場所を表す「に」は 10 課で初めて導入される。時を表す「に」に関しては、時間を表す「に」が 4 課で、日にちを表す「に」が 5 課で導入され、間接目的語の「に」は 7 課で導入されるので、場所を表す「に」はそれ以降になる。また NI$_3$ は、「ここに車を止めてください」が 15 課で、「イタリアへ歌を習いに行きます」のような NI$_4$ は 13 課で導入される。

　NI$_2$ は一つの学習事項としては取り上げられていない。フランスで日本語を学習して現在日本語教師になっている者の中には、場所の表現をもっと早い時期に学習してきたため、この提出順序に戸惑いを感じるとともに、自分

たちが学習してきたような提出順序で場所の表現を教えたいと思っているものもいる。DE₁ は 6 課で既に導入され、その課の終わりに新しい文法事項として練習問題もあるが、DE₂ に関しては 21 課で導入されるものの、各導入課の最後にある新出文法事項の練習問題には含まれていない。

　このように見てくると、『みんなの日本語』では、「に」と「で」の用法によって、文法事項として体系的に文型として提出されるものもあれば、他の文法事項の練習問題の中や会話の中に提出されるにとどまる用法もあるといえる。助詞の提出順序を見ると、格助詞のしくみを順序だって体系的に教えるというよりはむしろ、表現能力習得の学習に重点が置かれていると言える。存在を表す助詞の「に」＋存在を表す動詞のパターン NI₁ よりも「です」を使った名詞文を先に導入していることがそのいい例である。イナルコで使用されている『ひらけ日本語』は、いわゆる従来の文法事項の提出順に場所を表す用法を学習する。NI₁ の用法は 2 課から導入され、以下それぞれの用法は DE₁（4 課で導入）DE₂（6 課で導入）NI₄（8 課で導入）NI₂（12 課で導入）となっている。残念なことに NI3 は文法事項としては説明されていない。

　もう一つの混乱の原因は教科書の例文の提出の仕方にあるのではないだろうか。同じ語彙を使用した文型が何回も繰り返され、学習者はそれを自動的に記憶して使用してしまっている場合も考えられる。野田他（2001）によると、このために、学習者は動詞のカテゴリーに関係なく、指示詞「ここ」や場所を表す表現の「前」「後ろ」には助詞「に」を「レストラン」「図書館」等の名詞には「で」を使う傾向にある、という。

　このように、学習者には存在場所は「に」で表すという最初に学習した文法の知識のみが定着し、この知識による「に」の多用がみられ、学習が進んだ段階でも助詞の使い分けが正しくできない傾向がある。

3.4　媒介語での説明の難しさ

　日本語では動詞の種類を正しく把握することは、助詞の選択に不可欠である。故に動詞の種類の説明に当たって教師は「存在を表す動詞」「状態を表す動詞」「動作や行動を表す動詞」「動作を伴わない状態を表す動詞」の概念の違いをきちんと説明することが必要である。適切な説明なしでは、いくら

具体的な例を提示しても日本語の動詞の種類を理解することは、この概念に慣れていない学習者には大変難しく、様々な形での混乱が見られる。設定した場面ごとに適切な例文を提示する場合は必要ないかもしれないが、一般的に媒介語での概念の違いのきちんとした説明をすることが望ましいが、そのための教師の養成も問われている。

　動作を伴わず静止している「待つ」「死ぬ」につく助詞の習得にも問題がある。この二つの動詞は動作動詞なので(23)の例は「で」が正しいが、動作を伴わず同じ場所で静止しているために学習者はこの「レストランの前」を「存在の場所」と捉えていると思われる。この例ではこの問題に加えて「て形います」の形で使われていることがいっそう混乱を招いているのだろう。ここでは「て形＋います」は動作の継続を表し、結果を表していない。

(23) * J'attends devant le restaurant.
　　　　レストランの前に待っています。

　教師が動詞の概念の違いを正確に説明しなければ、学生の誤用を招く恐れがある。
　また「働く」と「勤める」のニュアンスの違いを理解、習得することは難しい。
　フランス語では両方とも travailler の意味になるにもかかわらず、日本語では以下のように助詞を使い分けるからである。

(24) Je travaille chez éditeur.
　　　出版社で働いている。
(25) Je travaille chez éditeur.
　　　出版社に勤めている。

　この混乱を避けるために(24) travailler を行動活動を表す動詞と認識し、訳はそのまま Je travaille chez un éditeur であるのに対し(25)は場所が方向性を表しまた着点でもあるため、ひいては出版社に所属するというニュアンス

がある。このニュアンスを表現するためにフランス語の訳を便宜性を図り Je suis employé chez éditeur.（直訳は「出版社の社員である」）とすることも一策であろう。このようにフランス語の訳を変えてニュアンスの違いを出す工夫も必要かと思われる。

　複雑な説明を避け、使用頻度の高い「住む」「乗る」などの動詞の場合はいつも「に」を使うと簡潔に教えることも一つの手段であると思われる。

3.5　場所の概念の分類

　場所の概念の分類の難しさもあると思う。場所とはいったい何か。「空間の一部」であることに違いないがそれでもある種の曖昧さが残る。

　フランス語では場所を表す補語は一般的に « où ? »（どこ）（« Il va où ? »（彼はどこへ行くの）、« Il est où ? »（彼はどこにいるの）の答えとなる。その延長として、この同じ疑問詞 « où ? »（どこ）を使った次の会話も普通である。これらの文を日本語に訳すときある種の問題が浮かび上がってくる。

　次の例を見ると、フランス語では「新聞 le journal」「ラジオ la radio」は「どこ où」の答え、つまり場所になっている。

(26) Tu as lu ça où ？ どこで読んだの　　　　　Dans le journal　新聞で
(27) Tu as entendu cela où ？ どこで聞いたの　À la radio ラジオで

　日本語ではどうであろうか。以下に示すように新聞、ラジオは手段方法と考えるほうが自然ではないだろうか。

(28) 何で読んだの Tu as lu ça dans quoi（comment）？　新聞で dans le journal
(29) 何で聞いたの Tu as entendu cela où ？　ラジオで à la radio

　Huyghe（2009: 27）によると、「場所とは目印になる物を指すのではなく、共存する空間の一部である」である。この理論を適用すれば、ここに掲げた本来ならば場所とは考えにくい固有名詞である新聞、紙、テレビ等はこれらの物と共存する空間の一部と考えられる。つまり新聞は文字が印刷されたス

ペースの一部分ととらえることができるのである。このように、場所の概念と他の概念(物、方法等)には共通部分がありこのことも学習者の混乱を招く要因と考えられる。

4　調査方法

　以上述べた要因が日本語学習者に与える影響を検証するためテストをセルジーとイナルコの計173人の学生を対象に行った。

　LEA(Langue étrangère appliquée 外国語応用コース)とは、将来日本語や英語で仕事が出来る人材養成の目的で行われている日本語教育でセルジーの場合学年に既修者クラスと大学から始めた初心者クラスと2つグループがあり学習時間が異なるが、1年の時学習時間は調査時に既修者クラスは54時間程度、初心者クラスは72時間程度で、2年生は既修者クラスは162時間程度初心者クラスは216時間程度である。LLCERとは、主に研究者や日本語教師養成の目的で開設されたコースでイナルコでは、2年の時学習時間は調査時に350時間程度、3年生は450時間程度である。

　テストの形式は、日本語文に助詞を入れて文を完成させる穴埋め式問題(「に」または「で」のどちらかが正解の文でテストを作成)と、フランス語文から日本語文への翻訳問題である。実践で使える言語教育を提唱する「実践指向のアプローチ」から見ればすこし時代遅れで、適切なテストではないと思われるかもしれないが、日本語の授業で、練習問題としてこの2種の形式の問題は、頻繁に出題されている。

　このテストは教師が作成した文を提出するので、文脈がなく、自然なコミュニケーションからは程遠い、という欠点もあるものの、文の構成要素を

表2　期間別テストの参加人数

機関名	学年専攻	人数
セルジー	1年生（LEA）	54
	2年生（LEA）	57
イナルコ	2年生（LLCER）	24
	3年生（LLCER）	38

分析し理論的に立証できるように的確な助詞を選択しなければならないので、格助詞のシステムを体系的に習得させることができるといういくつかの利点も持っている。また言語研究の点から言っても、客観的で多数の回答が短時間で集まるという利点もある。

筆者達は学習者にとって問題になるであろうと予想される点について話し合いをおこない、このテストに使う問題文を作成した（問題文は文末付録参照）。イナルコとセルジーという2つの教育機関の違いを考慮し、それぞれの機関に適した問題文が作成された。

この調査は特に以下の3点が分析・考察できるように作成した。

1. 母国語の干渉があるか。そして助詞の前に来る語彙の文法的な機能の違いにより学生がどのようなメカニズムで助詞を選択するのか。

2. 動詞のカテゴリーをきちんと把握することがどのように難しいのか。

上述したように、存在動詞、動作動詞を正しく分類することは、このような言語概念が母国語になく、明確な分類体系を把握していない学習者にとって大変難しい。

3. 場所という概念を存在場所（点）として捉えた場合と動作場所（空間）として捉えた場合の違い。

このテストはセルジーでは学期末試験期間中の試験の問題として折り込み、イナルコでは授業の中で行われた。このテストに関するいかなる情報も前もって学習者には知らされていない。作成問題中には他の助動詞も使用しなければならない文もある。セルジーでは試験期間中に行ったため時間割の関係で出来なかったが、イナルコではテスト終了後口答で解答を与え、学生に解答の助詞が正しい理由を文法規則の観点から説明させた。

5　調査結果

量的アプローチおよび質的アプローチの観点から分析した結果、「に」の使用が圧倒的に多いということが分かった。本来「で」を使うべきところにも「に」が使用されている。このことは「で」の正しい用法が理解されていないということである。

以下各機関別に結果を分析、考察していく。

5.1　イナルコ

イナルコでは上述した使い方の中で、着点：NI_3 と 移動の到達点、移動の目的：NI_4 が最も誤用が少なくて、習得しやすい文法事項であろう。

これに対して、出来事の存在する場所：DE_2 の誤用が多いことに気づく。このことから、出来事というカテゴリーに分類される名詞の把握に問題があることが分かる。以下の例は、学習者は火事や展覧会を物として理解していることを表している。例文の後の数字は機関別の誤用率をあらわしている。

(30) ＊昨日東京の真ん中に火事がありました。(e) 77%（イナルコ）

　　　Hier, il y a eu un incendie au centre de Tôkyô.

(31) ＊大阪に展覧会が開かれます。(g) 32%（イナルコ）

　　　Une exposition va s'ouvrir à Ôsaka.

(32) ＊展覧会はどこにありますか。(h) 92%（イナルコ）

　　　Où se tient l'exposition ?

動作場所：DE_1 も動詞によって誤用が多い。

表 3　助詞の用法別誤用率（イナルコ）

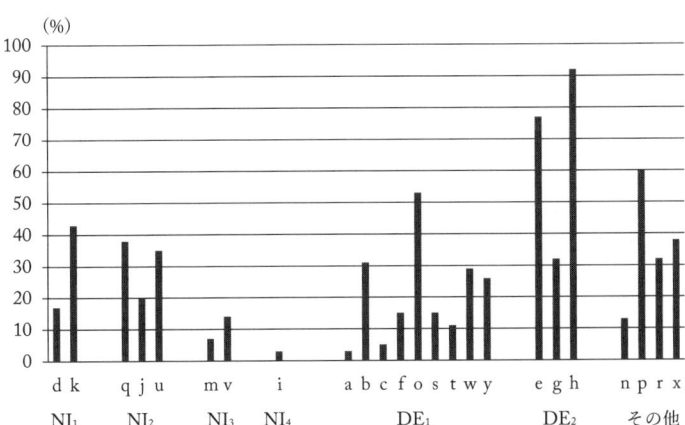

(33) ＊彼が部屋のすみに私をじっと見つめた。(o) 53%（イナルコ）

Il m'observait fixement dans un coin de la pièce.

(34) ＊父はよくお風呂に歌を歌います。(b) 31%（イナルコ）

Mon père chante souvent dans son bain.

(35) ＊昨夜下の部屋に犬がずっと吠えていた。(w) 29%（イナルコ）

La nuit dernière, un chien n'a pas cessé d'aboyer dans l'appartement du dessous.

(36) ＊ビルの前に待つ。(w)29%（イナルコ）

Attendre devant l'immeuble.

　これらの例では主語は動かず静止したままの状態で、みつめる（observer, fixer du regard）、歌う（chanter）、吠える（aboyer）、待つ（attendre）という行為を行った。「吠えていた」(35)＊は、動作の継続を表している進行形が使われているが、多くの学生は「に」を使っている。このように見ると、動きを伴わない「動作動詞」のカテゴリーに入る動詞は学生にとって理解することが難しいということが分かる。言い換えれば、学習者は、「動作行為を表す動詞」の中でも静止したままで行われた場合は「に」を選択すると理解していることがうかがえる。

　「お風呂に」(dans le bain)、「部屋の隅に」(dans le coin de la pièce)の例で「に」を選択したということは、場所を「空間」というよりはむしろ「点」と捉えているということも指摘できるのではないか。これを図式化してみると以下のようになる。

狭くて限られた(窮屈な)場所　⟶　点　⟶　「に」を選択
広い場所　　　　　　　　　　⟶　空間　⟶　「で」を選択

　同じくイナルコの例であるが、出現の場所：NI₂ の挿入されている文も問題が少なくない。「に」を使うべきところに「で」を使っている以下の例がある。ここでは、「青空」「部屋」「東京」は広いので空間としてとらえる傾向がある。

(37)＊澄み切った青空<u>で</u>雲が一つ浮かんでいる。

　　Un nuage unique flotte dans le ciel tout bleu.

(38)＊おばあさんの部屋<u>で</u>世界の人形が飾ってあります。

　　Des poupées du monde entier décorent la pièce de la grand-mère.

(39)＊たいていの国は東京<u>で</u>大使館を持っている。

　　La plupart des pays possèdent une ambassade à Tokyo.

　例(37)　は自動詞「浮かぶ」の「て形」に「います」がついている。前出の例では「て形」に「います」がついている形は動作の継続を表していたのに対し、ここでは状態（行為の結果）を表している。(38)の「飾ってあります」も行為の結果を表している。(39)の「持っている」は所有の意味で使われている。

　この３例はいずれも「て形」に補助動詞「いる」と「ある」がついているが、前述した「て形」に補助動詞「いる」が付いた動きを伴わない「動作動詞」の進行形を表す(35)「吠えている」の例とは違い、この３例はすべて状態を表している。単なる「浮かぶ」、「飾る」という形ではなく、「浮かん<u>でいる</u>」、「飾って<u>ある</u>」、と補助動詞がついた形になっている。「て形」に「いる」、「ある」、などの補助動詞がつくと状態になるという例である。補助動詞の「いる」「ある」または「見える」がつくことで、述語動詞全体が「動作」から「状態」になるという変化が理解できていないということがわかる。動詞のみのときと補助動詞が付いた場合の形の違いを考慮しないで、学習者は、自分の解釈で処理する傾向にあるということである。

5.2　セルジー

　全体に「に」の多用がみられる。教科書の巻末を見ると１巻では「に」の用法が 20 文、「で」は 6 文。2 巻では「に」が 23 文、「で」が 7 文と、いずれも「に」の用法が圧倒的に多い。当然、「に」が学習者に与えるインパクトは「で」より強いであろう。また導入も時を表す「に」ではあるが、第 3 課で導入され、「に」のほうが「で」より早い。第 4 課で初めて場所を表す動詞、移動の到達点を表す「へ」が導入されるが、この「へ」は「に」に交

表4 助詞の用法別誤用率（セルジー）

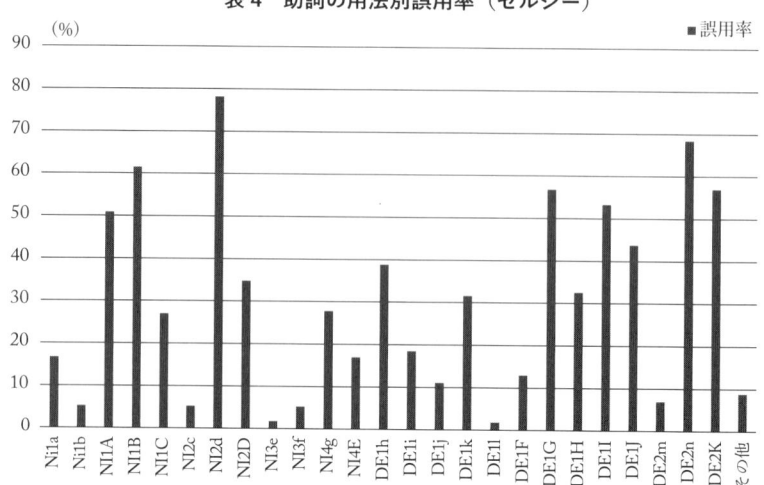

替が可能だということもあり、学習初期から「に」を多用する傾向にある。そこで、「に」か「で」か迷った場合はとりあえず「に」を入れるということも考えられる。これを「とりあえずの『に』」と呼びたい。

5.2.1 交替と「に」の多用

表4のその他の例は(40)である。

(40) ここ（　　　　　）車（　　　　　）止めます。(O)

これは前述した交替が可能な文である。結果を見ると59.6%が「に」を選択し、31.6%が「で」を選択している。ここでも「に」の多用がみられる。「に」も「で」も正解のため誤用率が、低くなっている。

5.2.2 指示語の問題

1年生に行ったテストでの動作行為の行われる場所：DE1についての誤用は比較的少なかった。最初の2文はセルジーの1年生の例であるが「動作行為を行う場所」の「で」の導入課とほぼ同じ文を出してみた。まだこの学

習段階では動詞の数も少なく「で」を使う学生が多く、混乱は見られない。しかし、これは前出のイナルコの誤用例を見ても分かるように、1年生のときに習う基本動詞にはあまり見られないが学習が進むにつれ動詞の分類が難しくなり混乱を招くことが予想される。

(39) 父とレストランで食べました。（F）（訳）
　　　J'ai mangé avec mon père au restaurant.　13%（セルジー）

　しかし、動詞にかかわらず、場所を表す補語が指示語になったときに問題がおこる。

(40)＊ここに英語を習いました。（G）（訳）
　　　J'ai appris l'anglais ici.　56.8%（セルジー）

　穴埋めの問題では、助詞に集中できるためか訳文の問題よりは誤用の率は低くなるが、それでも以下の例が示すように指示詞の「ここ」になると誤用率が上がる。「学校」は誤用率が 11.1% だが「ここ」は 18.5% である。

(41)＊わたしはきのうここ（に）母に手紙を書きました。18.5%（セルジー）
(42)＊学校（に）おもしろい本を読みました。11.1%（セルジー）

　これは指示語の導入が第3課の存在を表す「です」であったため、そして存在動詞には「に」を用いるという文法規則を学習したため「指示語＋に」というユニットを学生が形成した。この現象は現在 interlangue という現象でとらえられている。

5.2.3　存在を表す「です」と母国語の干渉

　『みんなの日本語』では前述したように存在の場所を表す文は第3課で「ここです」という文で導入している。セルジーではこの時点で「田中さんは学生です」の文型から「田中さんはここです」の文型への移行に戸惑いを感じ

る学生もいるのでこの「です」は 10 課で「にいます、にあります」という動詞文として学習すると説明をする。そして 10 課で「にいます、にあります」を学ぶ。3 課の導入時には「田中さんはここです」という文には誤用が見られなかったが、存在を表す動詞「にいます、にあります」の文法規則を学習後、述文に「にです」の誤用が見られるようになった。

　M. Tanaka est au Japon の翻訳問題で 26 人の学生は「田中さんは日本にいます」と答えているが「です」を使った答えを見ると「田中さんは日本です」と答えた学生は 2 人のみで助詞を伴う文「(に、で、へ等)です」は 8 人いた。この 2 つの文をフランス語で以下に比べてみるとわかるが、フランス語の場合「場所を表す名詞」(この場合は日本)には前置詞が付く。

(43) 田中さんは日本人です。

　　　M.Tanaka est japonais.

(44) 田中さんは日本です。(訳)(A)

　　　M.Tanaka est au Japon.

　そこで学生はフランス語文の前置詞 au の代わりに「に」をつけるのであろう。

　一方で(45)のように、述部のみを問題にした場合、"ici"には前置詞が付かないので、「ここです」と助詞をつけない解答のほうが上回った。

(45) * えんぴつはここです。(訳)(B)

　　　Il y a des crayons ici

　「えんぴつはここです」は本来"Les crayons sont ici."の訳文でありここでは不正解であるが、述部のみに注目した場合、フランス語の場合 ici の前には前置詞をつけない。このようにフランス語で"au"をつける場合は日本語でも「に」をつけ、フランス語の"ici"のように前置詞をつけない場合は日本語も助詞をつけない。この現象もある意味での母国語の干渉といえると思う。

5.2.4　既習の文法規則の影響

　公園も存在を表す文例でよく使われる。以下の例では、(46)に誤用の「で」を入れた学生は5.3%のみと正解率が良い。一方(47)では、誤用の「に」を入れた学生は38.9%にのぼる。

(46) 公園(　　　　　)だれ(　　　　　)いません。(b)

　　　Il n'y a personne dans le parc.

(47) 公園(　　　　)何(　　　　　)しません。(h)

　　　Je ne fais rien dans le parc.

　まだこの段階では「公園を散歩します」を学習していないが、「公園」は存在を表す動詞を使った文の中で出てくる例(48)で学んでおり、学生は動詞の種類に関係なく「公園」+「に」と言う既習の文法規則を使って文を作っていると思われる。フランス語の訳ではどちらも同じ前置詞 dans を使うことにも起因しているのかもしれない。

(48) 公園に花や木があります。

　一方「みせ」になると「で」の正解率が67.5%と高い。「みせ」は6課で動作行為を表す動詞「買う」と一緒に導入されるからである。

(49) みせで何も買いません。(訳)(H)

　　　Je n'ai rien acheté au magasin

5.2.5　動詞のカテゴリーの問題

　以下の文のように動詞の意味を取り違えている誤用もある。

(50)　ここ(に)ビル(が)できます。(d)

(51) * ここ(で)ビル(が)できます。(d)

　「できる」は 1 年生で「することができる」の用法を学び 2 年生の初めに「する」の可能動詞、「建物や組織などが新しくつくられる。仕あがる。」の意味を持つ「結果を表す動詞」という異なる 2 つの使い方を同じ課で学習する。ここに学生の混乱が見られる。場所を表す名詞「ここ」が使われているにもかかわらず、半分近い学生は「できる」を可能動詞として捉えており、正答の「に」を入れた学生は 22.8% にすぎず、78.2% の学生が「で」を入れている。これはこの課では可能動詞が主な文法事項であり、「結果を表す動詞」は副次的な文法事項であったため、学生に与えるインパクトが可能動詞のほうが強かったからだと思われる。この例文を既習の文法規則で処理したためであろう。

　同じ用法での訳文問題で "Si un aéroport est construit dans le village, notre vie dans cette île sera plus pratique." を出してみたが、このフランス文の動詞部分は est construit と動詞が明確なため「建つ」を使った学習者が「できる」を使った学習者より多かった。

(52) この村に空港ができれば、(訳)(D)
(53) この村に空港が建てられれば、(訳)(D)
　　　Si un aéroport est construit dans le village

　一つの文の中に場所を表す語彙が 2 つある場合はどうか。

(54) 会社でできるだけエレベーターに乗らないようにしています。(訳)(J)
　　　J'essaie autant que possible de ne pas prendre l'ascenseur lorsque je suis au bureau.

　動作場所「会社で」の誤用率は 43.8% であったが、着点の「エレベーターに」は誤用率が 88% と高く 52% が「を」を使っていた。これはフランス語の動詞 prendre が多義語であるということに起因する。prendre は対格を伴い「写真を撮る」「メモをとる」という「ヲ格」を取る使い方が最初に導入される。ここでは着点を表す処格と対格との混同がみられる。以上みてくる

とまだ 1 年生や 2 年生の初めの段階では、母国語の干渉がかなり強いことがうかがえる。

6　おわりに

　今回の調査によって、場所を表す助詞「に」と「で」の学習過程で学習者がどんな問題を抱えているかが具体的に把握できた。学習者が（特に文が長くなると）動詞のカテゴリーに注意を払わず場所を表す名詞から必要な助詞を選択する傾向があることが明らかになった。文法の規則を知っていても場所を表す名詞と動詞のカテゴリーとの関連性を見つけることが難しい。彼らの誤用は前述した「主語　動詞　補語」というフランス語の文と「主語　補語　動詞」という日本語の文との構造の違いが、根本的な問題ではないか。フランス語の文では動詞が場所を表す補語より前に来るため、日本語の文のように文の最後に位置する動詞のカテゴリー（「動作行為の行われる場所」なのか「存在の場所」なのか等）によって場所を表す名詞の働きを区別するという作業に慣れていない。言い換えれば、学習者は、補語の場所を表す名詞を発話するときに後尾に来る動詞のカテゴリーをすでに予想しなければならないということになる。発話者は、発話の前かまたは発話と同時に存在を表す文か動作行為を表す文を発話するのか知っている必要があるということになる。

　また述部の意味を理解していないための誤用も起こる。日本語の動詞のカテゴリーの概念を理解することは母国語であるフランス語にはこの概念が存在しないため難しい。しかし今回の調査には不十分な点もある。学習の過程で外国語能力がどのように向上していくかという点に焦点を当てられなかったことである。そして、もっときめの細かい調査をして偏りのない結果を得ることが必要である。たとえば、被験者へのインタビュー、異なる種類の練習問題などと違った方法を調査に取り入れ認知のメカニズムを探る調査や学習者の能力向上の様子を観察するための追跡調査。他の教科書を使っている学習者、いろいろな教授法で習った学習者、というように調査の対象になる学習者の幅を広げることも必要である。またフランス人以外の学習者の誤用

の特徴と比較し検討する必要もある。

　以上のような不十分な点があるとはいえ、今回の調査は、これから学習者が格助詞の働きがしっかり理解できるように、教授法を改善していくのに重要であると思われる以下の点を確認できたことに意義があると思う。

　『みんなの日本語』『ひらけ日本語』は、オーディオの副教材を活用したオーラル中心の学習方式で反復練習や言い換え練習を通して、反射的に文を作成できる能力を養うことが目的である。が、この教授法の欠点を補うために、以下の 3 点を強調したい。

　1　教科書には似ている例文が多いので、教師がその点を意識し多様な例文を工夫して与えたり、それぞれの機関の学生に適した練習問題を工夫して提供することの重要性。
　2　学習者がわかりやすいように動詞の意味による分類をきちんと教えることの有効性。
　3　文型練習が中心の現在の日本語教育法は限界があるので、日本語における場所の語彙体系が理解できるような新しい教授法を模索することの必要性。

　最後に、外国語のクラスで教師は、どこまで文法の誤りを許容するかという問題も考えなければならない。母国語の発話者の発話内容も個人的に差があり、助詞を使わないで話すということは普通である。このような状況の中では、誤用がコミュニケーションの妨げにはなることはなく、文法に固執するあまり発話行為を積極的にしなくなるという危険もあり、学習者の発話をどこまで訂正したらよいのかという疑問が残る。

調査資料
『ひらけ日本語』(2002)拓殖大学留学生別科．東京：凡人社
『みんなの日本語　初級 1&2』(1998)東京：スリーエーネットワーク

参考文献

Anderson John M. (1971)*The Grammar of Case, Towards a Localistic Theory*. Cambridge University Press.

Besse Henri and Porquier Rémy. (1991) *Grammaires et didactiques des langues*. Paris: Didier

Feuillet Jack. (2006) *Introduction à la typologie linguistique*. Paris: Honoré Champion.

Fujimori Bunkichi. (1986) *Cours de japonais - DJ 102 - Analyse et traduction*. Vanves: CNEC

Huyghe Richard. (2009) *Les noms généraux d'espace en français*. Bruxelles: De Boek-Duculot.

Lakoff George and Johnson Mark. (1999) *Philosophy in the Flesh*. Basic Books.

Marquilló Larruy Martine. (2008) *L'interprétation de l'erreur*. Paris: CLE International.

松村明編(1971)『日本文法大辞典』東京：明治書院

Moriyama Shin. (2008) The semantic structure and acquisition of Japanese case particles for the application to Japanese language education (596–599) *Proceedings of the Annual Meetings of the Japanese Cognitive Linguistics Association* 8.

森田良行(2007)『助詞・助動詞の辞典』東京：東京堂出版

野田尚史・迫田久美子・渋谷勝己・小林典子(2001)『日本語学習者の文法習得』東京：大修館書店

岡智之(2013)『場所の言語学』東京：ひつじ書房

口頭発表

Jean Bazantay, Kayoko Iwauchi (18.oct 2014) «*Confusions d'emplois chez les apprenants francophones entre les particules "ni" et "de" après un nom de lieu*». Journée d'étude de linguistique japonaise« Analyse des erreurs commises par les étudiants français». Université Paris Diderot

岩内佳代子 (26. août. 2015) フランス語母語話者の日本語学習における誤用の分析. 第19回ヨーロッパ日本語教師会シンポジウムジョイントセッション　第2回 CEJ 日本語学研究会. Université Bordeaux Montaigne

付録

テスト問題　穴埋め問題

イナルコ

NI₁

　東京(　　　)車がたくさんあります。(d)

　あそこ(　　　)、大きなビルが見えますね。(k)

NI₂

　澄みみきった青空(　　　)雲がたった一つ浮かんでいる。(q)

　おばあさんさんの部屋(　　)世界中の人形が飾ってあります。(j)

　たいていの国は東京(　　　)大使館を持っている。(u)

NI₃

　学校の机(　　　)絵を書いてはいけません。(m)

　巨大な熊が突然村(　　　)現れた。(v)

NI₄

　東京タワー(　　　)登って、東京の町を見ていた。(i)

DE₁

　公園(　　)何もしません。(a)

　父(　　)よくお風呂(　　)歌を歌います。(b)

　きのう、学校の図書館(　　　)マンガを読んだら、先生に怒られた。(c)

　このマンション(　　　)犬が飼えますか。(f)

　ふと見ると、彼が部屋の隅(　　)私をじっと見つめていた。(o)

　昨日前首相が病院(　　　)死にました。歳でした。(s)

　廊下(　　)遊んではいけません。(t)

　昨夜、下の部屋(　　　)犬がずっと吠えていた。(w)

　これは東京(　　)しか買えないものです。(y)

DE₂

　昨日、東京の真ん中(　　　)火事がありました。(e)

　大阪(　　)展覧会が開かれます。(g)

　展覧会はどこ(　　　)ありますか。(h)

その他

　エベレストは世界(　　　)もっとも高い。(n)

　田中さんは箱根(　　　)別荘を買ったらしい。(p)

　きのうの夕刊(　　　)あなたの大学のことが出ていました。(r)

　これは今朝の新聞(　　　)読んだ。(x)

セルジー

NI$_1$

　東京(　　　　)車(　　　　)たくさんあります。(a)

　公園(　　　　)だれ(　　　　)いません。(b)

NI$_2$

　メモ(　　　)机(　　　)上(　　　)置いてあります (c)

　ここ(　　　)ビル(　　　)できます。(d)

NI$_3$

　良く見えませんから前(　　　　)座りましょう。(e)

　会議室(　　　　)入れません。(f)

NI$_4$

　イタリア(　　　　)うたをならい(　　　　)行きます。(g)

DE$_1$

　公園(　　　　)何(　　　)しません。(h)

　わたしは　きのう　ここ(　　　　)ははに　てがみを　書きました。(i)

　学校(　　　)おもしろい本(　　　)読みました。(j)

　どこ(　　　)安いビデオ(　　　)買えますか。(k)

　このマンション(　　　)犬(　　　)飼えますか。(l)

DE$_2$

　大阪(　　　)展覧会(　　　)開かれます。(m)

　展覧会(　　　)どこ(　　　)ありますか。(n)

その他

　ここ(　　　)車(　　　)止めます。(o)

テスト　翻訳問題

イナルコ

　　1. Comment tu le sais ? Je l'ai lu dans le journal.

　　2. Je l'ai vu à la télévision.

　　3. Je suis né à Tahiti.

　　4. J'ai encore oublié mon parapluie dans le train.

　　5. J'ai vécu en Province jusqu'à l'âge de 18 ans.

　　6. Après ton rendez-vous, attends-moi devant l'immeuble.

　　7. Mes parents travaillent tous les deux chez l'Oréal.

セルジー

1 年生

NI_1

　　M. Tanaka est au Japon. (A)

　　Il y a des crayons ici.(B)

　　La poste se trouve devant mon entreprise. (C)

NI_2

　　Si un aéroport est construit dans le village, notre vie dans cette île sera plus pratique.
　　(D)

NI_4

　　Mon professeur est allé à l'université (pour) lire les journaux.(E)

DE_1

　　J'ai mangé avec mon père au restaurant.(F)

　　J'ai appris l'anglais ici.(G)

　　Je n'ai rien acheté au magasin.(H)

　　Pour arriver à l'heure à la réunion, il est préférable de descendre du train à la gare de
　　Kyoto.(I)

　　J'essaie autant que possible de ne pas prendre l'ascenseur lorsque je suis au bureau.(J)

DE_2

　　S'il fait beau, le concert aura lieu au Parc.(K)

引用助詞「ト」にかかわる誤用

デロワ中村弥生

1　はじめに

　コミュニケーションにおいて、他者の言葉を再現し自分の発話に取り込む機会は多く、その必要性はどの言語においてもわけへだてなく存在すると言われている。しかしながら、当然、そのために使用される形式は言語により異なる。日本語では、引用助詞と呼ばれる「ト」を用いた構造(以下、引用句)で表現したものが典型的な形式であるといえよう。この「ト」に導かれた引用句は、発話のみならず「思う」「考える」等の述語とともに用いられた場合には思考の内容を示し、日本語の談話におけるその使用率は極めて高い。本稿では、フランス語母語学習者の日本語学習における引用句、特に引用助詞「ト」にかかわる誤用についての考察を行なう。まず引用助詞「ト」や引用句、そして引用句と関わりの深い間接疑問節の統語特性を概覧する(2節)。次に学習過程における引用助詞「ト」の扱いを調査し、日本語およびフランス語の対照的視点から学習における問題点を考える(3節)。さらに、フランス語母語学習者の産出データを分析し、教育現場や言語学研究における課題について考察する(4節)。

2　引用助詞「ト」と引用構造

2.1　さまざまな助詞「ト」

　助詞「ト」は、日本語による談話の中で一体どの程度重要な位置を占めているのだろうか。『「現代日本語書き言葉均衡コーパス」語彙表』でその使用

頻度を調べると、助詞「ト」は格助詞として 10 位にそして接続助詞として 40 位に現れることが分かる（表1）。助詞「ト」は、日本語の文を構成する上で極めて多用されている重要度の高い語なのである。しかしながら、一口に助詞「ト」といっても、語彙表で区別されているような単に格助詞、接続助詞の 2 つに分けられるだけのものではなく、その実態は実にさまざまである。

表1　語彙表における高頻度語

1	の	格助詞	48,383
2	に	格助詞	34,188
3	て	接続助詞	33,391
4	は	係助詞	31,448
5	だ	助動詞	30,177
6	を	格助詞	29,496
7	た	助動詞	27,496
8	する	動詞	24,508
9	が	格助詞	22,804
10	と	**格助詞**	21,773
…			
40	と	**接続助詞**	2,444

　例えば、益岡・田窪（1989）では（1）から（4）のように 4 つの範疇に分類される。また、三上（1953）では（5）における「ト」は連用修飾語を構成するとして、格助詞とは区別されている。

（1）接続助詞（文＋文）：春になると、桜が咲く。
（2）接続助詞（名詞＋名詞）：ノートとえんぴつを買う。
（3）格助詞（共格）：花子と買い物に行く。
（4）引用助詞：きっと勝ちますと言った。
（5）準詞（変化）：閉店となる。

　本稿で対象とするのは、このようなさまざまな助詞「ト」の中でも特に（4）の引用助詞であり、以下、その統語特性をみてゆく。

2.2　引用助詞「ト」の 4 つの用法

　引用助詞「ト」と共起する述語は大きく分けて 4 種類ある。

（6）「月曜日は来ます」<u>と</u>**言った**。

（7）月曜日は来る<u>と</u>**言った**。

（8）月曜日は来る<u>と</u>**思う**。

（9）フランス人はよくしゃべる<u>と</u>**思う**。

（10）「みなさんのおかげです」<u>と</u>**感謝した**。

（11）これでは採用されるはずがない<u>と</u>田中は暗い気持ちに**なった**。

（12）私達は今回の試みを失敗<u>とは</u>**考えていない**。

（13）京都、奈良（を）<u>と</u>**回った**。

　最も代表的なものが、発話動詞である。引用助詞「ト」は、他者の言葉を再現（引用）し自分の発話に取り込むのに使用される形式であるといわれる。これにより構成された引用句は、しばしばその内部形式に応じて直接話法（6）、間接話法（7）に区別される。また、この「ト」に導かれた引用句は、発話のみならず「思う」「考える」等の述語とともに用いられた場合には（8）（9）のように思考の内容を示す。これらプロトタイプ的な用法以外に、（10）（11）のようにさまざまな述語とともに用いられ、付加的成分を構成することも周知の事実である（例えば、寺村（1981）や日本語記述文法研究会（2008））。これらの文では、発話・思考の動詞が省略されていると分析されることがあるが、本稿では藤田（2000）と同様にこれらの構造に現れる引用句も述語と相関する副詞成分と考える。この他にも、周辺的な用法として、益岡（1987）で命名動詞、認識動詞と呼ばれる動詞とともに用いられ格助詞句と引用句が共起する用法（12）や藤田（2000）で項目列記の構造と呼ばれる用法（13）もある。

2.3　藤田（2000）による引用表現構造の分類

　（12）（13）のような周辺的な用法を除き、発話や思考が示される引用句を含む構造（以下、引用構造）を藤田（2000）では述語と引用句の意味的関係か

ら「二重表現的構造」「並示的構造」の 2 つに分類している。

　二重表現的構造は、「述部が引用句の発言・思考と事実上等しい動作・状態を表す」（藤田 2000: 31）ものと定義され、過去の発話を再現した引用句が発話動詞とともに使用される構文（7）や思考内容を示した構文（8）が含まれる。また、言語行為論（Austin 1962）で発話内行為、および発話媒介行為と呼ばれる行為を示す述語とともに形成される構文（10）もこの範疇に含まれる。

　並示的構造は、「述部が引用句の発言・思考と共存する動作・状態を表す」（藤田 2000: 31）ものと定義され、発話時の発話者の付帯行為や状態を示す述語（11）、あるいは発話の結果として行なわれた行為を示す述語とともに形成される構文が含まれる。

2.4　コーパス分析による引用構造の使用調査

　これら二重表現的構造、並示的構造が実際にどのように使用されているのか、『現代日本語書き言葉均衡コーパス』を用いて分析を試みた。

　コーパスでは 7,812 の格助詞「ト」の用例が採取されたが、そのうち引用助詞以外の「ト」や 2.1 節で周辺的用法としたものを除き 4,615 を分析対象とした。表 2 は、それぞれの引用構造の使用割合を示している。

表 2　引用構造とその述語の使用割合

引用連体句構造	2,429	〜トイウ N	2,265		
		〜トノ N	164		
引用副詞句構造	2,186	二重表現的構造	2,030	「言う」	275
				「思う／考える」	587
				その他	1,138
				省略構造	30
		並示的構造	156		

　引用連体句を構成する「という（名詞）」「との（名詞）」を除いた副詞的引用句は 2,186 用例であった。そのうち二重表現的構造（14）（15）（16）が 2,030 例で全体の 93％を占め、並示的構造（17）（18）は 156 例で 7％であった。

(14) 私は間違っていると思う。

(15)「農業はいらない」と述べた。

(16) ラジオを聞いた戦争体験者から「硝煙のにおいがする」と絶賛された。

(17)「悔し涙しか出ないよ」と苦笑い。

(18)「本気でゴルフをやってみよう」と沖学園中へ進学した。

　二重表現的構造を構成する述語を詳しく見ると、発話動詞が省略されたと考えられる構文が 30 例観察された。これには、引用句と発話者の表示のみで構成されたもの (19) 以外に引用句と引用された内容の種類を示すラベル名詞 (森山 1988) のみで構成されたもの (20) が見られた。ラベル名詞句は引用句とともに同格構造 (江口 1998) を形成する。同格構造は日本語引用構文の特徴の 1 つであり、3 節で詳しく述べる。

(19)「練習で慣れることができる」と大塚さん。

(20)「違憲の疑いが濃い」と補足意見。

　代表的な動詞である「言う」が引用副詞句構造全体の 12％、「思う、考える」が 26％と、使用頻度はもちろん高いがそのすべてを合わせても半数には満たない。並示的構造の存在なども考え合わせると、引用構造における動詞の豊かさが窺える。

2.5　間接疑問節を含む構造

　引用表現と深い関わりを持つ構造として間接疑問節がある。疑問表現を用いた間接疑問節を使用することで、他者の発した問いかけを自分の発話に取り込むことができる。

(21) どこへ行くか聞いた。

(22) 行くかどうか考えた。

　間接疑問節は述語の表す思考・発言行為の内容面を示すという点で、引用

句と近似すると感じられるが、実際は意味的にも統語的にも引用句とは大きく異なる。

（23）どこへ行くかと聞いた。
（24）どこへ行くかと言った。
（25）どこへ行くか聞いた。
（26）どこへ行くか言った。

　引用句は知覚したことをそのまま写すように文に組み込むもので、文脈によりその内容が変化することはない。（23）（24）では引用句はどちらも「聞いた」あるいは「言った」言葉を写したもので同じ内容を示しており、元の発話は「どこへ行きますか」といった問いかけであったと考えられる。これに対し、間接疑問節は述語によりその意味が変わる。（25）の元の発話は（23）（24）同様「どこへ行きますか」といった質問であったと考えられるが、（26）の元の発話は「パリへ行きます」というようなすでに確定した内容を伝えるものであったと考えられる。藤田（1997）は、間接疑問節が「答えられ、解決されるべき」懸案を示すとし、その意味は述語のタイプによって変化するとした。「聞く」のような述語を持つ構造は（25）のように懸案が「未決」であることを示し、「言う」のような述語を持つ構造は（26）のように懸案が「既決」であることを示すと説明している。また、「考える」のような述語を取ると懸案を未決から既決の方向にもっていこうとする「対処」を示すとした。統語的には、間接疑問節は名詞相当のふるまいをし、はだか格で副詞的に文の構成要素となる以外にも、格助詞とともにガ格補語やヲ格補語を構成することもできる。

（27）どこへ行くか考える。／どこへ行くかを考える。
（28）どこへ行くか分かった。／どこへ行くかが分かった。

3　学習過程における引用助詞「ト」の扱いと対照分析的視点 からの問題点

3.1　教科書における引用構造の扱い

表3　日本語教科書における引用助詞「ト」と間接疑問節

課	『みんなの日本語』（I・II 巻全 50 課）	課	『ひらけ日本語』（上下巻全 25 課）
1	（第 I 巻）	1	（上巻）
		9	h. 私は松下といいます。
21	a. あした雨が降ると思います。 b. 首相は来月アメリカへ行くと言いました。	12	i. 私は先生に「明日試験がありますか。」と聞きました。 j. 私は友だちに「ごめんなさい」とあやまりました。 k. マリアさんは先生に漢字は難しくないと答えました。 l. このシャツはちょっと高いと思います。 m. アリさんは何時に来るか分かりません。
26	（第 II 巻）	13	（下巻）
31	c. 将来自分の会社を作ろうと思っています。	15	n. 私は新しいパソコンを買おうと思います。
33	d. あそこに「止まれ」と書いてあります。 e. この漢字は「禁煙」と読みます。 f. 鈴木さんに会議室で待っていると伝えてください。		
40	g. 山の高さはどうやって計るか知っていますか。		
50		25	

　表3は、『みんなの日本語』（以下『みんな』）および『ひらけ日本語』（以下『ひらけ』）において引用助詞「ト」を含む構造や間接疑問節が導入されている課を示している。これら2つのテキストは本稿で分析対象として扱ったデータを収集したパリ・ディドロ大学、フランス国立東洋言語文化大学でそれぞれ使用されている日本語初級教科書である。

　どちらの教科書でも、引用句は初級の半ば（『みんな』21 課、『ひらけ』12 課）で「言う」「思う」などの補足成分として導入される。『みんな』では「言う」「思う」以外の引用句と共起する述語が導入されるのは初級後半の 33 課（表 3 f）であるが、『ひらけ』では初めから「聞く」「答える」「伝える」など様々な動詞が引用句の述語として提出される（表 3 i–k）。さらに、『ひらけ』では問いかけを引用句で再現する文型も 12 課で明示的に提示されている（表 3 i）。一方『みんな』33 課では 2.2 でみたような命名動詞などを述語とする「A を／は B と」構造を持つ用法が提示されている（表 3 e）。また、間接疑問節は『ひらけ』では 12 課で引用句と同時に提示され（表 3 m）、『みんな』では 40 課での導入となっている（表 3 g）。

3.2　文法書における引用構造の扱い

　これらの表現に関し、『みんなの日本語初級 I 翻訳・文法解説フランス語版』『ひらけ日本語使用の手引き』では、発言や予想・感想の内容を「ト」で受けて文に組み込むとし、特に間接話法の構造を形成する際の述語の形やダイクシスの変換の説明に重点が置かれている。

　学習者用、教師用文書書では、記述がより詳しくなる。『初級を教える人のための日本語文法ハンドブック』（2000: 90–93）では、「見る、聞く」といった動詞は「ヲ」を取る場合は知覚を表すが「ト」を取ると認識を表すとして（29）のような例をあげている。また、発言・思考以外の動詞も引用句と共起するとし並示的構造にも触れているが、これは（30）に示すように「言う」に当たる動詞が省略されていると説明している。

（29）彼の病気はすぐによくなると見ています。
（30）駅で友達にさよならと（言いながら）手を振った。

　また、『みんな』33 課で提示される「A を／は B と」の構造を定義の用法と呼び、この場合意味的に「A = B」が成り立つと説明している。『中上級を教える人のための日本語文法ハンドブック』（2001: 189–197）でも、第 15 章が引用表現に割かれ、引用表現と共起する動詞の形（可能・自立・受身）と

名詞型引用表現「という」「との」の違いに関する記述がなされている。

　『日本語基本文法辞典』(1986: 478–480) では、「ト」は引用句や擬音語・擬態語を文に組み込むとし、「バタバタと」「うきうきと」などを同時に扱っている。「ト」の基本的な意味を「the literal meaning of to iu is ～ 'say with (the sound) ～'」としていることは興味深い。『日本語文法辞典　中級編』(1995: 464–470) では、引用助詞「ト」が副詞成分を形成する用法として、並示的構造に言及している。ここでも、並示的構造は発話や思考の動詞が省略されているものと説明されている。

　引用構造は初級段階で発話を再現したり、思考を文に組み込む基本構文が導入される。中級では主に引用句を受ける述語の語形に応じた意味変化に関心が向けられ、構造として新たに連用引用句、並示的構造などが提出されるが、体系的な記述や練習などはあまり見られない。

3.3　引用構造の日本語・フランス語対照分析

　フランス語母語学習者がこれら引用助詞「ト」を含む構造を学ぶとき、自発的にあるいは 3.2 節で見た文法書といった外的情報から関連づけると考えられるフランス語表現は、補文標識 que により形成される補足節 (complétive) である。『みんなの日本語初級 I 翻訳・文法解説フランス語版』では、学習文型を示す例文 (31) の翻訳として (32) が提示されている。この翻訳でも、補足節 (下線部) が日本語の引用句の部分にあたる。

(31) 首相は、来月アメリカへ発つと言った。

(32) Le Premier ministre a dit qu'il partirait pour les États-Unis le mois prochain.

　『日本語基本文法辞典』でも引用助詞「ト」の対訳として英語の補文標識 that が与えられている。たしかに、間接話法のフランス語文では補足節が引用句に対応する。しかしながら、それが統語的に対応するものであるわけではなく、そのような一部の翻訳に基づいた解釈では引用助詞「ト」の本質的な理解にはつながらない。引用助詞「ト」は、知覚したものをそのまま写す

かのように文に組み込むもので、その成分は藤田が言うように「対象を写像ないし模倣することによって指示する記号」である「イコン」(2000: 47)なのである。これに対し、フランス語補足節により組み込まれる成分は、通常の言語記号である「シンボル」である[1]。フランス語の直接話法の引用構造では、引用句はコロンで区切られ文に完全に組み込まれた形にはならない。日本語引用助詞「ト」のようにイコン的な成分を文に組み込む形態手段はフランス語には存在せず、フランス語母語学習者にとって引用助詞「ト」は特殊な文法手段であると言える。

　日本語では、知覚したものをそのまま写すように文に組み入れる場合はイコン記号を受ける「ト」を用い、知覚したものの内容を名づけ、抽象化する形で記号化したものは格助詞で文に組み入れる。たとえば、「よく洗ってからお召し上がりください」という説明書きを見たとき、その内容は(33)のように「ト」で組み入れ、内容を抽象化した言語記号は(34)のように格助詞「ガ」で文に組み入れる。

(33) よく洗って食べろと書いてある。
(34) 注意書きが書いてある。

　さらに、日本語の引用構造では多くの場合これら2つの成分が共起することが可能である。

(35) よく洗って食べろと注意書きが書いてある。
(36)「よう来てくださいました」と感謝の言葉を述べた。

　(36)では引用句は「述べる」内容を示しており、ヲ格補語は内容の種類を示している。森山(1988)はこのような格成分をラベル名詞と呼ぶ。このように対象が格成分と引用句により二重に示された構造は、江口(1998)が同格構造と呼ぶもので日本語引用構造の特徴の1つである。

　この同格構造からも日本語引用句は副詞成分であると根拠づけられる。また日本語では文法性判断において統語的充足は必ずしも求められず、意味的

充足が基準となることが多いことからも、引用句を統語的な必須補語と考える必要はないと言える。そして引用句が副詞成分であるなら、並示的構造は発話・思考動詞が省略された構造ではなく引用句が連用修飾成分として述語と相関する構造であると考えることができる。また、取り入れる発話を指示語で照応させる場合も日本語では (37) のように副詞型指示語を取る。これに対し、フランス語では補足節が発話・思考動詞と用いられた場合、補足節は機能的に直接目的語であり、(38) のように直接目的語を代行する代名詞 le (l') に置き換えられる。このことからも日本語引用句が副詞的機能を果たし、直接目的語として機能するフランス語の補足節とは異なることが分かる。

(37) 来月アメリカへ発つ。首相はそう言った。
(38) Le Premier ministre l'a dit.

　さらに、フランス語補足節は、共起できる述語には大きな制限があり、ごく限られた動詞のみ使用が可能であって、日本語引用句のように発話・思考の動詞以外の様々な動詞と共起する並示的構造を形成することは不可能である。

　このように翻訳により安易に対応づけされがちな日本語の引用句とフランス語の補足節の間には実際は大きな違いがある。しかしながら、3.2 節で見たようにこれらの違いや引用助詞「ト」の本質は必ずしも明確に学習者に示されているとは言えない。

　また、フランス語母語学習者にとって引用助詞「ト」は母語に対応するもののない特殊な文法手段であるといえるが、言語学習において、このような学習者の母語になく学習言語のみにある文法要素は「導入」というカテゴリーに分類され習得の難易度が特に高いと考えられている (渋谷 2001)。

　以上のことから、フランス語母語学習者の引用助詞「ト」の習得において母語の影響が確認されるのではないかと考え、学習者の引用助詞「ト」の使用に関する調査・分析を行い、母語と学習言語における体系の隔たりが習得に及ぼす影響を検証することにした。

4 引用助詞「ト」の使用にかかわる調査と分析

　調査・分析には、2つのデータを用いた。1つ目はインタビュー形式で誘導タスクを用いて収集した話し言葉データである。2つ目は中級レベルの学習者の作文を集めた書き言葉データである。

4.1 話し言葉データの収集と分析

　話し言葉データは、2012／2013年度(2012年9月から2013年8月)パリ・ディドロ大学にて日本学を専攻する1年生から修士1年(4年次)の29名、および日本人留学生、日本語教育研修生などの日本語母語話者7名を対象に誘導タスクを用いて行なったインタビュー形式の調査によって集めたものである。対象者の内訳は1学年11名、2学年5名、3学年6名、修士1年7名、母語話者7名である。

4.1.1 インタビューの内容

　インタビューには、次の質問を使用した。

（1）（朝、昼、夜の場面で2人の人が挨拶をしている3つのイラストを見せながら）「日本語の挨拶を説明してください。いつ、どんな挨拶をしますか。」
（2）（タイトルと風景画、出版社名などが書かれた学習参考書の表紙のコピーを見せながら）「次はこれを見てください。何がかいてありますか。」
（3）（質問2で見せた風景画の中に描かれているパラソルを指しながら）「ここにパラソルがあります。パラソルに何か書いてありますか。」
（4）「クリスマスカードに　何を書きますか。」

　質問1では、日本語による挨拶についての説明を求め、「〜と言います」という発話を誘導する。質問2では、「何が」という疑問語を用いた質問に対し、「かいてある」という動詞の補足語をどのような形式を用いて産出するかを観察する。質問3では、「何か」という不定語を用いた質問に対する

答えを誘導し、再び「書いてある」という動詞の補足語をどのような形式を用いて産出するかを観察する。1年生は「てある」が未習のため、質問2、3の代わりに質問4で、クリスマスカードに何を書くかを問う。「何を」という疑問語を用いた質問に対し、「書く」という動詞の補足語をどのような形式を用いて産出するかを観察する。

4.1.2　学習者データの分析

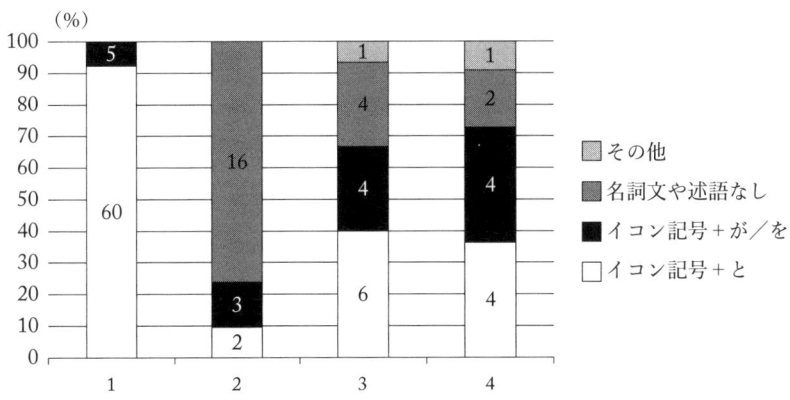

図1　学習者が回答に使用した構造の使用割合

　図1は、学習者が回答に使用した構造の分布を示している。図1の軸の白地部分はイコン的要素を「ト」で組み入れた構造（1a, 2a, 3a, 4a）で文法的な用例の数を示す。黒地の部分はイコン的要素を格助詞で組み入れた構造（1b, 2b, 3b, 4b）で非文法的な用例の数を示している。用例には、学習者情報として〔 〕内に学年を付す。

（1）a.　朝は　おはよう　と　言います。〔1年生〕
　　　b. *朝は　おはようございます　を　言います。〔3年生〕
（2）a.　「入試対策」　と　書いてあります。〔3年生〕
　　　b. *「自由」　が　書いてあります。〔3年生〕
（3）a.　「Le Figaro」　と　書いてあります。〔3年生〕

　　　　b. *「Le Figaro」　が　書いてあります。〔3年生〕
（4）a.　「幸せになってください」　と　書きます。〔1年生〕
　　　　b. *「Joyeux Noël」　を　書きます。〔1年生〕

　引用句と相関する述語が「言う」の場合、ほぼエラーはなく、「かく」という動詞に関しては、エラーの割合が明らかに増える。「言う」という動詞に関しては、「と言います」という形が引用構造を形成する手段として学習の早い段階で導入され、学習者はそれを一つの塊として習得しているように見える。ただ、「言う」を回答として誘導する質問は「どんな挨拶をしますか」（質問1）という形式で、回答に影響を与えうる要素を用いていないのに対し、「かく」を回答として誘導する質問では「何がかいてありますか」（質問2）「何をかきますか」（質問4）というように格助詞句での回答を促してしまう可能性のある質問文が使用されていることは考慮しなければならない。

　しかし、不定語「何か」（質問3）を用いた質問に対しても格助詞句で回答するエラーが採取されているので、やはり述語の影響は否定できないと考える。今後調査を続ける際は、「言う」に関しても格助詞を用いた質問を使用し比較するなど調査方法を改良することでより信頼性の高い結果が得られると思われる。

4.1.3　日本語母語話者データとの比較

　母語話者を対象にした実験結果を分析すると、学習者との違いが様々な点で浮き彫りとなった。

　まず質問1では、「どんな挨拶をしますか。」という問いに対する学習者の回答には、「と言います」以外の形式がほぼ見られなかったのに対し、母語話者は「と挨拶します」「という挨拶をします」「というふうに挨拶します」というバリエーションが見られた。

　また質問2の「何がかいてありますか。」という問いに対しては、学習者は表紙のタイトルや出版社名などを1つ1つ読んでいったのに対し、母語話者は全員、書かれている内容そのものではなくそれを抽象化した一般的な言語記号である「絵、出版社、漢字」といった語を用いて「タイトルが書いて

あります」というように答えた。質問 3 の「何がかいてありますか。」という問いに対しては、「フランス語／文字が書かれています。」という形で答えた母語話者は 2 名であった。この実験結果から、母語話者が「何がかかれていますか」という質問が求めている答えと認識しているのは、内容そのものではなく抽象化されたラベル名詞であると考えられる。

　一方、学習者が 1 つ 1 つ読んでいった原因の 1 つとして動詞「かく」の問題がある。日本語では「かく」は「書く」でもあり、「描く」でもある。しかしながらこの 2 つの動詞はフランス語ではまったく異なった動詞（écrire, dessiner）であり、「何がかいてありますか。」という質問を「書いてある」と解釈した学習者を、書かれている文字を読み上げる行為へと促した影響は否めない。

　しかし、やはり最も大きな原因は、格助詞句と「ト」引用句の根本的な質の違いを理解しておらず、これらの形式の違う問いが求める答えが異なったものであることに考えが及んでいないことであると思われる。この 2 つの違いは決して区別の難しいものではない。しかしながら、3.3 節で指摘したとおり、フランス語にこれらの区別は存在せず、学習者が自分自身で簡単に発見できることでもない。母語との比較から間違った規則や解釈を導き出しやすい事項でもあることから、助詞「ト」が導入される早い段階から格助詞句と「ト」引用句の違いは提示すべきではないかと思われる。

　ただし、知覚したものを写すイコン的要素とその内容を抽象化し一般の言語記号化したものの区別を理論的に理解したとしても、実際に抽象化された語彙を使用して格助詞句を形成するには、それらの語彙が使用できる言語能力が必要である。今回の学習者データでは、抽象化された言語記号を用いて格助詞句を正しく構成できた例は質問 3 の回答として(3c)が 1 つ見られただけであった。

（3）c.　「Le Figaro」というブランドが書いてあります。〔3 年生〕

　調査方法とデータの分析にはこの点についても考慮が必要である。

4.2　書き言葉データの収集と分析

　書き言葉データは、2015 年にフランス国立東洋言語文化大学（イナルコ）にて日本学を専攻する 3 年生 33 名の作文を集めたものである。これらの作文は、ライティングの授業で Robert Merle の『L'ile（島）』という小説の抜粋の内容を日本語で書くという課題に対し提出されたものである。課題は 1 ページ程度の抜粋 3 つからなり学生は 3 週間ごとに 1 つ作文を完成させて提出する（図 2）。フランス語の小説をベースにしてはいるが、文学作品の翻訳を目指した授業ではなく、明確な文脈に位置づけられた描写や発話からなる内容をできるだけ自然な日本語で再現、産出することを目的としている。

　ここでは、学習者が引用助詞「ト」を使用した 3 つの箇所に関し分析、および考察を行う。

　以下に示す学生の作例は必ずしも原文に対応する正しい文であるとはかぎらないが、議論の主題と関わりのないエラーに関してはここでは触れないことをまず明示しておく。該当部分は下線で示す。それ以外の部分は文脈として表示するが、分析の対象とはしない。〔　〕内は学習者識別名を示す。

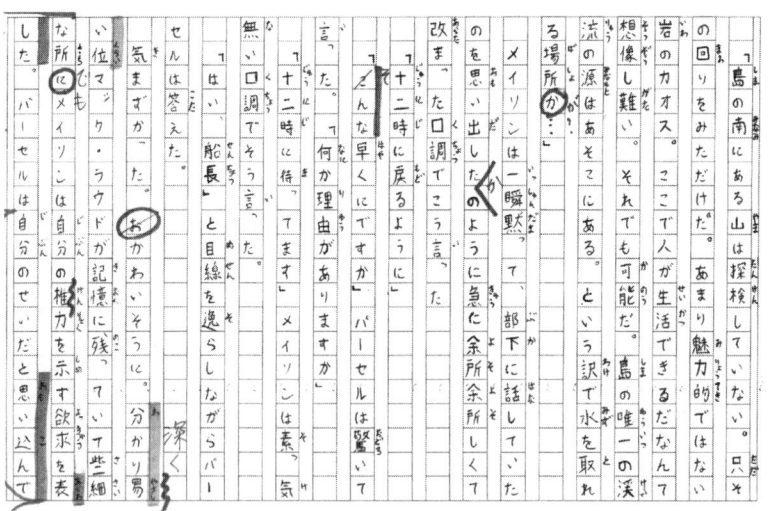

図 2　返却前の添削済み作文

4.2.1　格助詞句と引用句の使い分け

　ここで問題となるのは次の下線部である。課題はフランス語原文であるが、ここではその日本語訳のみ示す。

　「あのスコットランド人の糞ったれが。」と、ベーカーが吐き出すように言った。

　<u>「今、何と言いましたか。」</u>と、パーセルが足を止めて言った。

　それでベーカーも立ち止まった。パーセルは眉をしかめ、体を硬くして突き放すような表情でベーカーをまじまじと見ていた。ベーカーはきょとんとした顔でパーセルを見た。

　「私もスコットランド人ですが。」

　「忘れてました。」ベーカーは口ごもって言った。「すみません。」

　下線部の原文は「Je vous demande pardon ?」で、ここでは相手の言ったことを聞き返す表現として用いられている。これに対応する日本語の表現として引用句を使用したもの(1)と、格助詞句を使用したもの(2)、またはまったく別の表現を使用したもの(3a, b)が見られた。

（1）　　何と言いましたか。〔INA15–02〕

（2）　　＊何を言いましたか。〔INA15–20〕

（3）a.　どういう意味ですか。〔INA15–15〕

　　　b.　もう一度言って。〔INA15–11〕

　(2)のように格助詞句を用いた場合、発話の内容の種類や性質に関心が向けられる表現となり、聞き返す行為には適さない。

　図3は各学生の作文全体の成績と使用した構造を示すグラフである。横軸は各学生を示し、縦軸は作文の評価（20点満点）を示す。グラフ上の点が黒の菱形であればその学生は「何と」を使用したことを示し、グレーの正方形であれば「何を」を使用したことを示す。3年生の作文で10点以上の評価が得られる学生は中級のかなり進んだレベルに達した学生であるが、このグ

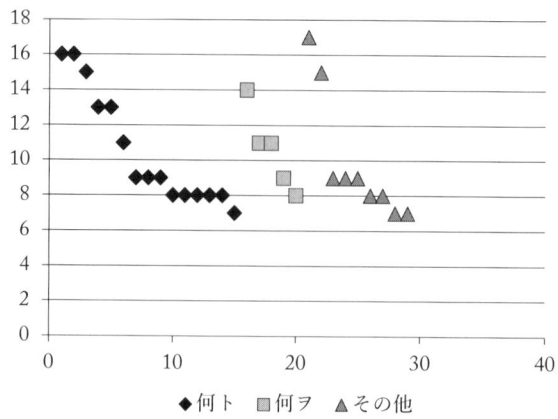

図3　各学生の作文全体の成績と使用した構造

ラフから、それらの学生にも格助詞句と引用句の混同があることが分かる。これらの使い分けは日本語能力が上級に近い学生であっても難しいことを示していると言える。

　4.1節で用いたような話し言葉データに見られる誤用には、小林（2001）が指摘するとおり、処理時間が短いために失敗した誤りが含まれる。一方、ここで扱う書き言葉データはゆっくり時間をかけることのできる環境で産出されたものであり、知識の有無を確認するのに、より信頼性の高いデータであると言える。しかしながら、ここで「ト」が選択できたことが引用句・格助詞句の違いを理解していることを示すとは一概に言えない。その評価には、今回と逆のケース、格助詞句を選択すべきところで引用句を使用しないことも確認する必要がある。

4.2.2　自問を組み込む文の構造にみられる問題点
　次の文の下線部は、間接疑問節を用いて自分への問いかけを組み込む構造になっている。

White le considéra un moment comme s'il se demandait si Purcell avait bien le droit de lui poser une question pareille.

ホワイトは、一瞬、<u>パーセルが自分にそんな質問をする権利が本当にあるのかを吟味している</u>かのように彼を見つめた。

　当該部分が文法的に整った構造の日本語で書かれている 12 の作文を対象とし、分析を行った。

　この文では「パーセルが自分にそんな質問をする権利が本当にあるのか」というのが問いかけの内容であるが、これを文に組み入れるには上のように間接疑問節を用いる方法と引用句を使用する方法がある。調査では、学習者はこのような問いかけを文に組み込む場合にも、間接疑問節よりも引用句を好む傾向がみられた。対象データ中 9 つの作文で (1) のように引用句が使用され、間接疑問節を用いていたものは 3 つであった。間接疑問節を使用したもののうち、2 つは (2) のように格助詞句を形成する形で、もう 1 つは (3) のように格助詞を後接せずに文の成分となっている。

（1）ホワイトは<u>パーセルが彼にそのような質問をする権利があるかどうかと考え</u>ながら少しの間パーセルを見つめた。　　　　　〔INA15–16〕

（2）ホワイトはしばらくパーセルを見て、<u>パーセルがこんな質問をする権利があるかどうかを考えた</u>かのように、パーセルを見た。〔INA15–17〕

（3）ホワイトは彼をよく見て、<u>パーセルがそんな質問をする権利が本当にあったかどうかわからなかった</u>ようだ。　　　　　　〔INA15–03〕

　この構造で最も大きな問題となるのは、問いかけを受ける思考の述語としてどのような動詞を選択するかということである。対象データ 12 作文のうち 4 つの作文で (4)(5) のように動詞「思う」が使用されていた。

（4）＊ホワイトは<u>パーセルがそんな質問をする権利があるかどうかと思っていた</u>ようにパーセルをじろじろ見た。　　　　　〔INA15–10〕

（5）＊ホワイトは<u>パーセルが自分にそんな質問を聞く権利があるだろうかと思う</u>ようにパーセルをしばらく見た。　　　　〔INA15–26〕

　「思う」が疑問文を含む引用句を受けることは可能であるが、その場合疑問文は反語的な用法となり、問いかけの意味は持たない。自らへの問いかけを表すには「考える」「自問する」などを用いる必要がある。これらの誤用は述語となる語彙の理解が十分ではないことに起因するものと考えられるが、学習者の中で「ト」と「思う」の結束が「と言う」と同じように非常に強く、それを塊として使用することが少なからず自動化している可能性も否定できない。

　また2つの作文ではスタイルの問題も見られた。

（6）＊ホワイトは<u>パーセルがそんな質問をすることを受ける権利が**あります**</u>
<u>**か**と自問するの</u>ようにパーセルを見ていた。　　　　　〔INA15-24〕

　（6）で丁寧体語形が使われているのは、自分への問いかけの内容を示す引用句内であり、聞き手志向の丁寧体語形の使用は適切ではない。野田（2001）は、普通体語形は従属節内で使う文型として導入されるため、パターンとして使えるようになっても、本質的な用法の理解にはつながらず、普通体語形の運用は非常に日本語能力の高い学習者にも誤用が根強く残る問題であると言っている。また、Nakamura-Delloye and Omuro-Ito（2018予定）は普通体語形を使わなければならない場面で丁寧体語形を使用してしまう問題が特に問いかけ(情報要求行為)を引用する場合に顕著であることを指摘している。普通体語形を導入する際には、教師は機械的なパターン練習のみに満足せず、普通体語形の聞き手目当て・聞き手を考えない用法（野田2001）のどちらも含めた本質的な丁寧体語形との対立の理解を促す努力が重要である。

4.2.3　引用句を含む疑問語疑問文
　次の文は引用句内に疑問語が現れる疑問語疑問文を形成している。

<u>Où a-t-il cru qu'ils allaient</u> quand il leur a tiré dessus ?
彼らに向けて銃を撃ったら、<u>彼らがどこへ行くと思っていたんだ</u>。

　原文のフランス語は統語的に複雑で興味深い構造であり、その分析は研究者によって異なる (Le Goffic 1993, Grevisse 1993)。とはいえ、珍しい構造というわけではなく日常でもよく使われる表現である。日本語でも同様で、決して珍しい構文ではないが、統語的に特殊である。この構造に関し、藤田 (2000: 107) は、次のように述べている。

　この種の疑問詞疑問文について注目されるのは、引用句内の疑問詞は、引用句を越えて地の文の述語文末と呼応しているということである。つまり、地の文の述語末に疑問の「カ」があらわれるなら、それと呼応すると見られるのである。引用句の内と外とでは、表現のレベルが異なり、次のとおり、引用句内での疑問の係り要素は、引用句内で受け止められるのが普通である。
(36) 誰が来たかと尋ねた。

　ここで分析の対象となる文で考えると、「彼らがどこへ行く」という引用句内に「カ」は現れず、引用句内の疑問語「どこ」は引用句の外の文末まで係っていき、話し言葉という文脈を無視すれば「彼らが<u>どこ</u>へ行くと思っていたの<u>か</u>」というように文末に「カ」が現れる構造である。
　このような構造が学生に明示的に提示されたことはないはずであるが、分析の対象となった 21 の作文の中 11 の作文で (1) (2) のように疑問語が引用句内に現れ、文末の「カ」と呼応する構造が形成されていた。どちらの例にも時制など他の問題が含まれているがここでは助詞「カ」の位置のみを分析の対象とする。

（１）船長は銃を撃った時<u>彼等がどこへ行くと思った</u>んですか。

〔INA15–09〕

（２）彼らに撃ったとき<u>どこに行くつもりと思ってる</u>んだろうか。

〔INA15–20〕

　この約半数という数値は予想をはるかに上回った。これは学習者の自律学

習能力が高まっていることを示しているのではないだろうか。語学学習で
は、全ての文法規則を意識的に学ぶわけではない。レベルが進めば、無意
識のうちに習得してしまう事項もあるものと考えられる。母語の知識を活用
し見聞きしたことから意識的、あるいは無意識的に文法規則を推測し習得す
る。引用句内の疑問語が引用句を越えて文末に係る構造を正しく形成した学
生は、そのようにしてこの文法規則を習得したことが考えられる。しかしな
がら、やはり残り半数の作文では「カ」がさまざまな場所に現れ、学生の戸
惑う姿がうかがえる。

（3）＊彼はタヒチ人に発射した時、<u>タヒチ人がどこに行ったかと思いました</u>
　　　<u>か</u>。　　　　　　　　　　　　　　　　　　　　　　　〔INA15–32〕
（4）＊マック・ラウドはタヒチ人を狙って撃った時、<u>どこへタヒチ人が行っ</u>
　　　<u>たか思ったのですか</u>。　　　　　　　　　　　　　　　〔INA15–26〕
（5）＊ねらって撃った時にタヒチ島人は<u>一体何処へ行こうとしたのかを思っ</u>
　　　<u>ていたんですか</u>？　　　　　　　　　　　　　　　　　〔INA15–17〕
（6）＊彼はタイチ人を撃ったと<u>彼等がどこかに行くと思いましたか</u>。
　　　　　　　　　　　　　　　　　　　　　　　　　　　　〔INA15–22〕

　　引用句を含む疑問語疑問文は特殊な構造であり、教室で必ず教えるべき基
本的な文法規則というわけではない。しかしながら、母語話者であれば日常
的に使用する構造である。学習者が疑問に思った時や教師が説明に困った時
のためにも文法記述が必要であるが、この構造に関する記述は少ない。藤田
（2000）は専門的な研究書であり上級の学習者であっても難易度が高い。益
岡（1997）でも言及されてはいるが、関心は構造そのものではなく「カ」の
スコープに関する議論に集中している。中級・上級学習者、教師向けの平易
な文法記述の充実が不可欠であろう。

5　おわりに

　　学習者データの分析により、フランス語母語学習者における引用助詞

「ト」の習得に関わる問題の一端が見えたものと思われる。特に母語との比較、拡大解釈により混同されがちな格助詞句と「ト」引用句の根本的な質の違いを早い段階から学習者に提示する必要性を感じた。また、問いかけの発話や思考を文に組み込む際の引用句を受ける述語動詞の問題やスタイルの問題についても考察を行なった。特にスタイルの問題は上級になっても根強く残る問題であることが指摘されている。早い時期から普通体・丁寧体語形の対立の本質的な理解を促すことが重要である。そして、引用句を含んだ疑問語疑問文の構造など、さまざまなメカニズムをより詳細に解明し、実践の現場に貢献できるような体系的な記述を実現していくことが言語学的研究における課題である。

注

1　Authier-Revuz（1992）も、フランス語の直接話法・間接話法の違いに同様の対立を指摘している。Authier-Revuz も間接話法を通常の言語記号とするが、直接話法は自らの記号そのものを指す「Autonyme（自己指示語）」であるとしている。

調査資料

『中上級を教える人のための日本語文法ハンドブック』庵功雄、高梨信乃、中西久実子、山田敏弘、スリーエーネットワーク、2001

『現代日本語書き言葉均衡コーパス』国立国語研究所 http://pj.ninjal.ac.jp/corpus_center/bccwj/index.html

『「現代日本語書き言葉均衡コーパス」短単位語彙表 ver.1.0』国立国語研究所 http://pj.ninjal.ac.jp/corpus_center/bccwj/freq-list.html

『みんなの日本語初級 I・II』スリーエーネットワーク、1998

『みんなの日本語初級 I・II 翻訳・文法解説フランス語版』スリーエーネットワーク、1999

『日本語基本文法辞典』Seiichi Makino and Michio Tsutsui, The Japan Times, 1986

『日本語文法辞典　中級編』Seiichi Makino and Michio Tsutsui, The Japan Times, 1995

『初級ひらけ日本語　上・下』凡人社、2001

『初級ひらけ日本語　使用の手引き』凡人社、2002

『初級を教える人のための日本語文法ハンドブック』庵功雄、高梨信乃、中西久実子、山

田敏弘、スリーエーネットワーク、2000

参考文献

Austin, John Langshaw. (1962) *How to Do Things with Words: The William James Lectures delivered at Harvard University in 1955*, Oxford: Clarendon Press.

Authier-Revuz, Jacqueline. (1992) Repères dans le champ du discours rapporté. *L'Information Grammaticale*, 55: pp.38–42.

江口正 (1998)「引用節・間接疑問節と内容名詞句の共起関係について」『愛知県立大学外国語学部紀要（言語・文学編）』30: pp.325–344.

藤田保幸 (1997)「従属節「～カ（ドウカ）」再考」『滋賀大学教育学部紀要 II 人文科学・社会科学』47: pp.160–151.

藤田保幸 (2000)『国語引用構文の研究』和泉書院

Grevisse, Maurice. (1993) *Le bon usage : grammaire française*. Paris: Duculot, treizième éd. par André Goosse.

小林典子 (2001)「第 4 章　誤用の隠れた原因」野田尚史・迫田久美子・渋谷勝己・小林典子『日本語学習者の文法習得』pp.63–81. 大修館書店

Le Goffic, Pierre. (1993) *Grammaire de la phrase française*. Paris: Hachette.

益岡隆志 (1987)『命題の文法』くろしお出版

益岡隆志 (1997)『複文』くろしお出版

益岡隆志・田窪行則 (1989)『基礎日本語文法』くろしお出版

三上章 (1953)『現代語法序説』くろしお出版 (1972 復刊)

森山卓郎 (1988)『日本語動詞述語文の研究』明治書院

Nakamura-Delloye, Yayoi and Omuro-Ito, Fumi. (2018 予定) Difficultés autour de la particule to de citation : Notamment dans les constructions de discours rapporté en japonais. In Hiroko Oshima, Jean Bazantay and Rémy Porquier. (eds.) *Analyse des erreurs commises par des francophones apprenant une langue éloignée*. Paris: Lambert-Lucas.

日本語記述文法研究会 (2008)『現代日本語文法 6　第 11 部　複文』くろしお出版

野田尚史 (2001)「第 7 章　文法の理解と運用」野田尚史・迫田久美子・渋谷勝己・小林典子『日本語学習者の文法習得』pp.121–138. 大修館書店

渋谷勝己 (2001)「第 5 章　学習者の母語の影響」野田尚史・迫田久美子・渋谷勝己・小林典子『日本語学習者の文法習得』pp.83–99. 大修館書店

寺村秀夫 (国立国語研究所) (1981)『日本語の文法（下）』大蔵省印刷局

日本語の条件表現の理解・運用における難しさ

フランス人初級学習者の誤用例からの考察

牛山和子

1　はじめに

　日本語学習者に見られる誤用は、文法上のさまざまな誤りから文化的な要素を含むコミュニケーション上の不適切な表現に至るまで、学習者のレベルを問わず多岐にわたって観察され、誤用分析の範囲は非常に広い。本稿では[1]、こうした幅広い誤用分析対象項目から、日本語学習者 A2 レベル[2]（初級後半）が出合う日本語の４つの条件表現「ば、たら、なら、と」（以下「条件表現基本形」とする）を取り上げ、学習者に見られる誤用が何に起因するか、どのようなアプローチが初級学習者にとって有効かについて考察していく。また、条件表現が学習者の母語で基本的にどのように表現されているかを確認することも対照分析という観点から有用かと思われる。筆者が接するフランス語を母語とする学生たちの条件表現基本形習得における難しさも、その一部は日仏対照分析の観点から説明できるのではないかと考える。

2　先行研究

　日本語の条件表現については、条件表現のそれぞれの特徴や形式の分化についての研究（益岡 1993/2002、2006、2007）、プロトタイプ論的アプローチに基づく考察（有田 2006a）、母語話者による条件表現の使い分けに関する調査（ソルヴァン・前田 2005、矢島 2012、ニサンサラー 2015）など、多くの研究がなされている。日本語学習の観点からは、教師および学習者向けに、各条件表現がどのように使われるかを多くの例文と共に詳細に説明したグルー

プ・ジャマシイ（砂川（代表）1998/2003）や蓮沼・有田・前田（2001/2003）などがある。また、条件表現間の用法上の重なりや各表現に固有のモダリティ制約など、習得上の難しさに言及するものとして、Higashi（2003）、ソルヴァン（2006）などがあり、本稿での考察との関連も深い。本稿が取り上げる条件表現に特化したフランス人初級後半学習者の日仏対照誤用分析に関しては、筆者の知る限り見受けられないが、従属節のシ節に関する誤用分析として、秋廣・谷口（2014）の研究があり、日仏の主節－従属節構造に関わる対照研究として興味深い。次節では、日仏対照分析という観点から日本語の条件表現基本形の特徴を確認し、4節での分析・考察へと進めていく。

3　条件表現の位置づけ

3.1　フランスで出版された研究書および教科書に見られる定義・説明

　まず、条件表現をどのような位置づけで捉えるかを見ておきたい。本稿で扱う条件表現の4つの基本形をガルニエは著書『日本語の複文構造』(1994 細川・小出訳、フランス語原著出版1982）の中で「連続体2つ＝談話単位1つ」という枠組みで示し、「ば、たら、と」は「論理的・時間的従属」関係、「なら」は「結果の説明」であると記している。Shimamori（2000）も日本語の複文を扱う第4章で条件節を取り上げ、各条件表現について詳述している。また、日本語の条件節が仮定的な論理関係を示す以上に時間的な従属関係を表す傾向があることも指摘している。次に学習者に視点を移して、学習用教科書や解説書の条件表現の定義や説明を見ると、"la condition nécessaire pour qu'un évènement ou un fait se produise"（あるできごとやことがらが成立するために必要な条件）（スリーエーネットワーク 1999/2009: 62）という定義や、"En japonais, il existe quelques moyens linguistiques pour exprimer l'hypothèse équivalente de « si X, Y »."（日本語には « si X, Y » に相当する、仮定を表す言語的手段がいくつかある）（Higashi 2003: 76）という説明が最初になされている（括弧内の訳は本稿筆者）。

3.2　日本で出版された研究書などに見られる条件表現の定義・説明

　本稿2節で述べたように、日本語の条件表現に関する研究はその領域も研究対象も多岐にわたり、定義に関しても本稿との関連を明確に示すための紙面が必要となるため、ここでは対照研究の視点に立ち、日本人母語話者が日本語の条件表現をどう捉えているかを示した有田 (2006a: 3–5) の説明を見ておきたい。少し長くなるが、本稿で行う考察とも関連する箇所なので引用させていただく。

　　日本語の母語話者にとって「条件文」とは何をさすのだろうか。日本語学を専攻する大学生に尋ねてみたところ,「もし何々ならば何という文」という答えが返ってきた。ここで注目されるのは，彼らが条件文を意識的に,「もし」という陳述副詞,「ならば」という接続助詞，そして，その接続助詞によって結ばれる**二つの事態**によって特徴づけているという点である。しかしながら，同じ学生たちに,「それでは日本語の条件文の例をあげてみなさい」と言うと，先にあげた特徴づけからはずれる例がつぎつぎ現れる。(中略)まず，指摘しなければならないのは,「**れば**」「**たら**」「**なら**」という三つの形式が現れているという点である。日本語の母語話者は，これらの形式をいずれも条件を表す基本的な形式とみなしているのであろう。この三つの形式に「と」を加えた四つの形式が，条件を表す基本的な形式として分類されることが多い。(益岡・田窪 1992，高橋他 2005 など)
　　次に気づくのが,「もし」がある例とない例があるという点である。「もし」は，冒頭にあげた特徴付けにもかかわらず，日本語の条件文にとっては任意の要素だと言える。二つの事態間に成立する関係も決して一様ではない。(中略)日本語の母語話者は無意識のうちに,「れば」「たら」「なら」によって二つの事態間の何らかの関係を表す文を同じカテゴリーと捉え、それを英語の 'If p, then q.' に代表されるような条件文と同一視しているのである。

ここで注目したいのは、英語やフランス語において条件文とされる形式が 'If p,then q' ないし « Si X, Y » という大きな枠でまとめられるのに対し、日

本語の条件表現基本形は「れば・ば」「たら」「なら」の３つ、または先の３つに「と」を加えた４つに分かれ、それぞれの表現が従属節－主節という複文構造の中でさまざまな意味的関係を構築して現れるという点である。

3.3　「と」の条件表現としての側面（仮定性）について
日仏対訳文・翻訳文の観察から

　次節でのデータ紹介および分析・考察に入る前に、ここで「と」について少し考えておきたい。有田（2006a: 22）の説明にあるように、「と」を基本的な条件表現とみるかどうかは研究者によって異なる場合がある。しかし、蓮沼・有田・前田（2001 / 2003）のいう、「現在の時点である程度決まっていて、予測できるような出来事」を表わす場合には「と」が使われ、その中には「あなたが来てくださると、うれしいのですが。」（蓮沼・有田・前田 2001/2003: 40）のような仮定性を含む例文も見られる。また、「と」がフランス語でどのように表現されるかを見ると、先に述べた条件表現形式 « Si X, Y » が使われている場合がある。以下、学習用の教科書と日本の現代小説からフランス語訳のあるものをいくつか挙げ[3]、日本語文とフランス語訳を比較してみる。

表1　確実に実現する事態、予測的・仮定的事態を表す「と」の日仏文の対照

ある条件のもとで必ず成立する事柄を表す例	
日本語原文	フランス語訳 イタリック体、下線、（ ）、［ ］内の補足は本稿執筆者
20分ぐらい歩くと海が見えます。 （Higashi 2003 :105）	*Si* l'on *marche* environ 20 minutes, alors on *voit* la mer. ［Si ＋直説法現在＋直説法現在］
このボタンを押すと、お釣りが出ます。　（スリーエーネットワーク 1999/2006: 149）	Appuyez (*si* vous *appuyez*) sur ce bouton, la monnaie *sortira*. ［Si ＋直説法現在＋直説法単純未来］
「この三角形を二つくっつけると、更に物事は先に拓ける。［…］」 （小川 2005:109）	— *Si* l'on *accole* deux formes triangulaires, les choses s'*ouvrent* encore plus.　（Makino-Fayolle 2005: 100） ［Si ＋直説法現在＋直説法現在］
予測的事態とそれに伴う話者の判断・コメント・心情などを表す例	
「一番じゃないと賞金がもらえませんよね」　（小川 2005: 27）	— *Si* elle [la démonstration mathématique] n'*arrive* pas la première, vous n'*aurez* pas de prix, n'est-ce pas ? 　（Makino-Fayolle 2005: 28） ［Si ＋直説法現在＋直説法単純未来］

現在における仮定的事態とそれに伴う話者のコメント・心情などを表す例	
「叶えてやらないと、わたしたちも心残りだから」(片山 2006: 209)	—Nous *aurions* du mal à nous le pardonner, si nous ne le *faisions* pas.　　　　　　　(Brochard 2012: 195) [条件法現在 + Si + 直説法半過去] N.B. ここでは主節が先行しているため、条件法現在 + Si + 直説法半過去の順で提示されている

　表1のフランス語訳の下にある［　］内の表記は、各文に見られる « Si X, Y » 構文内の叙法と時制の組み合わせを示したものである。フランス語はこうした叙法と時制の組み合わせによって、必ず実現する事柄、実現が予測できることなどを［Si + 直説法現在 + 直説法現在］や［Si + 直説法現在 + 直説法単純未来］で表すことができる。また、最後の例では［Si + 直説法半過去 + 条件法現在］となっており、この組み合わせはフランス語では現在の事実に反すること、または現在の時点で未現実の事態を示す、仮定性が明示された表現形式である。こうした仮定を表す「と」が観察できること、また、実際の日本語教育の現場では通常「と」が条件表現の1つとして取り上げられることなどから、本稿では「と」も条件表現として扱っていく。

3.4　日仏の条件表現の非対称性

　フランス語の « Si X, Y » 構文は、前項であげた3種類の組み合わせに［Si+ 直説法大過去 + 条件法過去］の形式(過去における反実仮想)を加えたものが基本的な枠組みになる。こうした叙法と時制の組み合わせは一見複雑に見えるが、一度形式として理解できれば、日本語の「ば、たら、なら、と」を使って表現したいことは基本的にこの形式の中で表すことができる。条件節部分が si ではなく、前置詞句や副詞句によって表されることも多いが、意味内容は si 構文に置き換えることが可能である。このような « Si X, Y » に代表されるフランス語の条件表現の形式は、和佐 (2006) が示すスペイン語の体系と近い。使われる叙法と時制は「現実的条件文」(和佐 2006: 152)を除いて異なるが、叙法と時制の組み合わせで条件表現を表すという点では共通しており、これは条件表現の中に見られる日本語の時制体系[4]とはその性質を異にする。日本語母語話者のフランス語の条件表現の使用における誤用は、フラ

ンス語の叙法と時制の組み合わせを理解することによって徐々になくなって
いくと思われるが、フランス語を母語とする学習者は、母語では《Si X, Y》
という枠に納まるものが、日本語では、「ば、たら、なら、と」の4つの形
式に分かれていることを理解し、各表現間の用法上の重なりと個々の表現に
おける制約も理解した上で使い分けなければならない。たとえば、日本語で
は「と」を使って過去の事実に反する仮定的な状況を表すことはできず、発
話状況に応じて「ば」「たら」「なら」のいずれかを用いなければならない。
しかし、フランス語では過去における反実仮想は先に述べた［Si＋直説法
大過去＋条件法過去］という形式に集約される。また、日本語では、複数の
条件表現の使用が可能な場合、話者が選択する条件表現は、発話場面、発話
意図、構文やモダリティ上の制約などによって異なるが、フランス語では、
こうした違いは日本語のように表現形式としては現れないため、叙法と時制
の組み合わせに留意して《Si X, Y》形式の文を組み立てれば基本的に問題は
ない。フランス語母語話者にとって日本語の条件表現の習得が難しい理由の
1つは、このような点にあると思われる。以上の点を踏まえ、分析データを
見ていきたい。

4　データ観察・分析　条件表現基本形の使い分け

　フランス人学習者の条件表現基本形の誤用分析に際し、本稿では以下の3
つをデータとして用いる。

- ・フランス人学習者（初級後半A2レベル）36名の条件表現に関する問題
  文への解答（2学期の中間試験問題の1つとして出題）
- ・フランス人学習者と同じ問題文に対して日本語母語話者12名（日本語教
  師8名および日本人留学生4名）が選択した条件表現
- ・上記の問題文をもとに作成された40の条件表現文に対する日本語母語
  話者による適切さの判定

中間試験において学生に提示された問題は以下のとおりである。問題文

は、教科書などを参考に A2 レベルの学習者の到達目標の 1 つである日常生活の描写ができる（吉島・大橋他 2004 本稿注 2）という点を基準に作成した。

・指示文（原文はフランス語）：「- たら /- なら /- ば /- と」の中から一番適切だと思うものを選び、括弧の中の動詞を使って空欄を埋めてください。同じ形を 2 回以上使ってもかまいません。

（1）とても大きいチョコレートケーキを ...... クラスの友達と一緒に食べます。（もらいます）

（2）毎日六時に ...... 教会の鐘が鳴ります。（なります）

（3）イザベルさんが ...... みんなうれしそうです。（歌います）

（4）A ：すみません、エレベーターが来ないんですが。

　　 B ：あ、このボタンを ...... いいんですよ。（押します）

（5）英語を ...... この学校がいいですよ。（習います）

（6）この道を ...... グルノーブルの駅があります。（曲がります）

（7）春に ...... 中川さんの病気も治ると思います。（なります）

（8）パリのホテルに ...... このサイトから予約できますよ。（泊まります）

（9）この薬を ...... 運転はしないでください。（飲みます）

（10）すみません、500 円 ...... 貸してくれませんか。（あります）

　実際の解答用紙は、点線の長さや設問間の行間などを学生にとって見やすい形にし、読み慣れていない漢字にはルビを振り、指定の動詞は文の下に左寄せで提示した。また、文の意味が理解できないということのないよう、学生がまだ十分に使い慣れていない単語には意味もつけて提示した。

4.1　条件表現の選択　フランス人学習者の場合

　以下に示す表 2 は個々の学生が選択した条件表現の一覧である。表内の項目は、左から、各学生の「正答数」、「正答数および許容される解答数の合計」、「条件表現選択問題の得点」、「中間試験の総得点」、「各問題文に対して学生が選択した表現の一覧」の順で配置されている。1 から 10 までの問題番号欄で、条件表現が 2 列にまたがっているものは、縦列右側の表現が第 1

解答として期待されていたもの、左側にある表現は、同じく正答と判定されたものである。表内に正答マーク（○）のみが表示されている場合は、最も期待されていた表現を選んだということである。また、分析に先立ち、各学生の総合的な日本語のレベルと条件表現習得との相関関係などを知るため、学生を以下のように3つのグループに分けて観察した（以下 Grp.1、2、3 と略す）。

Grp.1　正答数　10問中7問以上の学生　8名（全体比約22%）
Grp.2　正答数　10問中5–6問の学生　16名（全体比約44%）
Grp.3　正答数　10問中3–4問の学生　12名（全体比約33%）

　表内2箇所の横軸の太線はグループごとの区切りを示している。尚、フランスの教育機関の慣例により、試験の点数は20点満点となっている。

表2　条件表現の選択　フランス人学習者36名の解答一覧

正解数	正解数＋△	条件表現成績/5	試験の総合成績/20	1 たら	2 たら	3 と	4 たら	5 なら	6 と/たら・ば	7 たら	8 なら	9 なら/たら	10 たら
9	10	4.8	16.6	○	○	○	○	○	○	○	○	○ Nara	△ Ba
8	9	4.5	15.1	○	○ Tara	○	△ To	○	○ Ba	○ Tara	○	× To	○
8	9	3.9	11.6	○	○	△ Ba	○	○	○	○ Tara	SFC	○ Nara	○
7	9	3.6	15.1	○	○ Tara	○ Tara	△ To	○	○	○ Tara	○	× Ba	○
7	9	3.9	15.0	× Ba	○	△ Tara	○	○	○	○ Tara	○	○	△ Ba
7	8	3.9	13.3	○	× Nara	× Nara	○	○	○	○ Tara	○	○ Nara	△ Ba
7	8	3.6	16.6	× Ba	○	○	○	○	○	○ Tara	○	× To	△ Ba
7	7	2.3	12.4	× To	○ Tara	○	○	○	○	○ Tara	× To	○ Nara	× To
6	8	3.8	16.7	× Ba	○ Tara	△ Ba	△ To	○	○	○ Tara	× Ba	○ Nara	○
6	8	3.6	12.0	× To	○ Tara	△ Ba	△ To	○	○	○ Tara	×	○ Nara	○

正解数	正解数+△	成績/5 条件表現	成績/20 試験の総合	1 たら	2 たら と	3 と	4 たら ば	5 なら	6 たら・ば と	7 たら ば	8 なら	9 たら なら	10 たら
6	8	3.4	13.5	× To	△ Ba	○	○ Tara	○		○ Tara	○	× Ba	△ Nara
6	7	2.9	11.4	× Nara	○ Tara	○	△ To	× Ba	○	○ Tara	○	× To	○
6	7	3.3	13.5	○	○	△ Tara	SR	× Ba	○	○ Tara	× Ba	○	○
6	6	1.5	9.2	× To	FD		○ Tara	○ Ba	×	○ Tara	× Ba	○	○
5	8	3.2	15.5	× Ba	○	△ Tara	△ To	○	○	○ Tara	× Ba	○ Nara	△ Ba
5	7	3.2	15.3	○	○	× Nara	△ To	× Ba	○ Tara	× Tara	○		△ Nara
5	7	2.9	13.5	○	△ Ba	FD	△ To	○	○	× To	○	× Ba	○
5	7	3.1	14.4	× Nara	○	△ Tara	× Nara	× To	○ Ba	○ Tara		○	△ Ba
5	7	3.0	15.9	× Ba	○	△ Ba	△ Tara	× Ba	○	○ Tara	○	× Ba	△ Nara
5	7	1.8	10.9	× Nara	△ Ba	△ Tara	○	○	○	× Tara	○	○	△ Nara
5	7	2.9	15.3	○	○	△ Ba	○	× Tara	○	× Nara	○	× To	△ Ba
5	7	2.9	13.7	○	○	△ Ba	○	× Tara	○ Tara	× Nara	○	× Ba	△ Ba
5	6	2.7	14.0	○	○	△ Ba	× Nara	× Ba	○	○ Tara	× Ba	○	△ Nara
5	5	2.3	9.5	× To	○	× Nara	○	× Tara	○	○ Tara	× To	× Nara	× To
4	7	3.0	13.5	× Nara	○ Tara	△ Ba	△ To	○ Tara	○	○ Tara	○ Tara	○	△ Nara
4	6	2.3	12.5	× Ba	○ Tara	SFC	△ To	○	○	○ Tara	× Ba	× Ba	△ Nara
4	6	2.6	14.0	○	○	× Nara	△ To	× Ba	○	○	× Ba	× To	△ Ba
4	6	2.6	15.3	× To	△ Ba	× Nara	△ To	× Ba	○	× To	○	○	○
4	6	2.4	9,5	× To	○ Tara	△ Ba	× Nara	× Ba	○	○	FD		△ Ba
4	5	2.5	12.8	○	○	× Nara	△ To	× Tara	○	× To	× Ba	× Ba	○
4	5	1.3	7.7	○	○	× Nara	△ To	× Ba	× Nara	× To	× Tara	○ Nara	○
4	5	2.1	14.3	SFC	○	△ Ba	△ To	× Tara	○	× To	× Tara	× To	○

正解数	正解数・△	成績/5 条件表現	成績/20 試験の総合	1 たら	2 と たら	3 と	4 ば たら	5 なら	6 たら・ば と	7 ば たら	8 なら	9 なら たら	10 たら
4	5	2.5	4.5	○	× Nara	△ Tara	○ Tara	× Ba	× Nara	○ Tara	× Ba	○	△ Nara
3	6	2.6	12.3	○	△ Ba	△ Tara	× Nara	× Tara	○	○ Tara	× Tara	× Ba	△ Ba
3	5	2.1	12.7	○	△ Ba	× Nara	△ To	× Ba	○	× Nara	× Tara	○ Nara	× To
3	4	2.0	12.2	× To	× Ba	× Nara	× Nara	× Tara	○		○ Tara	× Ba	

N.B.　○：期待されていた正答　/○ Tara など：第 1 正答以外の正答　△ Ba など：間違いとは言えないが不自然さが感じられる表現　/ × To など：不適切と判断される表現
FD: 規範外形式の使用　SFC: 条件表現不使用　SR: 未解答
略号 FD（Forme Déviante）SFC（Sans Forme Conditionnelle）SR（Sans Réponse）

　表 2 を見ると、条件表現選択問題における正答率が 7 割以上と高い Grp.1 の 8 名の学生中 5 名は、試験の総合成績と条件表現選択問題における成績がほぼ比例していると言えるが、Grp.2 と Grp.3 では、総合成績がかなりよい学生[5]でも条件表現選択問題での正答率が低い場合があることがわかる。総合成績が 20 点満点中 14 点以上で、条件表現選択問題の正答率が 5 割以下の学生を見ると、Grp.2 で 6 名、Grp.3 で 3 名の学生（全体比 25％）が該当し、日本語の初級後半の学習において安定したレベルに達しているといえる学生でも、条件表現の習得においてつまずくことがあるという結果が観察され[6]、条件表現基本形の習得の難しさが垣間見られる。以下の表 3 は、表 2 の結果を百分率で示したものである。ダーシで区切られた 3 つの数字は左から Grp.1-Grp.2-Grp.3 の順になっている。

表3　フランス人学習者による条件表現の選択　グループ別正答と誤用の割合

条件表現 選択問題	正答 第1解答として 期待されていた解答	○ 正答とした解答 △ 部分点を与えた解答	誤用と判定した解答
1. とても大きいチョコレートケーキを………クラスの友達と一緒に食べます。 （もらいます）	もらったら 17 62.5%-37.5%-50%		もらえば　6 25%-18.8%-8% もらうと　8 12.5%-25%-25% もらうなら　4 0%-18.8%-8%+SFC8%
2. 毎日六時に………教会の鐘がなります。 （なります）	なると 17 50%-56.3%-33.3%	○なったら（確定条件） 9 37.5%-18.8%-25% △なれば　7 0%-18.8%-33.3%	なるなら　2 12.5%-0%+FD6%-8%
3. イザベルさんが………みんなうれしそうです。 （歌います）	歌うと 7 50%-18.8%-0%	△歌ったら　9 25%-31.3%-16.7% △歌えば　9 12.5%-31.3%-25%	歌うなら　9 12.5%-12.5%+FD6%- 41.7%+SFC8%
4. A すみません、エレベーターが来ないんですが。 B あ、このボタンを………いいんですよ。 （押します）	押せば 10 75%-25%-0%	○押したら 4 0%-18.8%-8% △押すと 16 25%-37.5%-66.7%	押すなら　5 0%-12.5%+SR6%- 33.3%
5. 英語を………この学校がいいですよ。 （習います）	習うなら 15 100%-37.5%-8%		習ったら　8 0%-18.8%-41.7% 習えば　12 0%-37.5%-50% 習うと　1 0%-6%-0%
6. この道を………グルノーブルの駅があります。 （曲がります）	曲がると 30 87.5%-81.3%-83.3%	○曲がったら　2 0%-12.5%-0% ○曲がれば　2 12.5%-6%-0%	曲がるなら　2 0%-0%-16.7%
7. 春に………中川さんの病気も治ると思います。 （なります）	なれば 7 12.5%-18.8%-25%	○なったら（確定条件） 21 87.5-62.5-33.3%	なると　5 0%-6%-33.3% なるなら　3 0%-12.5%-8%

条件表現 選択問題	正答 第1解答として 期待されていた解答	○ 正答とした解答 △ 部分点を与えた解答	誤用と判定した解答
8. パリのホテルに …………このサイト から予約できますよ。 (泊まります)	泊まるなら 14 75%-43.8%-8%		泊まったら　9 0%-18.8%-50% 泊まれば　9 0%-31.3%-33.3% 泊まると　2 12.5%+SFC12.5%-6%- 0%+FD8%
9. この薬を………運転 はしないでください。 (飲みます)	飲んだら 11 12.5-37.5%-33.3%	○飲むなら　10 50%-25%-16.7%	飲めば　9 12.5%-25%-33.3% 飲むと　6 25%-12.5%-16.7%
10. すみません。 500円…………貸して くれませんか。 (あります)	あったら 14 37.5%-37.5%-41.7%	△あれば　11 50%-25%-25% △あるなら　8 0%-31.3%-25%	あると　3 12.5%-6%-8%

FD: 規範外形式の使用　SFC: 条件表現不使用　SR: 未解答
略号 FD（Forme Déviante）SFC（Sans Forme Conditionnelle）SR（Sans Réponse）

　結果を集計すると、Grp.1 の学生は 10 問中 6 問（2、4、5、6、7、8）で正答率（第 1 正答＋他の正答）が 75％から 100％となった。問題 2、6、7 は他の 2 グループでも正答率が高かったが、この 3 問はいずれも授業で類似の例文を見ていたことから、学生が定型表現のように覚えていた可能性もある。問題文 6 は特に正答率が高く、複数の正答を合わせて Grp.1 が 100％、Grp.2 が 99.8％、Grp.3 も 83.3％であった。しかし、Grp.2 と Grp.3 においては、10 の問題文中 7 文で正答率が 50％以下となっており、学習者が「ば、たら、なら、と」の各表現を適切に選択する難しさが見て取れる。表 2 および表 3 から総合的に確認できたことを簡単にまとめると以下のようになる。

・「たら」が 7 つの問題文に正答として当てはまり、そのうちの 6 つの問題文では、後述する母語話者による適切性の判定においても、全員一致で適切だとされている。
・学生の誤用のうち、「なら」と「と」に関するものが、それぞれ 6 つの問題文で確認された。「なら」は「たら、ば、と」のいずれとも混同されているが、特に「たら」や「と」との混同が多く、次いで「ば」との

混同が確認された。こうした結果から「なら」の運用範囲がかなり限定されていること、他の条件表現と交換可能な場合が限定されていることがわかる。このことは Grp.1 の学生にはほぼ理解されていたが、他の 2 グループの学生にとっては難しいようである。

・「と」も誤用例が多く、特に「たら」、次いで「なら」との混同が目立った。「と」の習得の難しさについては、ソルヴァン（2006）でも言及されている。

・3 つのグループを通じて正答率が 40% 前後だったのは、「たら」の選択が期待されていた問題文 10 で、Grp.1 では「ば」との混同、Grp.2 と Grp.3 では「ば」または「なら」との混同が多く見られた。

・「ば」の誤用では「なら」および「たら」との混同が見られた。

　こうした誤用の原因は、条件表現間の用法の重なりの中にある個々の条件表現の使用上の制約が第 1 に挙げられる他、3 節 3.4 項で見たように、学習者の母語であるフランス語と日本語の条件表現形式の非対称性が影響していることも考えられる。また、学習ストラテジーとして、学習者が条件節と主節のいくつかの組み合わせを定型表現として覚えている様子もうかがえる。先に触れた 3 グループを通じて正答率が高かった問題 6（この道を ...... グルノーブルの駅があります。（曲がります））は、そうした例の 1 つではないかと思う。また、問題 6 に関して、中間試験の採点時には、「ば」も正答であるとの判定をしたが、蓮沼・有田・前田（2001/2003: 9）では、「単なる状況の設定にはバは使われにくい」とされている。ただ、この文をあるコンテクストに入れて読めば、自然な表現と見なされるかと思う。教師は例文を出すときに、それがコンテクストなしで独立できる文か、コンテクストを必要とする文かということを意識する必要がある。試験問題中の問題文 3 はまさにその例で、この文は初級学習者にとっては意味がつかみにくい文だったと思う。また、問題 1 も陳述副詞「もし」を入れることでよりわかりやすい文になるだろう。条件表現別の誤用を見ると、「たら」は、その使用域の広さから誤用となる例は少ないが、「なら」との混同（前述）は Grp.1 を除いてかなり多い。また、「ば」「なら」「と」のそれぞれの用法を理解することは、

とくに A2 レベル到達過程にある学習者にとっては容易ではないことがわかる。

4.2　条件表現の選択　日本語教師と日本人留学生の場合

　本稿での分析の 2 つ目のデータは、日本語母語話者による条件表現の選択である。日本語教師 8 名と日本人留学生 4 名に、フランス人学習者が中間試験で受けた問題文を提示し、アンケートという形で回答してもらった。アンケート用紙はメールに添付し、Word 文書に直接回答を打ち込んでもらうという形式を用いた（アンケート I）。後述するアンケート II も同様の方法を取った。

　アンケート I の結果を見ると、10 の問題文に対して母語話者が最も適切な表現として選んだものは、4 節 4.1 項の表 2 で示した複数の正答にまたがる場合も見られたが、日本語母語話者の選択はほぼ一致しており、条件表現を選ぶ基準は共通しているように見える。しかし、問題 4 と問題 10 では、選択した表現に違いも見られた。紙面の関係で詳細は割愛するが、各条件表現の用法範囲やさまざまな制約に関する認識は母語話者間でも違う場合があることがわかった。この点についてさらに考察を行うため、次項では日本語母語話者による 40 の条件文の適切さの判定結果を見ていく。

4.3　日本語母語話者による条件文の適切さの判定

　アンケート II では、アンケート I で空欄になっていた箇所にあらかじめ「ば、たら、なら、と」を入れた計 40 の文を作成し、◎（最も適切）、○（適切）、△（間違いとは言えないが不自然）、X（不適切）の 4 つの記号を用いて判定をしてもらった。その結果 40 文中、約 1/3 にあたる 13 の文で 3 つ以上にまたがる判定のずれ、判定の揺れがあることがわかった。判定に揺れがあった 13 文の内訳は、「ば」が 5 文、「と」が 4 文、「なら」と「たら」がそれぞれ 2 文であった。この内、問題文 4 に関しては「ば」の選択が待たれていたが、4 節 4.1 項の表 2 にあるように中間試験の採点時には「たら」も正答とした。これは口語では「たら」が「ば」の代わりに使われることが多いということからの判定であったが、意見が分かれるところかもしれない。

尚、この点に関する母語話者の判定は◎ 2、○ 8、△と×が各 1 名であった。本稿のデータは日本人日本語教師 8 名、日本人留学生 4 名の小規模なものであり、また 4 つの条件表現基本形を使い分けるとされる関東出身の標準語（共通語）話者[7]は 12 名中 3 名であることから、母語話者の出身地と適切さの判定との相関性について断定的なことは言えないが、関東地方出身者 3 名の条件表現の適切さの判定を見ると、3 者間で揺れがあったのは 40 文中 12 文で、その内 9 文は揺れ幅が 1 と小さかった。また、この 9 文中 7 文では母語話者全体の揺れが 3 から 4 と大きいことから、関東地方出身の標準語（共通語）話者間の判定のずれは小さいと言えるかもしれない。しかし、ここで大切なことは、出身地のいかんを問わず、各教師が条件表現の用法をしっかりと理解し、学生への条件表現の導入、例文作成時の留意点などを明確に意識しておくことであろう。

　次に考えられるのは条件節と主節の関係である。日本語の条件文の習得上の難しさには主節におけるモダリティ制約も大きく関わっていることは先行研究（ソルヴァン 2006 など）でも取り上げられている。本稿執筆者が A2 レベルの学生に提示した 10 の条件文の内、主節に意志、助言、依頼などのモダリティを含むもので母語話者間の判定の揺れ幅が 2 以上あったのは、意志のモダリティ[8]を含む問題文 1（揺れ幅 3）と依頼のモダリティを含む問題文 10（揺れ幅 2）であった。ここでも紙面の関係上、詳しい説明は割愛するが、日本語母語話者が条件表現をあるコンテクストに当てはめて読んでいることが考えられる。例えば、問題文 10（すみません、500 円 …… 貸してくれませんか。（あります））では、「ば」と「なら」を入れた文に対する判定の揺れが大きかった。個別的事態の仮定を表す「500 円あったら」は教師 1 名が○の他全員が◎であり、揺れは見られない。これに対して、「500 円あれば」は適切さの判定が◎から×まで 4 段階に分かれた。「500 円あるなら」は教師 1 名が×の他、教師 5 名と学生 3 名が△、教師 2 名と学生 1 名が○であった。「500 円あるなら貸してくれませんか」は、相手が 500 円を持っていることを前提にしたもので、コミュニケーション機能としては相手への批判といった意味合いも生じる。問題 10 で「なら」を選ぶためにはこうしたコンテクストに文を当てはめることが必要で、A2 レベルの学生にはまだ難しい作業

だと思われることから、問題文 10 で学生が「なら」を選んだ場合は、「不適切な表現」（誤用）と判定するのが妥当だったかもしれない。

　次に日本語母語話者間の判定の揺れがない、または揺れ幅 1 のものを見てみると、「なら」に関する判定が安定している（問題文 5、8、9[9]）ことが確認された。母語話者にとって「なら」を含む条件文は、用法範囲の理解において「安定した条件表現形式」といえそうである。「なら」の他に日本語母語話者間で適切さの判定が安定しているものは、個別的な仮定を表す「たら」、時間的関係（確定条件）を表す「たら」、一般的、習慣的関係を表す「と」、定型的な表現「動詞＋ばいい」であることがわかった。ただし、「英語を習えばこの学校がいいですよ」のような形（問題文 5 を参照されたい）は容認されない。しかし、本節 4.1 項の表 3 からもわかるように、Grp.2、Grp.3 の学生の多くが問題文 5 や 8 で「ば」や「たら」を選択しており、構文やモダリティ上のさまざまな制約が学習者の誤用につながっていることがわかる。

　ただ、ソルヴァン（2006: 174）も述べているように、こうした構文上、用法上の制約のすべてを学習者が理解することは難しく、母語にはない 4 つの形式を理解していく作業は、認知的な負担も大きい。特に条件表現間の用法の重なりとその中に現れる話者の発話意図を十分に理解することは、A2 レベル到達過程にある学習者にとっては容易ではないと思われる。次節では、日本語とは非対称的な側面を持つフランス語を母語とする学習者に、どのように日本語の条件表現を提示していけばよいか、どのようなアプローチが効果的かについて考えたい。

5　日本語の条件表現の特徴をどう伝えるか
コミュニケーション機能とコンテクストに基づくアプローチの試み

　本稿では、これまでに、日本語とフランス語の条件表現形式における非対称性、フランス人学習者（初級後半、A2 レベル）の誤用および習得が難しい条件表現の確認、条件表現の適切性の判定における日本語母語話者間の揺れ、条件文とコンテクストの関係の重要性、構文またはモダリティの制約による学習上の困難点などについて言及した。その過程で、学習における認知

的負担を減らし、学習者がコミュニケーションの手段として日本語の条件表現基本形を運用できるようになる方法を模索してきた。いまだ試案の域を出ないが、ここで A2 レベルの学習者のための「コミュニケーション機能とコンテクストに基づくアプローチ」について簡単に説明したい思う。これは、コミュニケーション活動における各条件表現の中心的な役割に着目したアプローチである。以下の表4は、先行研究から得た知見、3節3.3項で触れた日本語の現代小説とその翻訳文の対照観察から得た考察および4節での誤用分析・考察をもとに作成したものである。次いで、この表をもとにした条件表現基本形導入のためのアプローチの枠組みを紹介する。尚、条件節には、A2 レベルの学習者にとって身近な個別的な事態を選び、「なら」には、その特徴を理解してもらうため、例文の前にコンテクストを付した。また、学習者の認知的負担を減らし、各条件表現の特徴をわかりやすく示すため、表4の後に紹介する「コミュニケーション機能とコンテクストに基づくアプローチ」導入の枠組みは初級学習者向けに、極めて単純化された形となっている。

表4　条件表現基本形のコミュニケーション機能

	たら	ば	なら	と
コミュニケーション上の中心的機能	仮定の提示 時間・期日の提示	解決策の提示	範囲を限定した情報の提示	状況の提示
主節に現れる発話のタイプ	陳述	「因」と呼応する情報	状況に即した助言	確実な情報 忠告・警告
主節に現れるモダリティ例	意志	助言（解決策）	助言（情報）	忠告・警告
用法上の制約		×　ば + « DIOOR *» ○「たら」を使う		×　と + « DIOOR » ○「たら」を使う

* DIOOR：学習者が記憶しやすいよう、以下のフランス語の頭文字を組み合わせて作った筆者の造語である。Demande 依頼 Intention 意志 Obligation 義務 Ordre 命令。Requête(＝Demande) 嘆願・依頼。フランスの大手服飾・化粧品メーカー「Dior」に掛けて命名した。N.B. 状態動詞＋ばの用法については別立てで学生に説明する。

◆「コミュニケーション機能とコンテクストに基づくアプローチ」導入の枠組み
―「たら」

・用法 1　仮定的な状況＋たら――自分の思っていることを言う・相手が
　　　　　思っていることを聞く

・用法 2　時間的にこれから起こること＋たら――次に起こること、次にし
　　　　　たいことを言う

・コミュニケーション活動：自分がしようと思うことを言う
　　　　　　　　　　　　　　相手に何か提案したり頼んだりする

例1a：明日晴れたら山に行きます。／　例1b：明日晴れたら山に行きませんか。

　　1.a　S'il fait beau demain, je pense aller à la montagne.

　　1.b　S'il fait beau demain, ça vous dirait d'aller à la montagne ?

例2a：4時になったら少し休みます。／　例2b：4時になったら少し休みましょ
う。

　　2.a　À 4 heures (quand il sera 4 heures), je ferai une petite pause.

　　2.b　À 4 heures (quand il sera 4 heures), reposons-nous un peu.

――「ば」

・用法　必要条件＋ば――解決策を伝える

・コミュニケーション活動：一番いい解決策だと思うことを相手に伝える

例　　A：このコピー機の使い方がわからないんですが…

　　　B：ああ、このボタンを押せば使えますよ。

　　　A：Je ne comprends pas comment utiliser cette photocopieuse...

　　　B：Ah, vous pouvez l'utiliser, (seulement) si vous appuyez sur ce bouton.

　　　　　Ah, il suffit d'appuyer sur ce bouton pour l'utiliser.

――「なら」

・用法　特別な状況＋なら――情報を伝える

・コミュニケーション活動：相手に役立つ情報を伝える

　❧コンテクスト：～さんはおいしい寿司を食べたがっています。

　　なにかいいアドバイスをしてください。

例：おいしい寿司が食べたいなら、駅前の店（レストラン）がいいですよ。

　　Si vous voulez manger de bons sushis, je vous conseille le restaurant en face de
la gare.

――「と」

・用法 1　事実や習慣＋と──必ず起こることを言う

・用法 2　ある行動＋と──忠告(警告)をする

・コミュニケーション活動：こうするとこうなる、と相手に教える

例 1：この山に登ると富士山がよく見えます。

Si on escalade cette montagne, on voit bien le Mt. Fuji.

Si on va au sommet de cette montagne, on voit bien le Mt. Fuji.

例 2：お酒を飲みすぎると病気になりますよ。

Si vous buvez / Si vous prenez trop d'alcool, vous tomberez malade.

6　おわりに

　本稿では、まず、語彙体系、文法体系、表現形式などにおいて言語的に遠いとされる日本語とフランス語を条件表現という枠組みで比較対照し、両者がもつ形式上の非対称性について概観した。次に、先行研究から得た知見と本稿で提示した 3 つのデータをもとに、フランス人学習者(初級後半 A2 レベル)の日本語の条件表現基本形習得における難しさが何に起因するかについて考察を行った。また、日本語を母語とする教師、学生から得たデータからは、条件表現の使い分け、使用範囲に関する認識が日本語母語話者間でもときとして大きく異なることがわかった。こうした点も踏まえ、学習者、とくに A2 レベルのフランス人学習者に対する条件表現基本形の導入は、簡潔でわかりやすく、実際のコミュニケーション場面を設定して提示することが必要だと考え、「コミュニケーション機能とコンテクストに基づくアプローチ」の提言を試みた。各条件表現の基本的な機能や使用場面、発話意図などを十分に理解することで、学習者が母語とは違う広がりをもった日本語の条件表現基本形の枠組みを知り、「ば」「たら」「なら」「と」を適切に使うための基礎を築いていけるのではないかと考えている。本稿での考察および分析にはさらに検討を加えるべきところも多いが、フランス語を母語とする学習者が日本語の条件表現基本形「ば・たら・なら・と」を適切に使ってコミュニケーション活動を広げていけるよう、考察を深めて行ければと思う。

注

1　本稿は、フランス国立東洋言語文化大学 (INALCO) の研究機関である Centre d'Études Japonaises に属する誤用研究グループ主催の 2 つのセミナー (2014 年 10 月および 2015 年 8 月) での発表をもとに、筆者の現在までの考察を加えて執筆したものである。

2　ヨーロッパ言語共通参照枠 (CEFR) における A2 レベルの記述 (吉島・大橋他 2004: 25) などを参照されたい。

3　日本語の現代小説とその翻訳本をもとにした「と」に関する考察の一部は、誤用研究グループ主催の第 2 回セミナー (2015 年 8 月) で発表した。資料とした 2 冊の小説からは、計 282 の「と」を含む文を収集した (引用の「と」は除く)。小説に見られる条件表現とそのフランス語訳を通しての「と」、さらに「ば」「たら」「なら」の用法に関する対照分析は、稿を改めて行いたい。

4　日本語の条件表現と時制 (「時制節性」) に関する研究については、有田 (2006b: 127–150) を参照されたい。

5　フランスの大学おける一般的な評価は 20 点満点で行われ、16 点以上が最高評価の Très bien になり、GPA 制度の秀 (100 点満点中 90 点以上) と優 (80 点以上) に当たる。また、フランスの大学においては通常 10 点以上が合格であることから、14 点以上 (GPA 制度の良) はかなり良い成績として評価される。

6　試験における総合成績が低く、条件表現選択問題の成績がいい学生も見られたが、これは後者の出題形式 (4 択式) との関連も考えられるかと思う。

7　この点に関する先行研究は、ソルヴァン・前田 (2005) を参照されたい。また、大阪における条件表現の使用に関する研究として、矢島 (2012) がある。

8　問題文 1 は、読み手の解釈によっては説明文と理解されるかもしれない。本文で述べたように、文頭に陳述副詞「もし」を付けるなど、コンテクストを明示することが必要であったと思う。

9　問題文 9 で最も適切と判定された表現は「たら」であるが、「なら」もすべての母語話者によって適切であると判定された。

参考文献

有田節子 (2006a)「条件表現研究の導入」益岡隆志編『条件表現の対照』pp.3–28. くろしお出版

有田節子 (2006b)「時制節性と日英語の条件文」益岡隆志編『条件表現の対照』pp.127–150. くろしお出版

Brochard, Vincent (trad.) (2012) *Un cri d'amour au centre du monde* (Titre original : Katayama, Kyoichi. (2001) *Sekai no chushin de ai o sakebu*, Tokyo : Shogaku kan), Paris : Presses de la cité.

ガルニエ・カトリーヌ (1994)『日本語の複文構造』細川英雄・小出美河子 (訳)（原著：La phrase japonaise: structures complexes en japonais moderne (1982), Paris: Publications Orientalistes de France.）ひつじ書房

蓮沼昭子・有田節子・前田直子 (2001/2003)『日本語文法セルフマスターシリーズ7　条件表現』第3刷．くろしお出版

Higashi, Tomoko. (2003) *Parlons japonais Tome II.* Grenoble: Presses Universitaires de Grenoble.

片山恭一 (2001)（2006 文庫版）『世界の中心で愛をさけぶ』小学館文庫

Makino-Fayolle, Rose-Marie. (trad.) (2005) *La formule préférée du professeur* (Titre original : Ogawa, Yoko. (2003) *Hakase no aishita sushiki*, Tokyo : Shinchosha), Paris : Actes Sud.

益岡隆志 (1993/2002)「条件表現と文の概念レベル」益岡隆志 (編)『日本語の条件表現』pp.23–39. 第4刷．くろしお出版

益岡隆志 (2006)「日本語における条件形式の分化―文の意味的階層構造の観点から」益岡隆志 (編)『条件表現の対照』pp.31–46. くろしお出版

益岡隆志 (2007)『日本語モダリティ探求』くろしお出版

益岡隆志・田窪行則 (1992)『基礎日本語文法―改訂版―』くろしお出版

小川洋子 (2003)（2005 文庫版）『博士の愛した数式』新潮文庫

Shimamori, Reiko. (2000) *Grammaire japonaise systématique* (2ᵉ Édition revue et augmentée), Paris : J. Maisonneuve.

砂川有里子 (代表)・駒田聡・下田美津子・鈴木睦・筒井佐代・ベケシュ＝アンドレイ・森本順子 (1998/2003) グループ・ジャマシイ (編著)『教師と学習者のための日本語文型辞典』第9刷．くろしお出版

スリーエーネットワーク (編著)（1999/2006）第7刷.『みんなの日本語初級 I 翻訳・文法解説フランス語版』スリーエーネットワーク

スリーエーネットワーク (編著)（1999/2009）第9刷.『みんなの日本語初級 II 翻訳・文法解説フランス語版』スリーエーネットワーク

ソルヴァン・ハリー (2006)「日本語学習者における条件文習得問題について」益岡隆志 (編)『条件表現の対照』pp.173–193. くろしお出版

ソルヴァン＝ハリー・前田直子 (2005)「「と」「ば」「たら」「なら」再考」『日本語教育』125 号 pp.28–37. 日本語教育学会

高橋太郎他著 (2005)『日本語の文法』ひつじ書房

吉島茂・大橋理枝 他 (2004)（訳・編）『外国語教育 II 外国語の学習、教授、評価のためのヨーロッパ共通参照枠』（原著発行者および原著：Steering Committee for Education Language Policy Division (2001/2002) *Common European Framework of Reference for languages: Leaning, teaching, assessment.* 3rd printing. Cambridge: Cambridge University Press.）

和佐敦子（2006）「スペイン語と日本語の条件表現―叙法と時制の観点から―」益岡隆志（編）『条件表現の対照』pp.151–171. くろしお出版

Web ページ

秋廣尚恵・谷口龍子「フランス語と日本語の従属節についての一考察　―フランス人日本語学習者の「シ」節使用を例に―」東京外国語大学学術成果コレクション Prometheus-Academic Collections』« http://repository.tufs.ac.jp/?lang=ja »«http://repository.tufs.ac.jp/handle/10108/82745»（作成年 2014）« http://repository.tufs.ac.jp/bitstream/10108/82745/1/jer2010_06.pdf »2017.7.12

ニサンサラー・セッワンディ「日本語の条件表現における「ば」、「たら」、「と」形式」『広島大学学術情報リポジトリ Hiroshima University Institutional Repository』« http://ir.lib.hiroshima-u.ac.jp/ja »（http://ir.lib.hiroshimau.ac.jp/files/public/3/38675/20151225142721939016/ReportJTP_30_42.pdf）（発行年 2015）2017.7.10

矢島正浩「上方・大阪語における条件表現の史的研究」『東北大学機関リポジトリ TOUR Tohoku University Repository』« https://tohoku.repo.nii.ac.jp/ » （L2H230276.pdf）（発行年 2012）2017.9.2

初級学習者に見られる複文の誤用

中島晶子

1 はじめに

　初級レベルの語彙や文法項目を知識として身につけた学習者は、必要に応じて辞書を使い、書かれた物の大意が理解できるようになり、単純な構造の文の産出もほぼ問題なくできるようになるが、複文を産出する際には、特に誤用が見られたり、なかなか実際には使えないといったことがある。フランスで日本語を学習する初級者の場合、比較的長い文を書く時にどのような困難点があるかを知るために、学習者が仏文和訳の試験で書いた翻訳文の誤用例を分析した。ここでは、複文中の節をつなぐ接続表現自体を知らないといった語彙知識に起因するものは対象にせず、構文に関わる困難点を取り上げる。その結果、主な誤用例として節のつなげ方に関する誤用、連体節に関する誤用、語のかかり方に関する誤用があることがわかった。以下では、それぞれの誤用が何に起因するかを分析し、複文の産出に関してはどのような点に注意することが必要かを考察する。

2 先行研究

　文の産出に関わる誤用分析については、どのようなものが習得困難であるのか、また、どのような母語干渉があるのか、そして、どのような学習方策が効果的であるのかといった観点から、さまざまな目標言語について研究されてきた。

　原沢 (2012) は、異なる母語をもつ 15 名の日本語初中級学習者の作文を対

象に誤用分析をし、誤用の頻度を数値で示している。それによると、単文の構造に関わる誤用が 30%、述語に関わる誤用が 19%、複文の構造に関わる誤用が 29%、語彙表現に関わる誤用が 22% 見られ、文の構造に関わる語用例が全体の約 60% に上っていた。また、既習文法表現の中でも実際に使っているものはかなり限定されていると指摘している。

　一方、守屋（2014）は日本語を母語とする中高生の英語作文の誤用を分析し、関係詞構文や同格節構文など構文のタイプによって誤用の傾向が異なることから、目標言語の文の産出において母語の干渉があることを示唆している。

　本稿では、フランスで日本語を学習する初級者の書いた仏文和訳文をもとに、日本語の構文に関わる誤用の分析を通して、文の産出においてどのような困難点があり、それに対してどのような方策が必要なのかを見ていく。

3　調査の概要

　構文に関わる誤用は特に長い文を書く時に見られる。そこで、初級後半の学習者による仏文和訳文のなかから、複文の文構造に関わる誤用を取り上げ、どのようなものがあるかを調べた。

　まず分析に翻訳文を扱う理由について述べる。フランスの教育機関ではフランス語文を目標言語に訳したり、目標言語の文をフランス語に訳したりする翻訳の授業が初級から外国語学習のプログラムに組み込まれていることが多い。日本語教育においても、仏文和訳の練習問題をしたり、試験を受けたりすることは学習者にとっても定着した学習の形であると言うことができる。本稿で取り上げる仏文和訳の問題文は、既習の語彙と構文を使って、意味が伝わる日本語が書けるかどうかを見るための到達度テストとして出題された試験問題である。したがって、翻訳技術自体に重点をおいて評価するという性格のものではない。原文の構文を大きく変えて訳す必要がある場合は日本語訳に使う構文のヒントが与えられており、それ以外は、原文にできるだけ近い語彙や構文を使って訳すことが求められている。このような問題は、総合的な産出能力、言語運用能力を測る実力テストとしては限界がある

ものの、使うべき語彙や構文がフランス語文の中に示されていることから、学習項目がどれだけ身に付いているかを測る到達度テストとして有効な面がある。この調査で翻訳文を扱うのは、翻訳が学習者となじみのある産出活動の一つであることと、文構成に関わる誤用や習得の度合が比較的見えやすいことが理由である。

　対象となる学習者はフランスの大学2年に在籍する日本語主専攻の学生である。この学年では『みんなの日本語』を基本教材として初級後半の文法項目（初級28課から中級3課まで）を学習しており、日本語能力試験のほぼN4級レベルに位置づけられる。扱う翻訳文は、2014–2015年度に行った4回の試験の答案のうち、翻訳部分が合格点に達している124枚である。合格点以上の答案に限定したのは、同じ学年でもレベルにかなりのばらつきがあることを考慮してのことである。さまざまな理由で授業に来られず習得が不十分な学習者もいるため、そのようなケースは除き、ある程度同じレベルの学習者に対象を絞って分析する。

4　節のつなげ方に関する誤用

　まず、節のつなげ方に関する誤用を取り上げる。翻訳問題では、学習者が文の構造をきちんと理解し、節をつなげて複文を組み立てることができるかを見るために、問題文にある複文を訳す時には、単文に切って訳すのではなく、複文で訳すように指示している。このようにして訳された複文のなかには、比較的単純な構文であっても、節のつなげ方を間違えているものが見られた。

（1）仏文：J'ai entendu dire que l'on peut voir diverses expositions à la Fondation Louis Vuitton, ouverte le mois dernier dans le Bois de Boulogne, et je suis allé les voir avant-hier.

　　　和訳：先月ブーローニュの森にできたルイ・ヴィトン財団でいろいろな展覧会が見られると聞いて、一昨日見に行った。

　　　　　　　　　　　　　　　　　　　［訳を与えた未習語：森、財団］

　学習者の翻訳例：

a. ［…］ルイブイトンの<u>財団</u>にいろいろな展らん官を<u>見えると聞った</u>、<u>そして、見に行った</u>。

b. ［…］ルイスウィトンの財団でいろいろな (exposition) を見ることが出きると<u>聞いた</u> <u>それで</u> おとといはそれを<u>見に行きました</u>。

　　　　　　　　　［注：訳文中のフランス語は学習者によるもの］

　問題文で節と節の間に使われている接続詞 et は、意味的には助詞「と」に対応するものだが、日本語では節をつなぐにはこの「と」は使えず、従属節の動詞「聞いた」(ai entendu) をテ形にするか、理由を表す接続表現「から」などを従属節に付け加えなければならない。それをした上で、学習者の翻訳にあるように「そして」や理由を表す「それで」などを挿入することもできるが、これらは文法的に必要であるわけではない。

　学習者の翻訳例では、接続詞 et に対応する意味をもつ「そして」や「それで」が使われているが、これらの接続表現は主に文頭で使われ、文中に挿入されることがあっても、「から」のように節と節をつなげる文法的なはたらきはないため、このような接続表現を使うだけでは誤用となる。この誤用は、接続表現のなかで節と節をつなぐはたらきのあるものとないものを区別していないことに原因があると見られる。

　また、従属節の動詞 ai entendu（聞いた）の翻訳例を見ると、問題文にならって動詞を過去形にしているが、次の節につなげられる形にせず文末で使うような形のまま、それに主節を続けており、誤用となっている。上で述べたように、従属節の述部をテ形にしたり、節と節をつなぐはたらきをもつ「から」などの接続表現を使うなどしなければ、単に文を列挙した形となり、話し言葉としてもつたない文になる。

　こうした節のつなげ方に関する規則はフランス語に類似するものがないため、なかなか定着しにくいポイントとなっている。例えば、フランス語では (1a) のように言えるし、接続詞 et は「そして」のように文頭でも使え、「から」のように節と節をつなぐこともでき、その際に従属節の動詞の形を変える必要はない。そのため学習者は、日本語でも同じように動詞の形を変えず

に節をつなげることができると考えたのだと思われる。学習者はテ形も使えるし、理由を表す接続詞「から」も知っているのだが、これらを翻訳に使わなかったことから、節と節をつなげる際の規則ややり方を十分に理解していないということがわかる。

　同様の誤用は、対立を表す接続詞 mais を使った問題文の翻訳にも見られた。

（２）仏文：Au Japon, <u>on a</u> l'habitude de manger des *soba* le 31 décembre au soir,
　　　　　　<u>mais on ne sait pas</u> très bien pourquoi (ce sont) des *soba*.

　　　和訳：日本では 12 月 31 日の夜にそばを食べる習慣が<u>あるが、</u>どうしてそばなのかあまり<u>知られていない</u>。

　　　学習者の翻訳例：

　　a.　日本で、一十二月三十一日の夜にノーバーを食べることが<u>なれる、</u><u>が</u> どうしてノーバーかよく知らない。

　　b.　日本では、十二月三十一日の晩にそばを食べる習慣が<u>ある、でも</u>何でそばを食べるかあまり<u>知らない</u>。

　問題文では節と節の間に接続詞 mais が使われているので、それに対応する日本語の接続表現を選ばなければならない。既習の表現のなかで、対立を表し、節をつなぐことができる接続表現には、従属節の述部の形を変えずに直接節に後続できる「が」や「けど」がある。なお、こうした対立を表す接続表現のあとは読点が置かれることが多い。一方、「が」や「けど」と同じような意味をもっていても「しかし」や「でも」などは、節と節の間に読点を介して挿入することはできても、それだけで節と節をつなぐ構文的なはたらきがあるわけではないため、これらを使うだけでは誤用となる。

　学習者の翻訳例を見ると、いずれも従属節述部が単文のような文末の形で、さらに、接続表現が従属節と離されて主節の頭に置かれている。(2a)では接続表現に「が」を使っているが、位置を間違えており、(2b)では位置の問題に加え、複文中の節と節をつなぐ構文的なはたらきをもたない「でも」が使われている。

　接続表現の選択や位置に関わる誤用は、フランス語の語彙や構文との混同

に起因していると考えられる。フランス語の接続詞 mais は文頭で使われる
ほか、文中でも節と節との間に置いて節をつなぐものとして使うことがで
き、その際に従属節の述部を変える必要もない。このようなフランス語から
の類推で訳し、日本語との違いに留意しなかったのだと考えられる。日本語
の接続表現の意味は知っているにもかかわらず、例（1）の誤用と同様に、節
と節をつなげる時の規則とやり方について理解が十分でなかったために誤用
となった例である。

　学習者には節と節のつなげ方に関して、次の点に注意を促す必要がある。
まず、複文を単文に分けて読点をつけてつなげただけの言い方は、文の列挙
という形式でないかぎり誤用であり、話し言葉であってもつたない言い方を
している印象を与えてしまうという点である。そして接続表現の位置につい
ては、フランス語と日本語では語順が異なり、日本語の助詞が名詞に後続す
るように、日本語の接続表現は従属節に後続し、したがって読点は接続表現
の後に入れるという点である。最後に接続表現の選択については、節と節を
つなげる機能があるものとないものを区別するという点である。

5　連体節に関する誤用

　次に、フランス語の関係節を訳す際に見られた誤用を取り上げる。フラン
ス語には連体節のような構文はなく、先行詞のあとに必ず関係代名詞が関係
節を導くために使われる。連体節に関しては、文を理解する上で問題はなく
とも、文の産出においては、なかなか使いこなせないという学習者が少なく
ない。

　同じ複文のなかでも、話し言葉では接続表現を使った副詞節のほうが聞き
手にはわかりやすい文となることが多いが、書き言葉では連体節はよく使わ
れる形である。特に、中級に進んでから読むような改まった文章には、長い
連体節を含んだ文がよく見られる。そのため初級後半では、連体節を使うこ
とにも慣れるように、長めの連体節を書かせる翻訳問題を取り入れている
が、フランス語で連体節に対応する構文が使われていても、訳す際には学習
者が接続表現を補って副詞節の形に直して訳す傾向がある。その方がわかり

やすい文になることもあるので、構文を変えること自体は問題にはならない。しかし、それが連体節を使えないための回避手段であったり、構文を変えることで誤用を招いていたりすることも少なからずある。学習者の翻訳文における連体節の誤用あるいは回避にはさまざまなパターンが見られたが、連体節を使い慣れていないことを示唆するものもあった。

　最初の例は複文の作り方としては誤訳ではないが、副詞節やテ形など学習者がよく使う構文の傾向を示している。

（3）仏文：Bon marché et faciles à faire, les *soba* sont un plat populaire depuis l'époque d'Edo.
　　　和訳：安くて作るのが簡単なそばはえど時代から人気の食べ物だ。

[訳を与えた未習語：時代]

　　　学習者の翻訳例：
　　　a.　安くて作り方が簡単なので、えど時代から そばは有名な食べ物なんだ。
　　　b.　安いし作り方が簡単だし、えど時代からそばは人気があるめしだ。
　　　c.　安くて作る方が簡単で、そばは江戸時代から人気がある食物だ。

　問題文では、主語「そば」を修飾する形容詞節「安くて作り方が簡単」に該当する部分が文頭に置かれて左方遊離構文になっており、この形容詞節と主語の関係を表す接続表現があるわけではない。ただフランス語では、このような文頭に置かれた形容詞句や形容詞節は理由を表すことが多い。そのためか、多くの学習者は理由を表す接続表現を補って理由節として訳していた。形容詞節を連体節にして訳した学習者は少なかった。

　学習者の翻訳のように接続表現やテ形を使って訳すと、節同士の意味関係が明示され、連体修飾に比べてわかりやすい言い回しになっていると言える。しかし、ほとんどの学習者がこのように訳したということは、接続表現を補って副詞節にする方法だけが定着し、連体節の使い方にまだ慣れていないことを反映しているとも思われる。

　次の例は、連体詞を使わず別の構文にしたことで誤用を招いている例であ

る。問題文ではフランス語で連体節に対応する関係節が使われているのだが、翻訳では連体節ではなく、テ形を使って節と節をつないでいる。

（4）仏文： Le beau bâtiment (de la Fondation) qu'a conçu [litt. a fait le design] Gehry, remarquable architecte canadien, va peut-être devenir un nouveau lieu célèbre de Paris.

和訳：カナダのすばらしい建ちく家、ゲーリーがデザインした美しい建物はパリの新しい名所になるかもしれない。

学習者の翻訳例：

その美しいたてものは えらいアーキテクトのカナダ人のゲーリにデザインされて、パリの新しい_____になるかもしれない。

［注：訳文中の空欄の下線は学習者によるもの］

　学習者の翻訳例では、「ゲーリーがデザインした美しい建物」のところに、連体節ではなくテ形が使われ、「美しいたてものは〜ゲーリにデザインされて〜」という構文になっている。その結果、テ形の部分「デザインされて」が主節動詞「なる」の理由を表す副詞節のように解釈もできる。また、テ形の節「デザインされて〜」が「かもしれない」にまでかかるような解釈も可能な文になっている。しかし原文では、「ゲーリーがデザインした」という節は理由を表しているわけではなく「建物」を限定しており、「かもしれない」はこの節にはかかっていないため、翻訳としては不適切になる。

　テ形には多くの制約があるにもかかわらず、節をつなぐ方法としてデフォルト的に使う学習者が少なくないと言える。それがうまく行く場合もあるが、ここではそれが誤用につながっている。

　次の例では、問題文に関係節はなく、「名詞＋前置詞＋動詞不定形」の組み合わせからなる名詞句が２つあり、これらはいずれも日本語では連体節で訳すことができる。ここでそれぞれに使われている前置詞 de と à はフランス語で最も使用頻度の高い前置詞であり、意味は共起する語や構文によって決まる。学習者の翻訳を見ると、これら２つの名詞句が構文的には類似しているにもかかわらず訳し方が異なることが多かった。

（5）仏文：Depuis une bonne quarantaine d'années, il y a un <u>projet de construire</u> un barrage à la rivière de Tescou afin de fournir de l'<u>eau à utiliser</u> pour l'agriculture.

和訳：約 40 年も前から、農業に<u>使う水</u>を供給するためにテスク川に<u>ダムを造るプロジェクト</u>がある。

［訳を与えた未習語：供給、ダム］

学習者の翻訳例：

a. 四十年前から、農業のように、<u>水を使うこと</u>を供給するので、テスコーの川で<u>ダムを造るプロジェクト</u>がある。

b. 40 年も前から、農業で<u>使うのに水</u>を供給するのために、テスク川で<u>ダムを造るプロジェクト</u>がある。

　まず、翻訳文で最初に出てくる名詞句 eau à utiliser（使う（ための）水）のところでは誤用が多く見られた。ここは連体節を使い、「使う水」とするのが最もシンプルな訳し方になるのだが、そのように訳した学習者は多くはなかった。

　(5a)では「水を使う」と訳した上で、この節を「こと」で名詞化している。しかし、このあとに来る動詞「供給する」の目的語は「こと」で表されるような行為ではなく「水」である。動詞の補語が節の場合は「こと」などで名詞化するといった一つの規則だけを考え、語と語の文法関係や意味関係に注意しないでいると、このような間違いを起こしやすい。

　(5b)では「使う」の後に「のに」を使って、動詞「供給する」の目的節を作ろうとしている。ここでは、目的を表す「（の）に」が「使う」といった一部の動詞の補語として使われるという規則を不正確に覚えていたことが誤用につながったと考えられる。文中のどこであっても「使う」があれば目的を表す「のに」が使えるものと誤解し、「（の）に」が使えないところで使ってしまうという誤用は少なからず見られる。

　また、ここで「のに」を使ったほかの理由として、この部分の後に目的を表す前置詞 pour（（の）ため）が来ることから、「ため」を繰り返し使うのを避けようとして別の目的表現を使ったということも考えられる。

　これらの誤用例では、連体修飾を使わないせいで、かえって習得が不十分な構文を使うことになり、それが誤用を誘発していると言える。

　これに対し、もう1つの名詞句 projet de construire（〜を造るプロジェクト）の場合は、授業でよく取り上げた「〜する予定」などの文型の類推からか、誤用は少なかった。

　これら2つの名詞句で訳し方に違いが出た理由として、それぞれの句構造が異なる点も挙げられるだろう。両方とも品詞の組み合わせと並び方の順番こそ同じであるが、名詞と動詞の文法関係は異なる。eau à utiliser（使う（ための）水）では、「水」は「使う」の目的語である。フランス語でこのような構文に使われる前置詞 à は目的や義務を表す補語として動詞を導くことが多い。文の意味からもここは目的を表していると考えて学習者は目的を表す接続表現を補って副詞節を作ろうと考えたのかもしれない。

　これに対して、projet de construire（〜を造るプロジェクト）では、「プロジェクト」は「造る」の補語ではない。「テスク川にダムを造る」という部分は「プロジェクト」の内容を表す同格節となっている。このような同格節を導くことのできる名詞は、授業で習った「〜する予定だ」の「予定」など、限られている。つまり、連体節でその内容を表すことができるような名詞である。そうした「予定」などの名詞と似た意味をもつ「プロジェクト」といった名詞があると、翻訳する際も、習った連体節の文型を思い起こしやすく、同格節として訳せた学習者が多くなったのかもしれない。

　これら2つの名詞句ではこうした構造上の違いがあったためか、後者の名詞句が問題なく訳せても、それが前者の名詞句を訳す時のヒントとはならなかったようである。

　連体節に関わる誤用に関しては、使い方を間違えるというよりも、使用を回避することで起きる誤用が多いと考えられる。初級から中級に進むにあたっては、文の構造や文体も踏まえた上で、さまざまある構文の中から最も適切なものを選ぶということが大切になってくる。連体節は書き言葉でよく使われることも意識させ、異なるタイプの連体節を学ぶ際も、理解するだけでなく、学習者が選んで使えるように、産出する機会を増やすことが必要である。

6　語のかかり方に関する誤用

　最後に、語のかかり方に関する誤用を取り上げる。例えば、複文中のどの語がどの語にかかっているのかという点を見落として、誤用になっているものである。

　次の例は、最初の節の主語がどの節にかかっているかという点が問題になっている。

（6）仏文：En fait, <u>mon enfant a eu</u> de la fièvre en pleine nuit, et quand <u>nous</u> <u>nous sommes</u> tout de suite <u>rendus</u> à l'hôpital, <u>on</u> lui <u>a dit</u> de ne pas sortir pendant au moins cinq jours, car <u>c'est</u> la grippe.

　　　和訳：実は、夜中に<u>子供が熱を出して</u>、すぐに今病院に<u>行ったら</u>、インフルエンザだから 5 日間は出かけないように／出かけないで下さいと<u>言われたんです</u>。

　　　学習者の翻訳例：

a.　実は、<u>息子は満よるに熱が出まして</u>病院へ<u>行った</u>ところ時に、インフレンざから五日以下で出ないことを<u>言いました</u>。

b.　実は、夜中で<u>子供が熱が出して</u>、それに病院へ<u>行った</u>時、インフルエンザですから、五日に出かけないことは要ると<u>言いました</u>。

　問題文はいくつもの節から成っており、それぞれの節の主語は異なっている。順に訳すと、「子供が熱を出した」「私達は病院に行った」「<u>不定代名詞主語（on）</u>言った」「それはインフルエンザだ」となる。訳文の下線は（6）の仏文の下線部と対応している。ここでは（6）の和訳に見られるように、「子供」以外の主語は訳さなくてもよいが、主語が変わった場合は述部の訳し方に注意する必要がある。例えば、不定代名詞主語 on が訳すことはできないため、この後の動詞 a dit（言った）を受動態の「言われた」にしなければならない。そうでないと、最初の節の主語「子供」が文中のすべての述語の主語であるかのような文になり、出かけないように言ったのも「子供」だということになってしまうからだ。

　学習者は、文法主語が話者である場合は、強調や対比など特に意図するところがなければ訳さず、不定代名詞主語の on は一般的に訳さないということを踏まえて、nous（私達）も on も訳していない。これ自体は問題にならないが、このようにして節ごとに訳したものを 1 つの文としてつなげる際に、節を越えた文全体のレベルで見ていないため、最初の主語がどこにかかるかを見落とし、動詞 a dit（言った）の態を変えないで使ってしまっている。受身形の用法は学習し、日本語の受身形に対応するフランス語として不定代名詞主語 on がよく使われることも習っているのだが、この動詞を受身形にしなかったのは、主語のかかり方に考慮しなかったからだと考えられる。

　次の例では、どの節が主節の動詞「言っている」にかかっているかが問題となっている。

（7）仏文：Cependant, <u>beaucoup d'habitants et des écologistes</u> <u>disent qu'il</u> faut annuler ce projet, <u>car</u> la nature de la région sera détruite si on construit un barrage.

　　　和訳：しかし、<u>多くの住民やエコロジスト</u>はダムを造ると地域の自然がこわれてしまうから、プロジェクトを中止しなければならないと言っている。

　　学習者の翻訳例：

a.　しかし、ダムが建ったら地域の自然はころす<u>から</u>、<u>多い人口とエコロジストが</u>このプロジェックトを止中止しなければならない<u>と言う</u>。

b.　しかし、そのダムを造ってしまうと地域の自然がしょうめつしてしまう<u>ので</u>、<u>大くの住んでいる人とエコロジストが</u>そのプロジェクトを中止しなければならない<u>と言うのだ</u>。

　問題文では、主節の動詞 disent（言っている）の内容が、次の節の「中止しなければならない」だけなのか、それとも最後に来る理由節の「自然がこわれてしまう」も含むのか、両方の解釈が可能だと言える。しかし、文意を考えれば、すべての節が「言っている」にかかっているように訳すのが適切である。学習者の翻訳例のように、「言っている」の内容が次の節の部分だけ

で、最後の理由節は別だとすると、この理由節で述べられている「自然がこわれてしまう」ということが、「言っている」の主語である「住民とエコロジスト」の考えでなく、一般的な見解あるいは話者の考えであるような解釈になってしまう。そうなると、中立的な文の性格が失われることになる。ここでの誤用も、一つ一つの節にとらわれ、全体の文構造に配慮しなかったことが原因であると考えられる。

　次の例は、複数の語が一つの名詞にかかっている部分の訳に誤用が見られた例である。これは複文の訳に見られた誤用ではないが、複文にも使われるテ形の問題が見られたため、ここで取り上げることにした。

（8）仏文：Le beau bâtiment（de la Fondation）qu'a conçu [litt. a fait le design] Gehry, remarquable architecte canadien, va peut-être devenir un nouveau lieu célèbre de Paris.

　　　和訳：カナダのすばらしい建ちく家、ゲーリーがデザインした美しい建物はパリの新しい名所になるかもしれない。

　　　学習者の翻訳例：

　a.　すばらしい ？ カナダ人 ゲリがデザインした美しい建物はパリの新しくてゆう名な場所になるかもしれない。

　　　　　　　　　　　　　　　［注：訳文中の疑問符は学習者によるもの］

　b.　上手なカナダ人ヂザイナーゲーリがヂザインをした美しい建物はパリの新有名な場所にあるかもしれないよ。

　問題文では名詞 lieu（場所）に nouveau（新しい）、célèbre（有名な）、de Paris（パリの）のそれぞれがかかっている。語順は「パリの新しい名所」というのが最も自然だと思われる。学習者の翻訳でも多くがこの順番で訳されていた。ただ、「名所」という語を覚えていなかったために、「有名な場所」と訳しているものが多く、そのため、「新しい」が「名所」あるいは「有名な場所」全体にかかるようにつなげることが難しくなり、誤用が見られた。

　(8a)では「新しい」と「有名な」をテ形でつないでいるため、両方が並立関係になって、それぞれが「場所」にかかるという構造になっている。もし

これが名詞述語文で「新しくてゆう名な場所だ」であれば誤用とはならなかったが、ここでは動詞「なる」が使われているため、「パリの新しくてゆう名な場所になる」となり、不適切な文になってしまっている。

（8b）では接頭辞「新」を使っているが、「新」は「新名所」のように名詞にかかることはできても、名詞句「有名な場所」全体にかかるという解釈は難しく、誤用となっている。

学習者の翻訳にはいろいろな工夫が見られるが、語をつなげる時には、どの語がどの語にかかっているのかを理解していないと、原文と異なる解釈を生んでしまうことになる。特にテ形は連用語を結ぶ便利な形としてよく使われるので、つなげたあとに語がどのような意味関係に置かれるのかということも考える必要がある。

語のかかり方に関する誤用に対しては、使う表現によって語のかかり方が変わることを説明し、そして、節の内部だけでなく、節を越えた文全体のつながりに注意を促す必要がある。これは文を産出する時だけでなく、理解をする時にも重要な視点となる。こうしたことは中級に行ってから学ぶのではなく、初級からこのような問題について説明することで、少しずつ構文の重要さに気づくようになると考えられる。

7　おわりに

本稿では、学習者が理解できるようになっても、実際には使えない、あるいは使わない構文があることから、文の産出の際にどのような問題があるかを複文の翻訳を通して見てきた。到達度テストとして行った仏文和訳問題の誤用例を分析したところ、節のつなげ方に関する誤用、連体修飾に関する誤用、語のかかり方に関する誤用が多くあり、それぞれ次のような問題があることがわかった。

（9）a.　原文の接続詞や読点などの使い方を日本語にも当てはめてしまうことがある。日本語がフランス語と異なる文構造をもつことに注意する必要がある。

　　b.　原文が連体節と似た構造であっても、翻訳文に連体節を使わず、接
　　　　続表現を補って副詞節として訳すことが多い。これ自体は必ずしも
　　　　誤用ではないが、副詞節より連体節のほうが適している場合には連
　　　　体節も問題なく作れるようになる必要がある。
　　c.　語のかかり方に注意せず、語ごと、節ごとに訳して、それらをつな
　　　　げるだけで文を作っていることがある。語のかかり方によって文の
　　　　意味が変わることに注意し、どの語がどの語にかかっているか、節
　　　　を越えた文のレベルで考えた上で、適切な表現が使えるようになる
　　　　必要がある。

　今回の調査では、長めの説明文の翻訳例を扱ったが、違うタイプの翻
訳、あるいは自由作文ではまた異なる誤用が見られることが予想される。ま
た、誤用の原因は一つだけでなく、さまざまな要因が重なっていることが多
く、さらに詳しく分析することが重要だろう。これからの課題として以下の
問題点を挙げておきたい。

（10）a.　学習者にとって習得しにくい文型、習得していてもなかなか使えな
　　　　い文型はなにか。その原因はなにか。
　　b.　文レベルで見られる誤用のほかに、文章・談話レベルでは、どのよ
　　　　うな誤用があるか。
　　c.　文法や作文の学習において、どのように文型や構文を提示するのが
　　　　理解や産出に効果的か。

　まず、学習者にとって習得困難とされる文法項目に何があるかはよく指摘
されるところであるが、それが何に起因するかを踏まえることで、学習者に
気づきを促すようなわかりやすい説明が可能になると思われる。次に、初級
後半からは文レベルだけでなく、文章・談話レベルでの理解や産出が重要と
なることを踏まえ、文章・談話レベルでどのようなことが難しさとなってい
るのかを調べる必要がある。最後に、こうした学習者の困難点を分析した上
で、どのような学習方策が効果的なのか、これからさらに調査を重ね、考察

していくことが肝要である。

　また、本稿で取り上げた学習者の困難点はフランスの初級学習者だけに見られる問題とは限らない。他の地域の学習者にも同じような困難点が見られるだろうと想像される。中級学習者にも同じような誤用は見られるし、中級以上で頻度が増える誤用もあるだろう。そうであれば、時に表記や語彙レベルの問題にとらわれがちな初級学習者に対しては、構文というより大きい単位にも目を向けるように促すことを早くから始め、理解と産出において有効な学習の方策を初級レベルから考えていくことが重要だと思われる。

参考文献

原沢伊都夫(2012)「日本語初中級学習者の作文指導：学習者の誤用分析をもとに」『静岡大学国際交流センター紀要』6: pp.79–92. 静岡大学国際交流センター

守屋哲治(2014)「日英語複文構造の対照言語学的研究：英語学習者の誤用の観点から」『金沢大学人間社会学域学校教育学類紀要』6: pp.49–59. 金沢大学人間社会学域学校教育学類

寺村秀夫(1991)『日本語のシンタクスと意味Ⅲ』くろしお出版

状態変化をめぐって

中上級レベルフランス語母語学習者の理解と産出

大島弘子

1 はじめに

　本稿は、仏語母語話者である中上級レベル日本語学習者の状態変化表現をめぐる問題点を明らかにし、教育面で有効と思われる提言を行うことを目的とする。注目するのは「なる」動詞を用いた表現と、動詞に接続する「てくる」表現の時間的用法である。

　池上 (1981) は日本語を「なる言語」と呼んだが、その名の示すように日本語では状態変化を頻繁に表現する。つまり、新しい状態 (S2) をその前の状態 (S1) から変化した状態だと把握して表現する傾向がある。例えば、病気が快復した時には、「元気になった」という。しかし、仏語母語話者は同じ状況では Je suis en forme maintenant. または Je vais bien maintenant. と言う。直訳すると「今 (は) 元気だ」である。そこでは、新しい状態 (S2) だけが表現されており、副詞もその状態を強めている。このように自分の周りの現象の把握、理解、表現の仕方、Langacker (1990) や池上 (2006) 等の認知言語学者の言葉を借りれば « construal » は、仏語話者と日本語話者では異なる。

　また、「てくる」表現は、直示用法と呼ばれるように、話者が発話の場で自分を中心にして人やものの動きを自分に接近してくる動きまたは自分から離れていく動きだと認識して表現する空間移動がまず根底にあって、時間的な変化は一般に空間的移動からの拡張と捉えられている (近藤・姫野 2012: 48)。例えば、気候の変化は自然現象としては話者がコントロールできるものではないが、「涼しくなってきた」の様な表現を用い、まるで気候の変化も話者に近づいてくるような把握 (表現) をすることで、「自然現象の推移を

話し手が時間との関係でどう見ているのかが織り込まれ、話し手とのかかわりが表現されている」(池上・守屋 2009: 85)。これは、池上 (2006) が主体的把握と呼ぶものである。比べて、英語の場合は、話者が事態を外から眺める目(客観把握)での記述が「好まれる言い回し」であることが、池上 (2006)、Langacker (1985)、井出 (2006: 223) で示されている。仏語の場合も、「発話者は基本的に状況外的であること」が阿部 (2012: 11) で結論づけられているように、自分を事態の中において中から眺める主観的把握にはなじみがない。

　以上のことから、本稿は以下の 2 つの仮定から出発した。(A) 仏語を母語とする日本語学習者にとって、日本語の「なる」や「てくる」の習得の問題は、単なる文法的習得の問題ではなく、どの様な状況を状態変化と捉えるかという認知的問題、またどの表現を用いてどのように描写するのが自然かという語用・談話的な問題も含むであろう。(B) 本稿で扱う中上級レベル学習者の場合には、文法的な間違いはあまりなく、後者の問題が大きいであろう。

2　先行研究

　日本語らしい表現を模索すれば避けて通れない「なる」や「てくる」に関しては、池上 (1981)、久野 (1978)、寺村 (1984) をはじめとして日本語学分野の先行研究は多数ある。日本語教育分野でも、市川 (2010)、新屋・姫野・守屋 (1999)、池上・守屋 (2009)、近藤・姫野 (2012)、池上 (2002)、久野 (2005) などがある。しかし、対象をフランス語を母語とする学習者に絞ったものはほとんどなく、唯一、国立国語研究所の「日本語学習者による日本語作文と、その母語訳との対訳データベース、オンライン版」を用いてフランス語母語話者の日本語作文における変化表現「なる」の誤用を分析した山崎 (2004) が参考になる。

　本稿と先行研究の違いを述べれば、本稿では、全体の誤用を列挙するのでなく 1 人 1 人の学習者の産出の傾向を見ていること、「なる」だけではなく「てくる」の使用も扱い 2 つの表現の混同にも言及していること、加えて、後述するように「判定・修正テスト」も行い、学習者の誤用を学習者に考え

させることにより、彼らの理解・誤解を浮き彫りにすることも試みていることである。

3　分析方法

3.1　学習者とコーパス

　本稿では分析に 2 つのコーパスを用いる。1 つ目は、2010–2011 学年度後期にパリ・ディドロ大学で日本語を専攻する修士課程 1 年生[1]で作文クラスを履修する仏語母語学習者 24 名に宿題として書かせた 5 つの作文である。授業中に『日本語を学ぶ人たちのための日本語を楽しく読む本・中上級』（産能短期大学 : 1993）のテクストをいくつか読解練習として用いたため、宿題の作文のテーマはすべて以下に示すように学習したテクストに関係あるものとなっており、1.「ネパールのビール」の作者はどうして泣いたのか。2.「非常事態における多数傍観者の援助の抑制」の要約。3. 自分の経験した非常事態。4. 教訓を含んだ話。5.「殺し屋ですのよ」と名乗る女性の正体、の 5 つである。これらの作文における「なる」の使用状況を観察すると、習得度の違いから 25 名は 4 つのグループに分けられることが分かった。第 4 節で「なる」、第 5 節で「てくる」のグループ別使用特徴を見る。

　2 つ目のコーパスは、2015 年 12 月にパリ・ディドロ大学と INALCO（フランス国立東洋言語文化大学）合同修士課程 2 年生の日本語作文の授業で、19 名の仏語母語話者を対象に文の判定・修正テストを行ったものである。このテストでは、1 つ目のコーパスの分析でみられた頻度の高い学習者の誤用産出文と、自然な日本語文を混ぜたものを用いた。このテストは、1 つ目のコーパスの分析結果の正しさを確認すること、一段上のレベルの学習者にも同じ難しさ、表現の混同がみられるかどうかを調査すること、という 2 つの目的をもって行われたものである。このテストの結果は第 6 節でみる。Marquilló Larruy（2013: 122）では、学習者の誤用を学習者自身に考えさせる認知的、反省的な活動が、気付きをもたらすことが述べられているが、このテストの直後にもうけた答え合わせ兼解説の時間に、学生が普段より活発に参加し多くの質問や意見を述べた事実から、それが確認できた。

3.2 「なる」と「てくる」学習歴

　パリ・ディドロ大学の日本語のカリキュラムでは、主教材として、1年次は『みんなの日本語I』(スリーエーネットワーク)、2年次は『みんなの日本語II』(スリーエーネットワーク)、3年次は『中級から学ぶ日本語改訂版』(研究社)が用いられている。したがって、「なる」に関して、修士1年の学生は学部の2年終了時までに「Nになる」「iAくなる」「naAになる」「Vようになる」の形と、その否定状態への変化を表す「Nではなくなる」、「iAなくなる」「naAではなくなる」「Vないようになる」のすべての形を学習している。つまり、修士課程の1年生(4年目の学生)にとっては既にかなりなじんでいる表現のはずである。

　「てくる」に関しては、2年次に「ちょっと切符を買って来ます」というような空間移動の表現が初めて登場するので、「なる」よりも学習開始時期が遅い。3年次の教科書には、抽象的な移動も含めた広い意味での空間表現(例:電話がかかってきた)や、時間を表す用法が色々混ざってテクストに出てくるが、「てくる」の様々な用法がきちんと区別・整理できるような総合的な説明・練習が欠けている。このことからも、教師がきちんと整理して説明できていなければ、学習者が様々な「てくる」表現を混同して理解・使用している可能性が推測できる。

4　「なる」使用の問題

　「なる」の使用に焦点を合わせて24名の学習者の作文をみると、4つのグループに分けられる。このグループは厳密には日本語のレベル別グループではないが、学期末の成績と合わせてみるとおおよそ相関関係があり、特に第1グループと第4グループで強い相関関係がある。

4.1　第1グループ(状態変化表現不使用グループ)

　第1グループ(2人)の作文には、全く「なる」を使った表現が出てこない。例えば、「非常事態における多数傍観者の援助の抑制」の要約として「人が多くなれば、援助の反応が遅くなり、人が少なければ少ないほど反応が速く

なる」というような変化の表現が望ましい箇所でも、(1)、(2)の様に事態を変化ではなく状態として表現している。

（1）結果は、反応時間を分析すると、参加者の人数が少ないほど反応が<u>速いと分かれる</u>。
（2）人員が多いの場合は<u>反応がありません</u>。多いのグループは反応を<u>遅います</u>。

　(2)では、動詞と形容詞の混同もあり、動的表現と静的表現の違いがきちんと習得されていないことが分かる。

4.2　第2グループ（「になる」過剰使用グループ）

　第2グループ(5人)の特徴は、ある事態を変化と把握して変化の表現を用いようとしていることは分かるのだが、ほとんど形が正しく使えず、正確に使えている例は「Nになる」の形に限定されており、そのパターンをそのまま(3)や(4)の様に、イ形容詞や動詞の変化の表現に誤って使用している。

（3）恐れの感じがどんどん<u>上がりになった</u>。
（4）食物を<u>見付けにくいになりました</u>。

　このように「に」と「なる」の結びつきが非常に強く、「になる」を変化を表す1つの固まりとして捉え他の用法にも過剰般化する現象は、日本語を第2言語として学ぶブラジル人幼児においても観察されている（久野2005）ため、第2言語や外国語習得の一般的な特徴であることが考えられるが、本稿で扱う仏語母語学習者の場合は、使用教科書の中での「なる」表現提出順序による影響も十分考えられる。

4.3　第3グループ（動詞変化表現未習得グループ）

　第3グループ(14人)は、「Nになる」「iAくなる」「naAになる」という形はほとんど正確に区別して使えるが[2]、「Vようになる」や「Vなくなる」

の様に動詞で変化を表すときにうまく行かないグループである。困難度には
色々あるが、（5）、（6）では、変化の意味を、始点を表す表現「この日から」
や、漸次変化を表す「少しずつ」などの副詞表現のみで表している。事態を
変化と捉えていることは確かで、仏語の表現ではこれで十分であるのだが、
日本語では動詞も変化表現として適切な形にしなければならない。

（5）<u>この日から</u>朝ご飯をいつも<u>食べる</u>（食べるようになった）。
（6）村人の影響で筆者は<u>少しずつ</u>チェトリが逃げたと<u>思った</u>（思うように
　　　なった）。

　次の（7）、（8）では、変化の表現は1部成功しており、1部うまく表現でき
ていない。つまり、変化の表現に揺れがある。

（7）それにだんだん<u>暑くなった</u>。そのせいで私は気分が<u>悪くなってしまっ</u>
　　　<u>た</u>。つまり、熱して、呼吸が詰まって、目が濁って、何も<u>聞こえなかっ</u>
　　　<u>た</u>（聞こえなくなった）。
（8）私はショックで<u>動かなくなって</u>（動けなくなって）何も<u>できなくてし</u>
　　　<u>まった</u>（できなくなってしまった）のである。

　　（7）では、「暑くなった」「気分が悪くなってしまった」の様に事態を変化
と把握して表現できており、そのあとも「熱する、息が詰まる、目が濁る」
の様に変化の意義をもつ動詞をつないでうまく文を動的に積み上げているの
に、最後が急に状態表現になってしまったため、すわりの悪い文になってし
まっている。（8）では、「動く」という動詞を、ここでは可能形の方が適切で
はあるが、一応「動かなくなった」という風に変化表現にできている。しか
し、次に「てしまう」を付加しようとして「なくてしまった」のような存在
しない形態（しかし、仏語母語学習者がよく誤用する形態）を用いている。こ
れは形態が複雑になったという理由も考えられなくはないが、ne...plus（も
う…ない）からくるフランス語的状態表現解釈で、つまり前の状態からの変
化を述べるのではなく「（もう）できない状態」だけに着目するため、変化表

現「なる」が落ちてしまうのではないかと思われる。そして、(7) の様に動的表現が続いても最後の述語だけに誤用が出るのは、この状況で事態をまとめる自然な見方が仏語では変化ではなく状態だからではないかと思われる[3]。

4.4　第4グループ（「なる」表現パターン習得済みグループ）

第4グループ（4人）は、「N になる」「iA くなる」「naA になる」「V ようになる」の文型すべてをほとんど正確に使用できることが作文から確認できるグループで、このクラスで1番できる学生達である。しかし、時として誤用や不自然な使用も見つかる。この項では、彼らにとってどんなところが難しいのか見て行きたい。

第一に、物語の最後に起こるようなドラマチックな変化の把握・表現と、何かが原因で起こる小さな心理的変化の把握・表現では、後者の方の難易度が高いようである。次の2例は、同一学習者が産出したものであるが、(9) は自然な表現が使えているのに、(10)では心的状態の変化の把握・表現ができず状態表現になっている。つまり、カエルになってカエルの視点から心的変化を描くのではなく、外から事態を観察して描く客観把握表現になっている。

(9) 友達が喘息の薬を飲ませてくれた。急に空気がいっぱい入ってきて<u>息ができるようになった</u>。

(10) あるカエルはウシをしばらく見て、すばらしい大きさと思って、とても<u>うらやましかった</u>（うらやましくなった）。

第二に、「できるようになった」は問題なく使えるのに、それを否定状態への変化にすると「できなくなった」ではなく「もうできなかった」という状態表現が急に出てくることがある。仏語の ne...plus の影響が強いと思われる。

(11) 冬になると雪が積もりましたから、やむを得ず山猫はくまを見に行くことが<u>もうできませんでした</u>。

　第三に、日本語では新しい状態(S2)をその前の状態(S1)から変化した状態だと把握して表現する傾向があるのに対し、仏語では新しい状態(S2)だけに着目して表現する、ということは既に述べたが、日本語で変化の結果状態「なっている」や「なっていた」で表す時も、仏語母語学習者にとっては難しい。

(12) この話から30年後では、エヌ氏がお金持ちのお年寄りになった(なっていた)。派手な家で幸せに暮らしていた。8歳の孫は、特によく遊びに来ていた。かわいくてまじめなから、エヌ氏はこの子に夢中になった(なっていた)。

　ここでは、変化の表現「Nになる」の変化の完了した「Nになった」が使われており、この形態自体に問題があるわけではないが、30年後の状態を描く文脈では適切な表現とは言えない。「暮らしていた」「遊びに来ていた」などは状態表現になっているが、全体的に「状態把握」でとらえているという意識がないまま適当に並べている可能性もある。一般に、仏語母語学習者はアスペクト表現に弱く、日本語で「携帯を見るとメールが来た」「携帯を見るとメールが来ていた」と区別される状況を曖昧に理解していることが多い。それは仏語の動詞がそのままの形で「る」「ている」の両方に解釈され得ること、または avoir のような頻度の高い動詞が、現在形では J'ai 20ans.（20才である）、J'ai un enfant（子供が2人いる）のように状態を示すのに、複合過去を用いると J'ai eu 20 ans.（20才になった）、J'ai eu un enfant（子供ができた）などのように動的表現に用いられることから、その微差が仏語母語話者に日常的に意識されていないことなどが理由であると思われる[4]。

　また、(6)として「村人の影響で筆者は少しずつチェトリが逃げたと思った(思うようになった)」という変化表現不使用の例を挙げたが、このグループでは、むしろ、必要でないときに「ようになる」が現れることがあり、その誤用は「分かる」や7「思う」などの動詞と共に現れることが多い。次の様な例である。

(13) 店を出て振り返ると、本当は買いたいことが店の主人に分かるように
なってしまう(分かってしまう)

　分からない状態から、分かる状態に変化するのだから「分かるようにな
る」でなぜおかしいという質問が学習者からよく出る。「来た当初は全く周
りで話されている仏語が分からなくても、1年もたつと何について話してい
るかぐらいは分かるようになる」の様な例との違いが理解できないわけだ。
後者は、市川 (2010: 532) によると、短時間にそうなったのではなくて、(長
い)時間をかけてそういう結果・事態になることを示す。新屋・姫野・守屋
(1999: 146) では、長い個人的な習慣の形成や時代の変化などの反復状態へ
の変化という説明がされている。しかし、そう説明すると、レベルが高くて
理屈っぽい学習者は、「日本人の友達が分かりやすい言葉で説明してくれた
ので、この文章がよく分かった」か「よく分かるようになった」か、どちら
が自然かと、微妙な例を持って再び質問に来る。つまり、そんなに時間がか
かったわけではなく、個人的な習慣というほど大きな変化ではなく、時代の
変化とも言えない微妙な状況であり、どちらの表現も行けそうな例である。
筆者は、S1 の分からない状態が明確に意識されておりそれが対照的に S2 の
分かる状態へ変化したと認識される場合は「分かるようになった」が用いら
れ、S1 が意識されていない、ゼロ状態からの変化を描く場合は「分かった」
を用いると説明する。つまり (13) では S1 が「分からない」状態ではなく、
ゼロ状態であるとするのである。

5 「てくる」使用の問題

　前述したように、「てくる」の時間的用法は、3年次になって初めて学習
される。本稿では、近藤・姫野 (2012: 48) の分類に従い、空間移動からの拡
張と考えられる時間的な表現を、(A) 事態の出現 (B) 変化の進展 (C) 動作の
継続の3種に分けて考える。

5.1　3種の時間表現

　事態の出現(A)の典型的な用法は、動詞「出る」を用いたものである。「人が次々に出て来た」は空間表現だが、「提供者が次々に出て来た」の様な文は特定の場所との結びつきがなくなっており、時間表現に移行しているとみることができる。変化の進展(B)は、「日に日に暖かくなってきた」の様に、参照点に向かって進展する変化を表し、「段々」「少しずつ」「次第に」など漸次性を表す副詞と共起する。「てくる」に前接する動詞は、近藤・姫野(2012: 50)によると変化の意味を伴う動詞、市川(2010: 432)によると無意志動詞と説明されているが、典型的な例は「なる」や「慣れる」などである。動作の継続(C)は、「その伝統を大切にしてきました」の様な例であり、「てくる」に前接する動詞は、近藤・姫野(2012: 50)によると変化を伴わない動詞、市川(2010: 432)によると意志動詞であるとされている。

　しかし、『中級から学ぶ日本語改訂版』(研究社)の用例を実際に調べてみると、変化を伴う動詞／伴わない動詞の区別、無意志動詞／意志動詞の区別、変化の進展／変化を伴わない継続の区別は、教師にとってもそう明瞭ではない場合もあることが分かる。例えば、「(近代社会は)工業化を進めて来た」という文では、「進める」は意志動詞(市川によると継続の解釈)であるが、過程が想像できるので変化の進展の意味もないとは言えない。また「工業化」という共起名詞も漸次進行していく過程を含意するので、「進めてきた」だけであると動作の継続ともとれるが、結局、この文は全体的に見て「変化の進展」の意味合いが強く感じられる。このように、変化の進展解釈、動作の継続の解釈は、共起する副詞や名詞などによっても強まったり、弱まったりすることがある。「マスメディアは目覚ましい発展を遂げて来た」などもそうである。

5.2　修士1年生の作文中の「てくる」表現

　「なる」表現の習得に着目して4つのグループを見たが、「てくる」表現においてもグループ差がある。第1グループと第2グループでは、「帰ってくる」や「持ってくる」などの物理的移動表現しか現れない。第3グループと第4グループでは、「出て来た」の様な出現、「なってきた」の様な変化の進

展も用いられている。しかし、注目すべきは、修士1年生の作文には、動作の継続を表現した成功例が1例もないことであった。

　仏語母語学習者は、「日本人は昔から米を食べて来た」と言うのが自然な状況で、動作が完了していると認識すれば「＊米を食べていた」と言い、続いていると認識すれば「?? 米を食べている」と言う。前者は、話者の現在と全く切れてしまっており許容できない。後者は前者よりも許容しやすいが、「?? 日本人は昔から米を食べている。しかし、最近では、朝はパン、昼はサラダなどという日本人が多い」という文は続き具合が不自然だ。つまり「日本人は昔から米を食べて来た」と言う表現は、継続してきたことを話者の現時点で一旦区切りをつけて捉える表現であるため、現状や、今後の状況と対比することも可能だが、「米を食べている」ではそれができないのだ。

　変化の進展（B）と動作の継続（C）の混同も見られる。特に、(14)の様に「思う」や「考える」などの思考動詞の場合に混同の頻度が高い。

(14) 少しずつそう<u>考えて来た</u>（考えるようになった／考えるようになってきた）

　この例では「少しずつ」という副詞の使用から、学習者は変化の進展を表したいということが分かる。しかし、「考えて来た」は変化の進展ではなく、動作の継続を示すので、「前からそう考えて来た」のような文脈でなければ使用できない。

　仏語母語話者はアスペクトが苦手ということは上述したが、次の例では、「慣れてきた」と「慣れた」のアスペクトの違いがきちんと理解されていないことが、副詞の選択によって分かる。

(15) ついに慣れてきた（ついに慣れた／徐々に慣れてきた）

　アスペクトと言えば、変化の結果の状態を示す「なっている」や「なっていた」の使用が難しいことにはすでに触れたが、次の2例でも「なってきた」が「なる」と「てくる」に分析されずにひとまとまりとして理解・使用され

ており、「なった」「なっていた」「なってきた」の区別が曖昧であることが
伺える。

(16) 筆者はチャリコットにだまされたと思ってしまうように<u>なってきた</u>
（なっていた）。そして、チャリコットを信頼していなかった。

(17) パ、パンダちゃん、いつ、いつ、そんなに<u>強くなってきたの</u>（なったの
／なっていたの）？

6　判定・修正テスト

　判定・修正テストは、2015 年 12 月にパリ・ディドロ大学と INALCO（フ
ランス国立東洋言語文化大学）合同修士課程 2 年の日本語作文の授業で、19
名の仏語母語話者を対象に行った。このテストは、作文コーパスから分かっ
た学習者の困難点や混同がもう少しレベルの高い学習者にもみられるかどう
かその広がりを調査し、4 節、5 節の分析を補強することが目的で行われた
ものである。このテストでは、1 つ目のコーパスの分析でみられた頻度の高
い学習者の誤用産出文と、自然な日本語文を混ぜたものを用いたが、「なる」
と「てくる」に着目して調査しているとすぐ学習者が気づきそれが結果に影
響することを防ぐために、両者に直接関係がない表現も含めている。本稿に
関係のある文の総数は 11 で、その中の 8 つが学生の誤用例を 1 部修正した
ものであり[5]、3 つが日本語として自然だと思われる文である。「その文を自
然だと感じたら OK と書きなさい。何か変だと感じたらその部分を示し、
自然になるように直しなさい」という指示を出した。

6.1　自然な日本語文の判定結果
　まず、誤用ではない 3 つの文を彼らがどの様に判定したかを見てみよう。

(18) それ以来、学校が休みの間、子供はおじいさんのところへよく遊びに
　　　行くようになりました。

(19) 初めは、いつも散歩に連れて行ってくれた人と違うので、ドン（犬の名

前）は嫌がって一緒に行きたがらなかったけど、このごろは慣れて来た。

(20) 私は日本が大好きですから、こんな母親に育てられている子供達を見ると、ちょっと心配になってくるのです。

表1　3つの自然な文の判定結果

例番号	正	変 無修正	変 他所修正	変 変化修正	変 （総数）	無回答	総数
18	12（63%）	1	3	2	6（32%）	1	19
19	9（47%）	0	9	0	9（47%）	1	19
20	6（32%）	6	2	2	10（53%）	3	19

　この表は、(18)では、19名中12名がその自然さを正しく判断し、6名が変だと判断し、1名が無回答であることを示している。変だと判断した6名のうち、1名は修正箇所を示さず、3名は調べようとしている部分ではない所を修正しており、2名は本稿で調べようとしている状態変化をめぐる表現をこの場合は間違って修正している。3つの文で、63%、47%、32%と正答率が下がっているが、これは状態変化の状況であると示す手掛かりがどれだけ明瞭かということによると思われる。(18)は話の最後に現れ、状況の変化で締めくくる文である。「それ以来」という副詞句が、状況の変化を強く示唆する。(19)では、「初めは…このごろは…」という文型で2つの状況が対比されることによって、状況変化が暗に示される。ところが、心的変化が述べられている(20)には、状態変化の状況であると示す言語的手掛かりがほとんどない。状況としては、何かを見る、何かに遭遇することによって、何か心的変化が起こったというものであり、これは日本語話者にとってはなじみの深い心的変化の状況スキーマなのであるが、変化ではなく新しい心的状態に着目する仏語母語学習者にとっては明瞭ではない。物語の最後に起こるような「ドラマチックなできごと」による変化は理解・習得されやすいが、微妙な心的変化は変化と認識されにくいということを4.4で述べたが、この3例の判定結果からも同じことが言えると思う。

6.2　変化の表現が欠けている誤用例の判定

　次に、8つの誤用例の中で、状態変化の表現が欠けている誤用例を4つ見よう。

(21) 初めは、つまらない仕事だと思っていたが、このごろはその仕事を楽しいと思った。
(22) この部屋は、ひどく汚れているから、たとえ皆でそうじをしても、それほどきれいとは思えない。
(23) 時々両親の誕生日に父と母の友達が集まる。その時は家がにぎやかだ。
(24) 3年前、Jaspreet Singh の『Chef』を読んで、とても好きでした。

表2　（21）の判定結果

例番号	変 (総数)	変 無修正	変 他所修正	変 変化修正	正	無回答	総数
21	18 (95%)	2	7	9 (47%) 思うようになった（5）(26%) 思ってきた（3 + 1同） 思い始めた（1同）	0	1	19

　表2では、表1に比べて変だと判定した総数の欄と正しいと判断した学習者の数の欄を逆にした。それによって、左から2番目の欄が各表での正答率を表すことになった。ここで「1同」としているのは、1人の学習者が2つの異なる表現による修正をしたことを示す。
　(21)では、(19)同様、「はじめは…このごろは…」で2つの状況が対比されている典型的な状態変化の表現であり。「思うようになった」という変化述語が必要である。表2によると、この例では95パーセントの学習者がこの表現は変であると正しく回答しており、その半分が変なのは述部であると思っている。しかし、その述部を正しい変化表現にできたのは、5人だけであり、4人は、既に見たように、動作の継続を変化の進展と混同してしまっている。また、変化の始点を示す「思い始めた」と過去からの変化の進展を

示す「思ってきた」を1人の学習者が同時に提示していることも、様々な変化の表現をきちんと区別できていないことを示している。

表3　(22)、(23)、(24) の判定結果

例番号	変 （総数）	変 無修正	変 他所修正	変 変化修正		正	無回答	総数
22	14	3	1	10（53%）		4	1	19
				きれいになる （7 + 1同）（42%）				
				きれいにする （2 + 1同）				
23	6	0	4	にぎやかになる （2）（11%）		10（53%）	3	19
24	9	2	2	5（26%）		6（32%）	4	19
				好きになった（4）				
				気に入った（1）				

　(22) の場合は、19人中14人がこの文は変だと正しく理解している。半分以上の10人が状態表現「きれい」ではなく動的表現に置き換えているのは、そうじによって状態変化が起こる状況は理解しやすいということであろう。ただ、動的な述語が必要な状況だと分かっても、他動詞表現「する」が紛れ込んで来るのは「する言語」的発想が根にあるため、状態変化が起こるのか、人が状態変化を起こすのか、混同してしまうということだろう。

　(23)、(24) では、正しく修正できている割合が格段に下がる。これらのできごと連鎖、つまり、人が集まれば家がにぎやかになること、本を読めば何か心的変化が起こることは、日本語母語話者にとっては非常に分かりやすい日常的な変化スキーマであるにも関わらず、仏語母語話者にはこの状況が変化の状況だとは簡単には理解できないことが分かる。

6.3　不必要変化表現使用誤用例の判定

　次に、不必要な変化の表現が用いられている2例を見よう。

(25) お忙しいとは思いますが来ていただければとてもうれしくなります。

（26）そのとき振り向いたら、（露天商の）おやじは客がこの商品を本当に買いたいと分かるようになり、最初は一万円だと言ったものを九千円に負ける。

表4　不必要変化表現使用誤用例の判定結果

例番号	変（総数）	変 無修正	変 他所修正	変 変化修正		正	無回答	総数
25	15	2	1	12（63%） うれしいです（10） さいわいです（2）		4（21%）	0	19
26	14	2	10（53%）	分かり（2）（11%）		3（16%）	2	19

　（25）では、正答数も正しく修正できた率（63%）も高い。これは多分「Vていただければ、うれしいです」という文型が丁寧な依頼表現としてブロックで覚えられていることと、仏語に翻訳したら状態表現になるということが理由であろう。反対に、（26）では、正しく修正できたのが19人中2人という非常に低い数字になった。この文を何か変だと感じた学習者は14人もいるのに、多くが関係のない箇所を直している。つまり、被験者は、文が長くて文意が取りにくいということがあって何か自然ではないと感じているのだが、「振り向いたら分かるようになる」の部分にはほとんど注意が向いていないのである。第4節で、「分かる」や「思う」の代わりに「分かるようになる」や「思うようになる」が間違って使用されることが多いと書いたが、この判定結果からも、「分かる」と「分かるようになる」の違いがあまり意識されていないことは明らかだ。

6.4　変化の進展と動作の継続の混同例
　次は、変化の進展のつもりで動作の継続表現を用いている例である。

（27）筆者は村人の意見の影響でチェトリ君が逃げたと少しずつ考えて来た

表5　変化の進展と動作の継続の混同例の判定結果

例番号	変 （総数）	変 無修正	変 他所修正	変 変化修正	正	無回答	総数
27	9	2	だんだん (5)（26%）	思うようになってき た　(1)（5%） 思ってきた　(1)	9 （47%）	1	19

　(27)では、驚くべきことに、まず半数がこの文を自然だと判断している。つまり「考えて来た」を変化の進展を表す表現だと思っているのだ。「思ってきた」に修正している学生も、結局は「考えて来た」も「思ってきた」も変化の進展だと理解しているわけだし、副詞句「少しずつ」を「だんだん」に変えている学習者が5人もいたが、彼らも結局この文を変化の進展だと理解していることは明らかだ。19人中ただ1人のみが「思うようになってきた」と正確な表現に修正できている。修士2年レベルでも、変化の進展と動作の継続の混同は学習者のほとんどに見られることが分かった。

6.5　変化の結果の状態の誤用例

　次は、変化の結果の状態の誤用例である。

(28)20年後、私はどんな人になるだろうか。

表6　変化の結果の状態の誤用例の判定結果

例番号	変 （総数）	変 無修正	変 他所修正	変 変化修正	正	無回答	総数
28	1	1	0	0	16（84%）	2	19

　この例が11文中で1番判定結果が悪かった。20年後の自分を描くのに変化の結果状態表現を使用するということは全く理解されていなかった。このテストの後で答え合わせ兼話し合いをしたときに、このクラスの学習者達にとって、これからの20年間で変化する場合（これからの20年でどんな人間になるだろう）と20年後にどういう人間になっているかという場合との区別が曖昧であることが分かった。

仏語は未来形があるので、未来を語るときには文法的に統一されている。しかし、日本語では未来を語ることは一様ではない。「明日行くつもりだ」のように話者の意志として話すか、「明日は雨がふるだろう」のような動詞のル形＋推量で話すか、「明日はもうフランスに着いているだろう」の様な状態表現＋推量で話すか、色々な場合がある。自分の20年後の状況を想像して語る場合は、「もう結婚しているだろう」「大きな家に住んでいるだろう」等、現在の状態表現と同じ形に「だろう」を付加すればよいが、そこで「なる」を用いて変化を組み入れて表現する場合は、変化の結果の状態としなければならない。「もう母親になっているだろう」「日本語の教師になっているだろう」などである。仏語母語話者にとって、動的表現、状態表現の区別が既に難しいのに、この2つを組み合わせた表現の難易度の高さは言うまでもないであろう。

7　おわりに

　本稿の出発点となった2つの仮定を振り返ると、「本稿で扱う中上級レベル学習者の場合には、文法的な間違いはあまりなく、認知的、語用・談話的な問題が大きいであろう」という（B）の仮定は、修士1年生（4年目の学生）の作文の分析、修士2年生（5年目の学生）の判定・修正テストの結果、一部が正しくないことが分かった。「なる」の習得度別の4つのグループのうち最後のグループを除く3つのグループで形態の習得が不完全であること、「てくる」に関しては、時間表現は2つのグループでしか使用されておらず、また、使用されている場合も、変化の進展と動作の継続の区別の混乱が見られ、その混乱は修士2年においても同様であることなどから、仏語母語学習者の場合、たとえ中上級と言っても状態変化の表現に関して「文法的な間違いはあまりない」とは言い難いことが分かった。

　仏語を母語とする日本語学習者にとって、日本語の「なる」や「てくる」の習得の問題は、単なる文法的習得の問題ではなく、どの様な状況を状態変化と捉えるかという認知的問題、またどの表現を用いてどのように描写するのが自然かという語用・談話的な問題も含むであろう、という（A）の過程は

概ね正しかったと言ってよいと思う。ドラマチックなできごとなど状態変化として捉えやすい状況、心理変化の様に捉えにくい状況など、変化の状況認知にも難易差があるということ、事態を変化として動的に把握するより状態として静的に把握する傾向があるということ、それに伴うアスペクト認識の問題、自分を事態の中に置く主観的把握ではなく事態の外から見る客観的把握をする傾向があるということ等、多くの認知的問題が見られた。また、語用・談話面では、できごとを物語るときに、動的に展開する話の最後が状態表現になるなど、話のリズムの一貫性を保つことができない、または要旨としてポイントがずれてしまうなどの問題が見られた。

　最後に、教育面で有効と思われる提言として、次の様なことが言えると思う。まだ形の習得途中のレベルの学習者には、「になる」の凝結を防ぐための工夫を凝らした練習、否定の状態への変化も多く盛り込んだ練習などが望まれる。「V ようになる」は、形の練習に終始せず、前接動詞のアスペクトの特徴が把握できるように状況設定をして、意味的理解がきちんとされるようにしなければならないだろう。

　日本語の状態変化状況も、その表現も様々あるが、ある程度一定の型があるので、それを意識させて、その型にはめ込んでいくことも、もう少しレベルの高い学習者にとって有効であろう。例えば、どの様な副詞（句）と自然に共起するかは、どのような変化なのか、また変化のどの局面が問題になっているのか（アスペクト）ということと密接に関係するので、「少しずつ、徐々に、だんだん」（変化の進展）、「突然、急に」（突然の変化）、「やっと、最後に」（変化の完了）、「それ以来、その後」（状態変化点）などの副詞（句）との自然なコロケーションを強調する必要があると思われる。「てくる」の時間表現で一番習得が難しいことが分かった「動作の継続」用法も、「昔から」「今まで」とのコロケーションを強調することにより、「少しずつ、徐々に、だんだん」と共起する「変化の進展」との混同が起こらないように指導していくことが可能であろう。また、状態変化状況を把握しやすくするために、その状況を示す言語的手掛かりがあれば、それを意識させることも重要である。例えば、「初めは…が、このごろは…」の様な状況対比構文は、変化を暗示する典型的な統語型である。心的変化はその言語的手掛かりが明白でないた

め状態変化状況であると認識されにくいことが分かったが、それでも「Vて…なった」の様な型があり、「見る、聞く、読む」などの動詞で表されるできごとにより「喜び、妬み、感嘆」などの感情が引き起こされたという特徴があるということは教えられるであろう。

注

1　フランスは学部が3年なので、日本の大学4年生にあたる。

2　しかし、形が正確に使えるということと、その場面で適切に使えるかどうかということは厳密にはイコールではない。このグループでは、第1グループと異なり、状態表現である「である」と変化表現である「になる」の形的区別ははっきりしているが、うまく使い分けられず書き手の意図がぼやけてしまう場合も見つかる。例えば「非常事態における多数傍観者の援助の抑制」の実験結果報告の要約の次の様な例であるが、「グループの人数によって、援助反応の率が全く違う。2人のグループなら援助反応はとても速くて、援助率は85%になる（である）。しかし、傍観者が多ければ多いほどこの援助率が減らす。3人グループなら62%で、6人グループなら31%だけである（になってしまう）」、ここでは作者の意図が伝わっておらず、正確な要約とは言えない。

3　「もう何もできなくなった」以外に、日本語でも「もう（これ以上）何もできない」と言う言い方もある。そして両者の意味は「今まで何かをすることが可能だったが、これからはもう何もできない」という意味では同じである。しかし、それを過去から変化した状態であると捉えるときは前者を用い、現在を含め未来につながる状態だと捉えるときは後者を用いる。仏語では Je ne pouvais plus, Je ne peux plus, Je ne pourrai plus の様に過去も、現在も、未来も全部 ne....plus（もうできない）で表現できるのに日本語はややこしいと1人の仏語母語話者が言っていた（ジュリアン・モリニ氏、私的談話）

4　仏語母語学習者がアスペクトに弱い、という話をある仏語母語言語学者にしたところ、筆者の観察を補強するために「自分の周りの言語学者でないネイティブの中には se marier（結婚する、動的表現）と être marié（結婚している、状態表現）をあまり区別せずに使用している人達がいる」という話をしてくれた（レミ・ポルキエ氏、私的談話）

5　分析をやりやすくするために、学習者の産出文そのままではなく、調べようとする表現以外の部分の誤用を修正したものを用いた。

参考文献

阿部宏(2012)「空間移動表現の意味拡張について─「くる」と venir の場合」喜田浩平編『川口順二教授退任記念論集』: pp. 1–13, 慶應義塾大学

久野美津子 (2005)「ブラジル人幼児 2 名による変化を表す「〜なる」構造での誤りと習得過程」『日本語教育』127: pp.31–41.

市川保子編著(2010)『日本語誤用辞典』スリーエーネットワーク

井出祥子(2006)『わきまえの語用論』大修館書店

池上素子(2002)「変化を表す「なる」─前接する語との共起制限を中心に」『日本語教育』112: pp.15–24.

池上嘉彦 (1981)『「する」と「なる」の言語学』大修館書店

池上嘉彦(2006)「〈主観的把握〉とは何か」『月刊言語』35(5):pp.20–27.

池上嘉彦・守屋三千代編著(2009)『自然な日本語を教えるために』ひつじ書房

近藤安月子・姫野伴子編著(2012)『日本語文法の論点 43』研究社

久野暲(1978)『談話の文法』大修館書店

Langacker, Ronald W. (1985) Observations and Speculations on Subjectivity. In John Haiman (ed.) *Iconicity in Syntax*, pp.109–150.

Langacker, Ronald W. (1990) Subjectification. *Cognitive Linguistics* 1(1): pp.5–38.

Marquilló Larruy, Martine (2013) *L'interprétation de l'erreur*. CLE International

松田浩志・亀田美保・長田龍典(2015)『中級から学ぶ日本語改訂版』研究社

新屋映子・姫野伴子・守屋三千代(1999)『日本語教科書の落とし穴』アルク

寺村秀夫(1984)『日本語のシンタクスと意味 II』くろしお出版

山崎恵 (2004)「日本語学習者の作文に見られる変化の表現「−なる」の誤用─フランスでのデータをもとに」『ヨーロッパ日本語教育』9: pp.151–156.

学習者の作文における恩恵表現「〜てくれる」 の使用をめぐって
日仏対照の観点から

東伴子

1 はじめに

　フランス語母語話者にとって日本語文法の習得で難しいとされるものの一つに「〜てあげる／〜てくれる／〜てもらう」の補助動詞を用いて表す「授受恩恵表現」がある。それについてよく指摘されるのが補助動詞の非用や使い分けに関する誤用である。しかし、たとえ穴埋め問題や書き換え問題でこの形が正しく作れても、実際のコミュニケーション場面において適切な状況で使えなければ、Hymes（1984）の提唱するコミュニュケーション運用能力の習得には結びつかない。特に「〜てくれる」の形は、話し手が自分（またはその身内や仲間）が受けた恩恵的な行為を叙述するときに使われ、その非用や誤用は、受け手がだれであるかという情報に関して曖昧さを生み出すだけでなく、聞き手・読み手および行為を行った本人に不快感を与えることもある。このように「〜てくれる」の適切な使用はコミュニュケーションの円滑な成立のための必須要素であり、その習得は非常に大切である。文法の学習は、具体的なコンテクストでの運用を念頭において行われるべきであり、学習者の熟達度が上がるにつれて、その実践とフィードバックを通じ、文法能力も精緻化し、より適切に駆使できるようになるのではないかと考える。
　本稿では、「〜てくれる」の使用について、フランス語を母語とする学習者の書く産出活動におけるデータをもとに考察を行い、その使用に関する問題を談話的観点から明らかにすることを目指す。日仏対照も視野に入れて分析を行い、授受恩恵表現「〜てくれる」の指導法について提言を行いたい。

2 日仏対訳書籍からの考察

　学習者の産出物の分析に先立ち、「〜てくれる」が文レベルではなく具体的な文脈においてどのような状況の言語化に使われているのかについて考察を行う。また、その場合フランス語でどのように言語化されているのかを確認するため、小説とマンガから「〜てくれる」表現を抽出し考察を行った。本節ではその結果を紹介する。使用した本は、小説『キッチン』（吉本ばなな）とマンガ『テルマエ・ロマエ』（ヤマザキマリ１巻〜４巻）の原本とそのフランス語訳である。これらの書籍を選んだ理由は、前者は主人公が「私」で語られており、書き手へ向けた行為の表現を取り出しやすいということ、後者はマンガであるため、発話場面が明らかで発話の状況・意図がわかりやすい、臨場感のある発話が多いことである。これらの書籍から「〜てくれる」を含む発話文の例を 50 収集した。フランスの学習者における「〜てくれる」表現の習得の難易度を視野に入れてそれらの例文を考察し、３つのタイプに分けた。表１において(1)と(2)はタイプ１、(3)はタイプ２、(4)と(5)はタイプ３となる。

表1 「〜てくれる」発話文の例　日仏対照　（下線は筆者による）

	日本語原文	フランス語版
(1)	親愛なるルシウス、<u>そなたの送ってくれた</u>木製の浴槽のお陰でわたしはすっかり生き返ることができた。（テルマエ）	Mon cher Lusius, grâce à la baignoire en bois que <u>tu m'as fait envoyer</u>, je suis revenu à la vie.
(2)	残りの金でそのすじの店を一つ持ってさ、<u>ぼくを育ててくれたんだ</u>。（キッチン）	et puis avec l'argent qui restait il a pris un fonds de commerce, et <u>il m'a élevé</u>.
(3)	気づくと、後ろで<u>雄一がそうきんを手に床をふいてくれていた</u>。そのことに私はとても救われていた。（キッチン）	Soudain, je m'aperçois que <u>Yûichi était en train de passer la serpillère sur le sol</u>. Et sa présence était pour moi d'un grand réconfort.
(4)	私の作った玉子がゆと、きゅうりのサラダを<u>彼女はうれしそうに食べてくれた</u>。（キッチン）	<u>Eiko a mangé de bon cœur</u> la bouille de riz aux œufs et la salade de concombre que j'avais préparées.
(5)	いやはやとにかく<u>生きていてくれて</u>何よりだ！（テルマエ）	Allons... <u>Tu es en vie</u>, c'est tout ce qui compte !

　タイプ1に分類された(1)は、直接話し手に向けられた行為の叙述である。話し手への方向性を示すのみなら、「送ってきた」のような表現を使い、あえて恩恵性を表さないことも可能だが、ここでは「〜のお陰で」との共起もあり、「〜てくれる」で恩恵性が明示されている。フランス語訳では、行為の受け手である話し手が与格一人称の「me」で表示され、恩恵性は「grâce à 〜（〜 のお陰で）」で言語化されている。(2)も同様に、話し手が直接的に「育てる」という恩恵行為を受け、そのことを本人が認識しつつ発言している。フランス語訳では対格一人称の「me」で受益者が明示されている。フランス語構文自体には恩恵性が表示されているわけではないが、明示的な方向性、語彙に含まれる恩恵性、そしてフランス語における人称表示から、ここでの「〜てくれる」使用の根拠は明確で、学習者にも比較的習得しやすいのではないかと思われる。日本語の教科書に例文として提示されるのもこのタイプの文が中心で、自然な日本語の文には「〜てくれる」の使用が必須とされるものである。

　2番めのタイプは、(3)のように、恩恵性が文脈と結びついており、「〜てくれる」をつけることで話し手と恩恵性の関係が明示化されるケースである。「〜てくれる」を取り「床をふいていた」という文にしても、文レベルでは正しいが、その場合話し手はその行為を自分のための恩恵的行為という捉え方をしない。(3)の文脈では明らかに雄一は書き手「私」を手伝うために床を拭いており、書き手は、それを認識し受益者として「救われていた」と感謝を表明している。よって、この場合「〜てくれる」の非用は文脈とのリンクが行われず、不適切な文となる。フランス語訳に関しては、ストーリーの文脈とそれに続く文「Et sa présence était pour moi d'un grand réconfort（かれの存在は私にとって大きな励ましだった）」（筆者による直訳）から話し手が持つ恩恵性は推測できるとしても、該当する発話文においては恩恵性は言語化されていない。このような用法は、談話的結束性を考えながら表現することを目指すレベル、つまりヨーロッパ言語共通枠（CEFR）のB1レベル(CE 2000: 51, Council of Europe 吉島・大島 訳編 2008: 65)において、特に指導すべき項目ではないかと考える。

　第3のタイプは、話し手が行為者へ向けた恩恵性の表現ではなく、ある行

為、事態によって生じるプラスの感情（安堵、満足感など）を表現するものである。「うれしそうに食べてくれた」(4)や「生きていてくれてなによりだ」(5)は、与益者と受益者の関係ではなく、話し手の精神的満足感を表すものと言える。主観的用法、または派生的用法（益岡2013：28）と呼ばれ、レトリックの一種であり、使用は任意である。発話場面と状況から使用を判断しなければならず、高い熟達度が要求される。「やってくれたね」のような皮肉表明の用法も同様である。このように、「～てくれる」は熟達度とともに駆使できる用法が広がっていくのではないかと考える。以下、学習者の「～てくれる」使用の様態については、この分類を参照しながら考察していく。

3　使用コーパス

　本稿で主要コーパスとして用いるのは、筆者が勤務する大学で日本語を学習する学生が書いた「ありがとうと言いたい」という日本語の作文である。書き手に向けられた恩恵行為がどのように表現されているかを探るために「あなたがだれかに今まで何かしてもらったこと、助けてもらったり親切にしてもらったりしたことについて、その人に感謝の気持ちを述べ、その経験を書いてください」という指示を口頭でフランス語で出した。日本語で指示を出さなかったのは指示文に現れる授受恩恵表現をそのまま作文に使うことを避けるためである。収集した作文の大半は書き手が自分の体験を語りながら感謝の気持ちを表すナラティブタイプのものであるが、手紙形式で過去の出来事あるいは過去の習慣に言及しながら特定の人物に感謝を表すものもあった。このような自由作文をデータとして選んだのは、学習者が実際の産出場面で、どの程度既習文法事項である授受恩恵表現を駆使して自己表現ができるかを見るためである。

　作文は、2013年度から2015年度までの3年間で総計87収集した。対象となった学生の日本語熟達度はCEFRのA2習得中〜B1習得中が大半だがB1到達でB2習得中と判断できる学生も数人いる。詳細は表2のとおりである。

表2　作文を書いた学習者情報

所属・専攻	学年 （準備学年を含めた大学での学習歴）	人数 総計87名
外国語応用課程 英語と日本語専攻	2年生（日本語学習3年目）	54名
	3年生（日本語学習4年目）	26名（うち6名は日本留学中に作成）
日本語以外の専攻 日本語は選択科目	B12習得中のクラス（学習歴は多様）	7名（留学体験者3名）

　87本の作文の中で、「〜てくれる」表現が適切と判断される発話文は159あった。これは実際に正しく使われている場合も、間違いはあるが使われている場合も、非用の場合も含めた数である。「〜てくれる」の使用に関する考察はこの159の発話文にもとづいて行うことにする。また、これは授受恩恵表現の使用を指示したタスクではないため、各作文に研究対象の「〜てくれる」表現が使われているとは限らない。実際に「〜てくれる」の形式の文が現れたのは73本の作文においてであった。それらの作文は、下記の判定基準で3つのレベルに分類し、事例を提示するときにそのレベルも併記することにする。

表3　ナラティブタイプの作文のレベル基準

作文のレベル判定	判定基準	該当作文数 総計73
A22かそれ以下	作文としての構成が不十分。基礎的な文法の間違いが目立つ。意味がわかりにくい文が多い。	30
B11	ナラティブタイプのテキストとして比較的よく構成されており、言いたいことが伝わる。文法の間違いや表現はある。	28
B12かそれ以上 （B21）	全体的に読みやすい。B11よりは詳しく正確な説明や記述がある。文法や語彙の間違いは残っている。	15

　なお、上述の日本語の作文以外に、フランス人学生がフランス語で同じタイプのテーマで書いた作文25本と、日本人留学生が日本語で書いた作文4本も日仏対照の分析に援用する。

4 作文に表れた恩恵行為

4.1 動詞のタイプと頻度

　今回分析に用いたデータは学習者が書いた「ありがとうと言いたい」というナラティブタイプの作文である。本節では、彼らの産出物の中にどのような行為が頻繁に言及されているのか、その中に「～てくれる」表現はどのように使用されているのかについての考察結果を述べる。自由作文において、フランス人学習者が恩恵的な行為の受益者としてそれを認識し感謝を表すときに、どのような行為が想起されやすいかを確認するためである。使用された動詞を行為のタイプごとに分類し、その使用数を計上したのが下のグラフ1である。

　最も多く使われている動詞は、「手伝う、助ける」に関わる行為である。これはタスクのテーマと指示を見ればある程度当然だと言える。しかし、「恩恵性」および方向性が明らかな動詞とは言え、その半数以上に恩恵表現が非用となっている。ただし B12 かそれ以上と判定された作文では1名のみが非用であとは全員使用していた。フランス語では「aider」で表されるこの概念は、日本語での適切な語彙選択（主に助ける、助かる、手伝うの使い分け）においても問題が見られたが、ここでは本題からそれるので扱わない。次

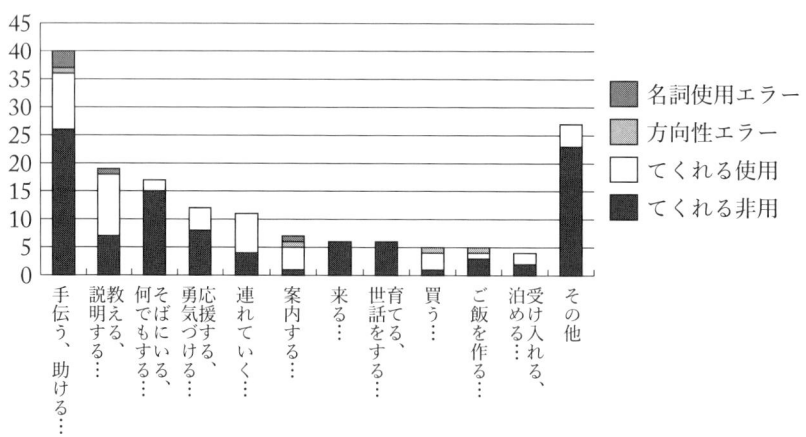

グラフ1　作文に現れた恩恵的行為の頻度と「～てくれる」の使用形態

に、「〜てくれる」の使用率が多いタイプの動詞を見ると「教える、説明する」系、「連れていく」系、「案内する」系、「買う」系が挙げられる。これは、前述第2節で見た通り、タイプ1の動詞にあたり、多くの教科書においてこれらの動詞が恩恵授受表現の例文に使われているということも影響していると思われる。一方、多く言及されている「そばにいる、何でもする」系の行為は、非使用率が高い。これは前述の第2のタイプの用法に相当し、談話的結束性を留意しないと、適切な使用は難しいからだと思われる。

　全体的には、「教える、連れていく」などの具体的な行為以外に、心理的な恩恵行為を示す「応援する、勇気づける」「私と一緒にいる」などの行為の記述が多いことに注目したい。日本人留学生が書いた作文にも「一緒にいてくれる、（〜をするのに）付き合ってくれる」などの行為への言及が多く見られた。感謝という言語行為を表明するための語りの文においては、それらの動詞が恩恵表現「〜てくれる」と共起して使われることが多いということに留意する必要があるだろう。

4.2　「〜てくれる」の使用に関する内訳

　それぞれの動詞グループにおける「〜てくれる」の使用数、非用数、方向性エラー（「あげる」の使用）、名詞使用エラー（「名詞」をくれるの形）はグラフ1に示されているが、総計159の発話文の内訳は下記のようになる。

表4　「〜てくれる」の使用状態　内訳

	無標化	有標化		
	てくれる非用	てくれる使用	方向性エラー	名詞＋くれる
内訳	101	48	4	5

　無標化とは、「〜てくれる」形でマークすべきところを使用しない場合や、受身形のように他の形で表現しようとしている場合である。下に示す(6)はフランス語の構文「elle m'aide（彼女は私を助ける／手伝う）」）をそのまま日本語に転用した「いちばん初歩的」な誤用と言えよう。(7)は「助けられた」という受け身形の使用を意図していたと思われる文で、恩恵表現は使われていない。

（6）困た時にずっとわたしをてつだいます。（A22）（以下すべて下線は筆者
　　　による。学習者の書いた例文は文法、語彙、表現が不適切でも修正な
　　　しで提示する。）
（7）自転車から落ちました。とても痛いでした。ひざで血がでました。運
　　　良く妹はけがをしなかったです。今すぐドイツ人に助かれました。
　　　（A22）

　方向性エラーは、（8）のように、「～てあげる」が使われているケースであ
る。

（8）そのときにマドリードを案内してあげてありがとうございました。
　　　（B11）

　「名詞＋くれる」は、動詞と補助動詞の組み合わせでなく、例えば、「手伝
いをくれる」、「説明をくれる」のようにモノの授受の形で表している場合で
ある。フランス語の「donner de l'aide（直訳：手伝いをあげる）」という慣用
表現の干渉であると考えられる。（9）のように「手伝いをくれる」という表
現が大半であったが、（10）のように「あげる」との組み合わせの例も見られ
た。この形は A22 かそれ以下と判定された作文に主に見られた。

（9）LEA の日本語の学生もはたくさん手伝をくれましたから、新しい友達
　　　になりました。（A22）
（10）たいへんの時、母はてつだいをあげます。（A22）

5　考察 1　ナラティブと視点

　認知言語学では、母語話者が好む事態把握の仕方は言語によって異なり、
それが「自然な」言い回しや文法構造と結びついていると考えられている（近
藤・姫野 2012: 2–6、池上・守屋 2009: 42–43）。日本語においては、話し手
に関わる事態は「私」からの視点で語ることが好まれ、選択する言語形式が

客観的な記述の場合とは異なることがある。例えば、話し手側に向けられた行為は、客観的な描写は不適切で話し手からの視点で語るため、「あげる」ではなく「くれる」を使うこと、「私に電話をかける」ではなく「～から電話があった」「電話がかかってきた」などの形にすること、そして「私に送る」ではなく、「送ってきた」または「送ってくれた」などの形を選ぶという風に、授受恩恵表現に限らず、一貫した説明が必要であると考える。特に「視野」が関わる構文を導入するときにこのようなメタ認知的アプローチは有益であろう。つまり、人から人へ向けた行為は、単に受け手がどの人称で表されるかという問題ではなく、自分を関連させてどのような方向になるのかを考えなければならないということをフランス語を母語とする学習者に気づかせる必要があるだろう。本稿で取り上げている「～てくれる」に関して言えば、この補助動詞を付加することにより、方向性（話し手は自分に向かっている行為を自分の視点から言及）とその行為の恩恵性（それが恩恵的なものであり自分はそれを享受しているという認識）を言語化するということを意識づけることが大切であると考える。

　以下、学習者の作文からの抜粋を単独の文ではなく談話単位で取り上げ、「～てくれる」の使用に関するふるまいを観察し、問題点を探る。特に学習者の認知過程や発話意図を考慮しながら、どのように添削できるか、指導できるかを考えていく。(11) は、タイプ 1 の動詞である「教える」にも「～てくれる」が付加されていない例である。

(11) 私は N 先生と Y 先生にありがとうお言いたい。<u>先生たちは二年間よく学生たちに教えましたよ</u>。N 先生のおかげで、日本語の書き方がしっています。まだたくさんかん字がならなければならないんですけどがんばりますよ。Y 先生のおかげで、日本語で日本人の友だちと話されています。私にはとてもうれしいんです、そんなこと。（A22）

　(11)においては、その前後の表現「ありがとうお(と)言いたい」と「～のおかげで」と共起し、書き手から 2 人の先生への感謝の気持ちは伝わっている。この作文は A22 かそれ以下と判断されたもので、書き手は補助動詞「～

てくれる」に関する文法規則の習得が不十分とも考えられる。しかし「先生
たちは学生たちに教えました」は構文的には「学生たち」つまり「彼ら」と
いう第三者が与格(ニ格)にあるため「〜が私にくれる」という構図を覚えて
いた学生は「〜てくれる」の使用の必要性を思いつかなかったという可能性
もある。前述のように、構図における人称の問題ではなく自分から見た方向
性を考えるように指導する必要があるということである。また、今回の作文
のほとんどが、家族、友人、見知らぬ人への感謝を述べていたが、このよう
に「先生」への感謝を述べるときは敬語使用(くださいました)が適切と判断
される場合もあるので、そのような指導も B1 に向けて必要になるだろう。
またポライトネスの観点からは、「先生たちは二年間よく学生たちに教えま
したよ」に「〜てくださる」をつけても「よく教える、うまく教える」が評
価の表現になってしまい不適切であるということは添削のときも注意が必要
であろう。書き手の発話意図を考慮して修正すると「熱心に教えてください
ました」となるかもしれない。

　(12)は B12 と判定された作文で、語りの文としてストーリー性もあり興
味を持って読めるものである。「〜てしまいました」などの補助動詞も使用
されており文法の知識もあると判断できるが、「〜てくれる」の代わりに「〜
てあげる」が 2 回使われている。

(12)あいにく、広島から京都までちょっと迷ってしまいました。(中略)突
　　然に、おとりよりが来て、英語で「お手伝いませんか」と言いました。
　　私たちはちょっと驚きましたが、状況を説明しました。「なるほど」彼
　　が笑いました。彼はポケットから一片の紙を引き出して、書き始めま
　　した。その後で、笑いながら、紙を手渡してあげました。(中略)次の
　　列車が到着する直前にお年寄りはもう一回現れて、私達に三本の水を
　　買ってあげました。「いい旅を」を言って、電車に消えました。(中略)
　　「やっぱり日本人はとても優しい」と思いました。(B12)

　登場人物の発話や思考内容をかぎかっこに入れて物語のように書いてお
り、「私達」をストーリーの登場人物の一部として捉え、書き手はその場を

外側から見て語っているようにも見える。恩恵性は「～てあげる」で表現されているが「～てくれる」との使いわけを前述の視点と方向性に注意して指導する必要がある。

(13) 日本に住んでいるとき、たくさん人が<u>私を手伝いました</u>。その人達の中に、いる<u>とても優し女の人は私と弟を助けました</u>。(中略) ある晩、京都から東京まで新幹線で行きました。(中略) でもホテルの住所を忘れてしまいました。(中略)「困った！困った！どうしよう？どうしよう？」と思いました。<u>一番下の弟のアルチュールは手伝いました</u>。アルチュールはほんとうに人なつっこいです。英語も日本語も話せないのに、新幹線で日本人の OL と話しました。<u>彼女は私達を助けました</u>。(中略) <u>アルチュールとその女の人が手伝わなかったら</u>、寝るところがありませんでした。(B12)

　(13) は理工学専攻の学生の書いたものであるが 1 年間日本の大学への留学経験もあり、読み物としての面白さも備えたテキストである。「助ける」と「手伝う」は 5 回使用されているが、一回も有標化されていない。(12) 同様、この作文は、外からの視点でストーリーが語られているという特徴がある。自分の感情も「困った！困った！どうしよう？どうしよう？」と話しているように書かれている。穴埋め式のテストではこれらの学生も「～てくれる」を正しく付加できるかもしれない。しかし、自分の経験をその状況を説明しながら語るというタスクに注意が向いていると、方向性の使い分けを間違えたり、「～てくれる」を全く使わないで書いてしまうほど、これは自動化が難しい「注意が必要な」文法事項であるといえるだろう。
　次の例(14)も日本留学中の経験について語っている作文である。自分が受けた恩恵の行為には「～てくれる」が忘れずに付加されているが、過剰な使用が見られる。

(14) ありがとうといいたい人は、私の彼女だ。まず、日本に着いた時は〇〇空港まで<u>迎えに来てくれ</u>、一緒に 1 週間過ごした。さまざまな美

しい名所を見学させてくれ美味しい食べ物を食べさせてくれ、自分の
新しい環境に慣れるために大いに助かったと感じたのだ。(中略)結論
として、彼女がいなかったら必ず自分の日本に対しての視野は違った
と思う。彼女が様々な経験をさせてくれたので日本の文化や社会など
をより知ることができた。その理由で心の奥で感謝したい。(B21)

「見学させてくれ美味しい食べ物をたべさせてくれ」「様々な経験をさせて
くれた」のように使役形に「〜てくれる」がついた形が使われている。話し
手に向けた使役形で表される行為は、そのままの形では使われず、「〜てく
れる」を付加するか受身形にするかの操作で視点を調整するということをこ
の学習者は知っていたと思われる。ただ「使役形+てくれる」は、「懇願し
た結果許してもらった」「自力ではできず助けてもらった」などの特別な恩
恵性のニュアンスを伝えてしまい、この文脈では書き手の発話意図とは異な
り適切ではない。この場合は授受恩恵表現ではなく、「彼女のおかげで見学
することができ、美味しいものを食べることができた」のように言い換える
ことで、より発話意図にあった、自然な発話文になる。フランス語では自分
が対象になった使役文がよく使われるが、同じように日本語でも使役形で表
現し、それに「〜てくれる」をつけても自然な発話にならないことが多いと
いうことを B2 になるレベルの学習者には指導する必要がある。

6 考察 2 恩恵行為と文脈のリンクづけ

第 2 節で「〜てくれる」の 3 つのタイプの用法を提示したが、本節では、
そこで学習者にとって運用が難しいと仮説を立てたタイプ 2 の恩恵表現の使
用状況を観察し、その指導法を考える。下記の(15)は、家族が自分の誕生日
のサプライズパーティを開いてくれたときの経験を語っている。

(15) 私がふりむいた時に、かぞくと友だちとりん人は私の前にいまし
た！"ハッピーバーズデイ"をうたいました。テーブルの上に大きな
ケーキがおかれました。(A22)

「ハッピーバーズ（ス）デイをうたいました」という発話文自体は正しいものだが、この形ではその行為が文脈とリンクされていない。談話的結束性を保つためにここでは「歌ってくれました」と修正する必要がある。その行為が書き手に向けて行われたものであるということに加え、家族らが書き手を喜ばせるために歌い、書き手はそれを認識してうれしく思ったという方向性と恩恵性に関する条件が合った時に「〜てくれる」の形を使うように指導できる。

　次の例(16)も同様である。ここではだれが恩恵を受けた人なのかをはっきりさせる必要がある。

(16) 夏休みに、私は父と母と弟、アルカション に行きました。家族は彼氏を呼びましたから、とてもうれしかったです。(B11)

　家族が書き手の彼氏を呼んだという行為は、書き手が受益者であり、そのことで書き手が嬉しく思うということからしたことであり、その恩恵性を書き手自身も認識している。「家族は彼氏を呼びました」という文は、(15)同様、他の文脈での記述ではそのままで問題ないが、このように感謝を述べる文において、また「うれしかったです」という文と整合性をもたせるには、その前の文は「呼んでくれた」とする必要があるということを指導する必要がある。

　ひとつの作文の中で、「〜てくれる」が一部適切に使用されているが、残りは非用・誤用であるという場合も多く見られた。文法項目として「〜てくれる」は習得しているが、談話の流れの中でどこで使うのが適切なのかについての判断が難しいことがわかる。

(17) かなさんとかなさんの両親はいつもなんて優しいので、この旅行は最高だったんです。例えば、私とエリーズさんが来たと帰ったときに、プレゼントをあげてくれました。それに、かなさんのお母さんはいつも私たちに日本料理を作って、本当に良かったです。あんなにおいしい日本料理を食べたのは初めてでした。かなさんは横浜に住んでいる

ので、毎日東京へ行けて、町で観光するために私たちを連れて来ました。私たちは日本語で何かがわからなかったときに、かなさんは教えてくれて、すごかったです。それに、ある日かなさんの両親は箱根を見に行くために、休みの日を取って、私たちを車で連れて来てくれました。（中略）かなさんとかなさんの家族のおかげで、東京の旅行を本当に楽しめました。（B12）

　（17）は、自分たちの日本滞在がいかに素晴らしかったか、そのためにこの日本人家族からいかに恩恵的な行為を受けたかが語られている。「最高だった」「本当によかった」「すごかった」などの肯定的な評価も示されている。「教えてくれて」の部分で「〜てくれた」が適切に使われ、「あげてくれました」のような過剰な使用法も見られる。よって、学習者は、自分が受益者のときは「〜てくれる」を使用するという文法の規則は認識していると考えられる。一方、お母さんが日本料理をいつも作ってくれたという記述に関しては、「私たちに」によって受益者をマークし、文末は「本当によかったです」でポジティブに評価してある。つまり学習者なりの方法で方向性と恩恵性をこれらの表現で言語化しているのである。しかし日本語として「私たちに作った」は構文的にも不自然な上、恩恵性が現れない。それでは不十分であり、「作ってくれて」の形を作ることによりコンテクストと結合性が生まれるという指導が必要であろう。「連れて来る」は「連れて行く」の誤用であるが（これも方向性を持つ動詞の使い分けの難しさのひとつである）、2回ほぼおなじ文脈で使用されているうち、1回は「〜てくれる」の形になっているので、やはり注意が足りないとつけ忘れる要素であることがわかる。

　次の例（18）も同様に、私に告げるという直接的な働きかけは「〜てくれる」でマークできているが、「（自分のために）他の人に聞く」という間接的な行為には「〜てくれる」がつけられていない。

（18）お父さんはこの人に私はマクドナルドにアルバイトをすることができるかどうかと聞きました。そのあとインタビューがあって、受けました。この夏2月間、マクドナルドにアルバイトしました。（中略）そ

　　の代わり、今はタバコ屋にアルバイトをして、も一度お父さんは街頭
　　でタバコ屋の求人を見て、<u>私に告げてくれました</u>。うちのお父さんは
　　本当にやさしくて、私はとても嬉しいです。(B11)

　次の例(19)では学習者は、両親への感謝の気持ちを具体的な行為を挙げて
述べている。「教えてくれる」、「勇気づけてくれる」、「手伝ってくれる」の
3つのタイプの動詞は恩恵構文を用いて、適切な表現になっている。しかし
タイプ2の「(いっしょに)いる」は有標化されていない。「いつも私と一緒
に<u>いてくれました</u>」と添削できる。また、「私は母と父が育てた人」や「母
と父は現在の私にしました」のような書き手に向けた恩恵的行為も「育てて
くれる」、「してくれる」のように有標化したほうが整合性のある談話になる。

(19) 私は母と父に借りがあります。ですから、母と父に「ありがとう」と
　　言いたいです。(中略)子供のころ、勤労意欲と野次馬根性がいること
　　を<u>教えてくれました</u>。(中略)または、子供時代は一生を決めると思い
　　ます。現在の私は母と父が<u>育てた</u>人です。(中略)例えば、日本語を勉
　　強すること決めた時、みんなはとてもびっくりして、「なんで」と言い
　　ました。しかし、母と父は面白いと言って、<u>勇気づけてくれました</u>。
　　私が何でもを必要だ時、母と父はいつも<u>手伝ってくれました</u>。元気だ
　　時、気分が悪い時、<u>いつも私といました</u>。今も、いつでも母と父をあ
　　てにするの分かっています。以上のように、<u>母と父は現在の私にしま
　　した</u>。ですから、「ありがとう」と言いたいです。(B12)

　学生の作文のフィードバックには、学習者のコミュニケーションスタイル
と発話意図を考慮して、それに応える日本語表現を教示することが大切であ
るが、それと同時に日本語話者が好む自然な「捉え方」「言い回し」を示す
ことも必要である。熟達度が増すにつれて「日本語としての自然さ」を考慮
して添削する必要がでてくる。(18)で見られるように、書き手の視点から
「現在の私は…人です」のように自分を描写したり「母と父は現在の私にし
ました」のような使役表現をつかうことは、たとえ恩恵表現「〜てくれる」

をつけても、日本語としては自然な捉え方ではないという指摘も B12 レベルでは必要であろう。5節の例(14)で指摘したように、日本語母語話者は「育ててもらって現在の私になりました」、「母と父のおかげで現在の私がいます」のような「なる」的構文のほうを好み、そのほうがより自然であるという指導をするとよい。

7　「恩恵性」の日仏対照

　「ありがとうと言いたい」というテーマの作文では必然的に話し手が恩恵的行為を受けたことを認識し、感謝の気持ちが表明される。日本人留学生の書いた作文では、相手が自分にしてくれた行為を「〜てくれる」を使って表現し、場合によっては、「大変うれしかったのを覚えています」などの感情表現で締めくくっている。フランスの学習者は、そのような恩恵性をどのように表現しているのだろうか。母語話者は「〜てくれる」により恩恵性を表現しているが、フランスの学習者はそれ以外の手段を駆使しようとしているように思える。本節では、恩恵性の表現を日本語の作文とフランス語で書かれた作文の双方から考察していく。

7.1　〜してくれてありがとう

　学習者が書いた作文は、自分が受けた恩恵行為についての体験を語ったものが大半だが、その行為者に手紙の形で書かれた作文も多くあった。「〜ありがとう」の形で感謝を表明してる発話文が 18 あったが、うち 13 は「〜てくれて」が使われていなかった。

(20) きょう年ロンドンで、私をうけいれました、ありがとうございます。
　　 (A22)
(21) 夏休みにうちに泊めて、ありがとうございます。(A22)

　(20)のように終止形「ました」のあとに句点をつけてつなげるパターンが5件見られた。いずれも A22 かそれ以下と判定された作文である。(21)の

ように「〜てくれて」が含まれていない文も5件あったが、これにはB11、B12の作文も含まれている。前述の(3)のように「〜てあげてありがとう」の形も見られた。

(22) スペインのパエリアの作り方を教えてくれたことしていただきありがとうございます。(中略)あなたのおかげで私はスペインたいざいのよい思い出を持ち続けることでしょう。(A22)

　(22)は、敬語表現が使われていた数少ない事例のひとつである。恩恵表現の「〜てくれる」を名詞化し、それを動詞「する」の目的語とし、最後に「ていただきありがとうございます」の構文を使うなど、学習者なりに考えて作られた文であるが、日本語構文としては適切ではない。これは自分のおばあさんへの手紙だが、身近な親戚に敬語を使ったり、最後に「あなた」が使われるなど、社会言語的レベルでの問題も見られる。また、わかりにくい文が多かったため、作文はA22の判定になっている。以下の(23)では2文目の「てつだう」には「〜てくれる」が非用だが、学習者は、表現として「私のそばにいてくれてありがとう」を知っていたと思われる。

(23) 友だちにもありがとう。私のそばにいてくれてありがとう。困った時にずっとわたしをてつたいます。(A22)

　(22)と(23)の例から、定型表現として「〜してくれてありがとう」、さらには必要に応じて「そばにいてくれてありがとう」のように動詞と結びつけてパターン化して提示することが有益ではないかと考える。言語習得における定型表現の重要さが近年注目されており、語彙や表現をひとつのまとまりとして記憶するストラテジーにより正確に早く言語処理ができるという知見も提唱されている(Wray and Perkins 2000, Ellis 2003)。社会言語的な適切さを指導するには、話し手が感謝の気持ちを伝えたい人を設定し、それに応じて表現するというような産出活動のタスクが必要であると思われる。
　一方、学習者がフランス語で書いた作文には、「Je remercie A pour m'avoir

...の/de m'avoir... (…してくれたことを　A さんに感謝する)」という表現で
「me（私）」を受け手として明示し、自分が受けた行為と感謝の気持ちを表
出する文が 17 見られた。(20)のように動詞（過去形）と「ありがとう」を並
列につなげたのはこの形をそのまま転用しからだと思われる。

(24) Je voudrais te remercier de m'avoir hébergé cet été durant la Japan
Exposition à Paris.（パリのジャパン・エキスポの間、私を泊めてくれて
あなたに感謝します。）

　(24)のような動詞の過去形が日本語では「～てくれてありがとう」と「て
形」を使って表現することに気づかせ、一緒に確認するようなメタ認知的活
動も有益であろう。

(25) Je veux donc le remercier d'être et de rester à mes côtés et de me soutenir et
de m'aimer comme il le fait.（彼がいつもそばにいてくれて私を支えてく
れ、そして彼のやりかたで私を愛してくれることに感謝したいです。）

　状況とのリンクづけのために「～てくれる」が必要になるタイプ 2 の行為
（ex. 一緒にいてくれる）も 12 抽出された。(25)は、書き手が自分の恋人に向
けた感謝の言葉である。このようにいくつもの行為を列挙するときは、日本
語で「～てくれる」はどのように表すのかということは教科書では教えられ
ていないが、学習者の発話意図を重視する教育ではそのような指導も必要に
なってくるだろう。

7.2　私のために

　学習者が日本語で書いた作文には、「私のために」という表現が、その行
為が自分に向けてのものだというリンクづけと恩恵性を表現するために使わ
れることも多い。特に第 2 タイプの行為（ex. 一緒にいる）において、「～てく
れる」でマークされていないのに「私のために」だけで表そうとするケース
も多かった。

(26) かなしいとき、彼女は必ず<u>私のために</u>います。

(27) 母はずっと<u>私のために</u>います。とてもやさしい人です。

　フランス語でも「pour moi（私のために）」が「いる」と共起する例が多く見られた。

(28) Mais toi, tu étais toujours présente <u>pour moi</u>. Tu es ma meilleure amie.（でもあなたはいつも私のためにいてくれました。私の最高の友達です。）

　特に第2のタイプの行為については、行為の恩恵性と受益者（書き手）は、「私のために」によってではなく、恩恵授受表現によって言語化されるということを、学習者の発話意図を確認しながら指導する必要がある。

7.3　補足文「おかげで」

　学習者の作文には、自分が受けた行為の恩恵性を補足的に強調するスタイルが見られた。そのひとつは、前述の(17)、(22)にも見られるよう、「おかげで」により、相手の行為が書き手に及ぼした恩恵的結果を叙述する方法である。次の(29)では、書き手が日本滞在中に見知らぬ人に親切にしてもらった体験を語っている。

(29) 鞍馬駅に着いた時、私たちに信じられないことを言いました。「旅館がここから遠いですので、車で連れて行きます。5分待っていてください」そして5分後、駅前で車で本当に戻りました。重い荷物を全て車に運んで、旅館まで<u>連れていってくれました</u>。あの人の態度が寒い冬の夜に私たちの心を温めました。<u>結局、あの優しい人のおかげで無事に旅館に辿り着きました。</u>（中略）彼のおかげで、日本ではいつでも、どこでも、何かが起こっても支えられる人がずっといると感じだした。

　ここでは「連れていってくれました」と恩恵表現が適切に使われているが、それに後続する形で「あの人の態度が寒い冬の夜に私たちの心を温めま

した。結局、あの優しい人のおかげで無事に旅館に辿り着きました。」の2文で、補足的にさらにその恩恵の重要さ、感謝の気持ちを言語化している。日本人留学生が書いた作文でも「おかげで」を使用してその結果を叙述しているケースがあったが、日本語では事実を恩恵表現を用いて描写するだけですでに恩恵性が表出され、「おかげで」を繰り返さない場合も多い。

(30) 1年に2回あるサークルの合宿の時には、いつも深夜まで練習につきあってもらっていました。(中略)サークルを、<u>わたしにとってとて居心地のよいものにしてくれた先輩</u>に、私はありがとうと言いたいです。(日本人留学生の書いた作文から)

　フランス人学習者は、たとえ「〜てくれる」を使ったとしても、さまざまな補足的な方法で「恩恵性、感謝」を表そうとしているように思える。この点については今後考察を深めてゆきたい。一方、フランス語で書かれた作文では、「grâce à A（A さんのおかげで）」の表現を使った文を受益行為を記述したあとで補足的に示し、その恩恵性について説明を加えるケースが多くみられた。

(31) Je lui ai donc rencontré et elle m'a aidé à me calmer. J'ai donc pu passer le permis sereinement <u>grâce à elle</u>.（それで私は彼女に会って、彼女は私が落ち着いた気持ちになるのを手伝ってくれました。彼女のおかげで運転免許試験を落ち着いて受けることができたんです）

7.4　補足文　評価と感情の表出

　フランスの学習者が恩恵を与えてくれた人物に感謝の気持ちを表出するときに、形容詞を使ってその人物をポジティブに評価するという表現形式が繰り返し見られた。前述の(19)では「うちのお父さんは本当にやさしくて私はとても嬉しいです」という文で作文を締めくくっている。(32)(33)(34)の例は、恩恵行為が「〜てくれる」でマークされておらず、書き手は、「優しい」「利口」「親切」などの形容詞でそのような恩恵的行為を行った人物を評

価し、感謝の気持ちを述べている。

(32) 最高の両親があります。<u>優しくて利口、私のことがずっと支持します。</u>（A22）

(33) そして宿題をする後で、姉はチェックして<u>手伝いました。姉はとても優しい人</u>です。（A22）

(34) きょう年ロンドンで、<u>私をうけいれました。</u>ありがとうございました。とてもたのしかたです。<u>あなたと主人はとてもしんせつな人</u>です。（A22）

　フランス語の作文では、恩恵を与えてくれた人物を「gentil（優しい、親切）」という形容詞で表現する例が多く見られた。日本語の作文でそれらの語彙が頻繁に使われるのはその干渉であると思われる。

(35) Si je tombais, elle se précipitait pour me mettre en pansement. <u>Ma grande sœur est une personne vraiment gentille</u> !（私が転ぶと彼女は飛んできてバンソウコウをつけてくれたものです。姉は本当にやさしい人です。）

　一方、(36)で見られるように、日本語母語話者が書く作文では、人物の評価より、その時の自分の気持ち（嬉しい、ありがたいなど）を表出するほうが自然である。

(36) 彼は心配してすぐに私の家へ<u>来てくれました。</u>両手には大きな買い物袋。家へ入ると彼はキッチンへ消えました。私がねている間に彼は野菜スープを<u>作ってくれていました。</u>一人暮らしの私を思って、すぐに来て、<u>看病してくれた</u>のでした。私は<u>とても嬉しくなりました</u>。（日本からの留学生の作文）

　フランス人学生が書いた日本語の作文にも「うれしい」「幸せ」など書き手の気持ちが表現されたものもある。前述の(11)(16)では「～てくれる」

がマークされていないが「うれしかった」という感情が表現されている。以下（37）（38）では、「～てくれる」で書き手の視点が示され、そのあと感情が叙述されており、書き手からの視点で一貫して描かれている。

(37) いつか、母と父は飛行機のきっぷを<u>買ってくれました</u>。<u>とてもうれしかったです</u>。その時にゆめがかなうようになりました。（B11）

(38) 両親と友だちと名無しな人などが<u>手伝ってくれました</u>。<u>その後で心が幸せになります</u>。（B11）

7.5　学習者のフランス語の表現から

　前項までで、「私のために」、「おかげで」、「やさしい」などフランス人学習者が恩恵表現使用の代わりに、あるいはそれと共起させて頻繁に使う表現は、彼らのフランス語の表現様式と関連がありそうだということを指摘した。

　学習者が母語のフランス語で書いた作文に目を向け、計56の恩恵授受表現に相当する文を抽出した。それは文脈を考慮しつつ日本語に訳すと「～てくれる」の使用が自然と考えられる発話文である。前述の4.3と同様に、行為のタイプごとに分類してみると、いちばん多かったのは「助ける、手伝う」系（11件）、次に「応援する、勇気づける、支える」系（9件）、「そばにいる、何でもする」系（8件）と続く。日本語での作文における使用状況とほぼ同様であるが、「être constamment à mon écoute（いつも私の話を聞いてくれる）」「m'offrir de l'attention et de l'amour（私への配慮をして、愛情を注いでくれる）」など含めると、精神的な恩恵に関する行為への言及が非常に多い。初級レベルで授受恩恵表現が導入されるときは、手伝う、教えるなど具体的かつ直接的行為が中心であっても、B1レベルになりある程度まとまりのあるナラティブの作文を書くためには、このような精神的な恩恵行為の体験を記述できるように指導する必要が出て来ると考えられる。

　また、フランス語には「～てくれる」の表現に使われるような言語的マーカーがあるかという質問に対しては、周知のようにフランス語では特別な形はない。しかし、恩恵を表すという文脈のフランス語発話文において、

vouloir（辞書的意味は「欲しい、したい」）、bien vouloir, savoir（辞書的意味は「知っている」）などの動詞を恩恵行為の動詞と組み合わせる構文が見られた。

(39) Elle a <u>voulu</u> me prêter son téléphone pour que je recherche sur internet le numéro de téléphone de ma mère d'échange.（彼女は、私がホームステイ先のおかあさんの電話番号をインターネットで探せるように彼女の電話を貸してくれました）

(40) Elle a aussi <u>su</u> m'aider et m'encourager dans ma scolarité même et surtout lors de mes nombreux échecs, grâce à cela je n'ai pas abandonnée et je continue à vouloir réussir.（彼女は、学校の授業において、特に私が何回も失敗したとき、いつも助けて励ましてくれました。そのおかげで、私はあきらめなかったし、成功したいという意志を持ち続けました）

　ある恩恵的な行為を行うことを受け入れてくれたという与益者の「意志」や「判断」を示す表現であり、やらなくてもよいのにやってくれた、というその行為者の善意がより強調された表現であると解釈できる。恩恵表現ではないが、この文脈で使われるときは、相手の特別な配慮や判断をポジティブに評価している。ちなみに日本語の作文で、この表現の転用と思われた文があった。Savoir（知っている）と「わたしのためにいる」の名詞化を組み合わせた文である。文法的に不適切で、日本人の読者には理解しにくい文であるが、学習者はフランス語の「Elle a su être pour moi」を想定し、恩恵性を強調するつもりでこのような文を作ったと思われる。

(41) かなしいとき、彼女は必ず私のためにいます。ですから、私はすべてのことのために感謝します。<u>彼女はいつも私のためにいることがしっています</u>。（A22）

　補足文としては、前項7.3、7.4で観察したように「おかげで」「親切な人です」などに当たる表現がフランス語でも頻繁に使われていた。恩恵性を強調するためだと考えられる。また、フランス語の作文で、恩恵性を強調する

のによく見られた文は、過去の事実に反する条件法を用い、「その助けがな
かったら〜ができなかった」と仮定し、受けた恩恵の重要性を強調するもの
である。

(42) C'est grâce à lui que je continue mes études et j'aurais sûrement déjà
　　 abandonné s'il n'avait pas été là pour me motiver et me soutenir.（私が勉強
　　 を続けているのは彼のおかげです。もし彼が私にやる気をおこさせた
　　 り支えるために、そばにいてくれなかったら、もうとっくにやめてい
　　 たでしょう。）

　この形を使って恩恵を表現する試みは学習者の日本語作文に多く見られた
ことから、これも受けた恩恵行為を語る作文においてフランス語母語話者が
「好む」表現のひとつだと考えられる。

(43) アルチュールとその女の人が手伝わなかったら、寝るところがありま
　　 せんでした。(B11)
(44) 二年前に姉と日本に行きました。でもその人たちが手伝わなければ、
　　 行くことができませんでした。(B12)

　文法的に正しい形になっていないものが多かったため、このような発話意
図の機会を利用して反事実条件文の構文を指導するとよいだろう。例えば
(43)や(44)の場合、「手伝ってくれなかったら（過去形）／手伝ってくれなけ
れば　…ませんでした／なかったでしょう」のように定型的な表現として示
し、彼らの言語表現レパートリーに加えさせることができる。

8　おわりに　指導に向けて

　本稿では、フランス語を母語とする学習者の書いた作文をもとに、授受恩
恵表現「〜てくれる」の使用と恩恵性に関する表現の様態について考察を
行った。考察にあたっては「〜てくれる」を教育上3つのタイプに分類して

考えることを提案した。タイプ 1 は比較的直接的な行為を叙述するもので、単独の文でも自然な日本語にするためにはその使用が要求されるもの、タイプ 2 はその行為と文脈をリンクするのに必要なときの用法で談話レベルでその運用が必要になるもの、第 3 の用法は、レトリックな表現として任意に使用できるものである。学習者の熟達度が上がるにつれて、運用できる用法の幅が広がってゆきそれに応じた指導法が必要になる。本稿では特に第 2 のタイプの「〜てくれる」表現が、談話的にまとまりのあるテキストの産出を要求される CEFR B1 レベルの学習者に必要なものであると考え、「〜てくれる」表現運用の難しさや指導法を模索した。

　本稿で提言した教育的アプローチは 2 つの側面を持つ。ひとつは、学習者の発話意図、コミュニケーションニーズの尊重である。CEFR の提唱する複言語・複文化的考えに基づき、フランスの大学で日本語を学ぶ学生たちにとって日本語は彼らの言語レパートリーのひとつとして習得されると考えるため、日本人と同じコミュニケーションスタイルを使えるようになることが到達目標ではない。彼らの書いた文が誤用であったり自然でなかった場合、その修正方法や説明は、可能な限りその発話意図を理解した上で行うべきなのである。精神的な支援（勇気づける、一緒にいる、愛情を注ぐ）についての叙述のニーズが多いと判断したら、その恩恵表現が言語化できるように指導したり、反過去仮定法を用いて受けた恩恵行為を強調するニーズが見られる時はその構文が正しく作れるように指導するなど（7.1 参照）の対応が必要であると考える。近年注目を浴びている訂正フィードバック研究の分野でも、教師の役目は、たとえ作文のタスクにおいても、語彙、形態素、統語レベルでのノルマとのズレに学生が気づき、それを直したり避けたりするためのストラテジーを提供するものと考えられている（大関 2015、Bitchener and Ferris 2012, Ferris 2011）。たとえ作られた文が「不適切」であっても学習者なりの規則性や根拠にもとづいていることが多い。本稿ではフランス語を母語とする学習者がどのような認知過程を経てそのような文を作ったのかを検証するために日仏対照分析を援用した。

　2 つ目のアプローチとして、自然な日本語の発話文、談話文のインプットが大切なのは言うまでもない。ただしフランスで学ぶ学習者たちは日本語へ

の露出が質的にも量的にも限られているため、「気づき」を促す形でのインプットが有益であると考える。第二言語習得の分野においても、このような明示的指導は明示的文法知識の発達だけでなく、自由な産出で第二言語を使う能力の発展にも効果があるという研究結果もある（大関2015：21）。学習者の表現方法とこちらが期待する表現方法にギャップがあるとき、添削や授業を利用して、それに気づかせ、理由を一緒に考えるというメタ認知的アプローチが習得を助けると考える。本稿で扱った授受恩恵表現の「視点」についての考え方はその一例である。

　そのような模索を繰り返し、学習者に、自己を表現するのに「ピッタリ合った」表現が見つかり、それを実際のコミュニケーションの場で使えるようになった時、その言語的知識が、運用能力として習得できできたといえるのではないだろうか。

使用書籍

ヤマザキマリ（2011）『テルマエ・ロマエ』I-IV エンターブレイン

Yamazaki, Mari (2009–2012) *Thermae Romae*, I-IV. Casterman.

吉本ばなな（1988）『キッチン』福武書店

Yoshimoto, Banana (1994) *Kitchen*, Éditions Gallimard. (Traduit du japonais par Dominique Palmé et Kyôko Satô).

参考文献

Bitchener, John and FERRIS, Dana R. (2012) *Written Corrrective Feedback in Second Language Acquisition and Writing*. Routledge.

Counsil of europe / Conseil De L'europe. (2000) *Cadre Européen Commun de Référence pour les Langues*. Didier. （吉島茂・大橋理枝訳編（2008）『外国語の学習、教授、評価のためのヨーロッパ共通参照枠』朝日出版）

Ellis, Nick C. (2003) Constructions, Chunking, and Connectionism: The Emergence of Second Language Structure. In Catherine J. Doughty and Michale H. Long (eds). *The Handbook of Second Language Acquisition*, pp.63–103.Blackwell Publishing.

Ferris, Dana R. (2011) *Treatment of Error: In Second Language Student Writing*. The Michigan

Series on Teaching Multilingual Writers, University of Michigan Press.

Hymes, Dell H. (1984) *Vers la compétence de communication*. Hatier-crédif.

東伴子・櫻井直子（2014）「CEFR　B1 レベル評価基準の提言―学習者の言語活動データからの考察」『ヨーロッパ日本語教育』18: pp.193–198.

池上嘉彦・守屋三千代編（2009）『自然な日本語を教えるために―認知言語学を踏まえて』ひつじ書房

近藤安月子・姫野伴子編（2012）『日本語文法の論点 43』研究社

久野すすむ（1989）『談話の文法』大修館書店

益岡隆志（2013）『日本語構文意味論』くろしお出版

大関浩美編（2015）『フィードバック研究への招待』くろしお出版

Wray, A. and Perkins, Michael R. (2000) The functions of formulaic language : an integrated model, *Language* & *Communication 20*, pp.1–28.Elsevier.

Web ページ

CEFRB1 プロジェクト・チーム（2011）『CEFR B1 言語活動・能力を考えるプロジェクト』2011 年度活動報告書 < http://japanologie.arts.kuleuven.be/bestanden/B%201%20project.pdf> 2017.10.10.

受身形式の体系的な日仏対照分析

秋廣尚恵

1 はじめに

受身の様々な形式は各言語によって異なる体系をなしている。フランス人日
本語学習者であれ、日本人フランス語学習者であれ、異なる体系を習得する
のに困難を伴うのはよくあることである。本稿の目的は、対照言語学的観点
に立ち、まず、2つの言語における受身の諸形式を体系的に捉え、それらを
つき合わせつつ、どのような類似点、あるいは相違点があるのかを明らかに
することである。そして、実際の言語教育の現場で、それぞれの言語を教え
る教員やその学習者にとって文法知識の観点から役立つ情報を提供すること
をめざす。

　本稿では、まず、第2節において、日本語の受身形式、フランス語の受身
形式のそれぞれについて、先行研究に基づきつつ体系的に記述する。第3節
において、とりわけ日本語とフランス語の類似点、相違点について考察を加
える。最後に、第4節において、学習者にとっての困難な点を明らかにし、
文法教育において留意するべき点を述べる。

2 それぞれの言語における受身の様々な形式

2.1 フランス語の受身の諸形式

　フランス語の規範的な参照文法書として学校教育の現場において、最も
馴染みの深いものの1つである *Grammaire Méthodique du Français* (Riegel,
Martin, Jean-Chrsitophe Pellat, René Rioul 2009: 730) は、フランス語の受身

表現の様々な形式を大まかに以下の 7 つの形式に分類している。（1 から 7 の例文はいずれも、*Grammaire Méthodique du français* からの抜粋である。）

　①　être ＋過去分詞の形式

（1）Marie est aimée par Paul.

　　　（マリーはポールに愛されている。）

　②　代名動詞の形式

（2）Le vin d'Alsace se boit jeune.

　　　（アルザスワインは若いうちに飲む。）

　③　使役受動の形式

（3）Le ministre s'est fait insulter par des agriculteurs en colère.

　　　（大臣は怒った農家たちに罵られた。）

　④　対称動詞（verbes symétriques）[1] を用いる形式

（4）Les branches cassent (sous l'effet du vent).

　　　（枝が（風の影響で）折れる。）

　⑤　非人称構文の形式

（5）Il s'est vendu beaucoup de disques.

　　　（たくさんレコードが売れた。）

（6）Il n'a pas été décidé si Pierre viendrait.

　　　（ピエールが来るかどうかは決まっていない。）

　⑥　不定代名詞 on 主語の形式

（7）J'attends qu'on me serve.

　　　（給仕してもらうのを待っている。）

　⑦　受身の意味を持つ動詞や形容詞を述語とする形式

（8）Pierre a subi plusieurs opérations.

　　　（ピエールは幾つも手術を受けた。）

　以上に挙げたものの中で、⑦については、もっぱら語彙的な要因による受身的表現であるので、ここでは特に扱わない。それ以外の統語的手段に基づく表現に関して以下詳しく見ていくことにする。

2.1.1　受動態：être＋過去分詞

　この形式は、いわゆる「受動態」と呼ばれ、学校文法においてはしばしば、能動態からのパラフレーズ、すなわち同じ情報を保持しつつ受動態への書き換えを行う練習を用いながら教えられるものである。動詞と項の関係を変えないまま他動詞の目的語を主語に昇格させ、主語は par や de によって導かれる前置詞補語[2] に降格させる言い換えである。確かに、このことは、例 9 にみるように、一部の能動態と受動態の組み合わせにおいては正しい。

（9）a.　Paul aime Marie

　　b.　Marie est aimée par Paul.

（a. ポールはマリーを愛している。）

（b. マリーはポールに愛されている。）

　しかしながら、Riegel, Martin, Jean-Christophe Pellat, René Rioul（2009: 731）も指摘しているように、能動態の文と受動態の文は必ずしも等価なパラフレーズにはなり得ない。例えば、*Un seul étudiant n'a pas vu le film*（ただ一人の学生だけがその映画を見なかった）とそれを受動態に変換した文、*le film n'a pas été vu par un seul étudiant*（学生の誰にも映画は見られなかった。）は等価ではない。

　また、一部の受動態を除き、多くの受動態においては動作主の表示が義務的ではない。さらに、義務的かどうかという問題以前に、動作主をつけてしまうと語彙意味的、語用論的な観点から見て、むしろ不自然な表現になってしまう例が多々あることに注意しなければならない。

（10）Leur maison a été cambriolée（? par des cambrioleurs）.

　　（彼らの家は強盗に入られた。）

　　　　　　　　　　　（Badreddine Hamma, Amélie Tardif, Flora Badin 2017）

　パリ第 3 大学の話し言葉研究プロジェクト Fracov[3] の記述的研究[4] によれば、話し言葉のコーパスの中で統計をとったところ、動作主の表示のない

受動態の形式が全ての受動態の形式の 84.1 ％をしめるという調査結果が出た [5]。この数字を見る限り、話し言葉のフランス語の中では、受動態は一部の特殊な例を除き、むしろ、動作主がない方が頻度の極めて高い形式であることが分かる。

　また、受動態が動作主補語の代わりに状況補語(時、場所、様態)などを従える例も多数あることを指摘しておこう。

(11) Monsieur Dupont est demandé au téléphone.
　　　(デュポンさんにお電話です。)

　　　　　　　(Riegel, Martin, Jean-Christophe Pellat, René Rioul 2009: 737)

　また、être + 過去分詞の形式は、アスペクト的に、事態のもたらす結果状態を表すことが多く、その場合には、属性や状態を表す形容詞述語の形式との区別が難しい。このような曖昧性は心理動詞や起動相を持つ動詞の受動態においてとりわけ顕著に現れる。例えば、

(12) Les verres sont remplis.
　　　(グラスは満たされている。)

　　　　　　　(Riegel, Martin, Jean-Christophe Pellat, René Rioul 2009: 736)

は、les verres sont pleins（グラスは満杯である。）に近い意味を表すと解釈できる。Les verres ont été remplis par Jean.（グラスが Jean によってつがれた）とは区別される必要がある。

2.1.2　代名動詞の受身的用法

　代名動詞 には様々な用法がある。これまでフランス語学者によりいろいろな用法区分が提案されてきたが、ここでは、Melis (1990) の分類を用いることにする。Melis (1990) は、代名態を「主語的形式(tours subjectifs)」、「目的語的形式(tours objectifs)」、「与格的形式(tours datifs)」の 3 つに区分している。

　目的語的形式が先に挙げた②の代名動詞の受身的用法にあたる。Melis（1990）によれば、この表現の特徴は他動詞の目的語にあたる要素が主語に置かれていることである。目的語的形式に現れる主語は非情者であれ、有情者であれ、いずれの場合も動作主とはなり得ない。その証左として、この表現には、de lui-même（…自身で）や、intentionnellement（意図的に）といった主語の動作への積極的関わりを表すような補語との共起が難しいという統語的制約があることが指摘されている。

(13) Gaston m'a amusé (par ses pitreries).

　　（ガストンは(その滑稽さで)私を楽しませた。）

　　a. *Je me suis *intentionnellement* amusé de ses pitreries.

　　　　（私はガストンの滑稽さで意図的に楽しんだ。）

　　b. *Je me suis amusé *de moi-même*.

　　　　（私は自分自身で楽しんだ。）　　　　　　　　（Melis 1990: 85）

　この形式はさらに、「中道的受身形式（tours médio-passif）」と「動作主不在形式（tours non agentifs）」に下位分類されるが、その分類の基準は、動作主の存在があるかないかである[6]。中道的受身形式では、動作主補語の付加が可能であるか、あるいは、構文上、不定の動作主（on に相当するもの）による書き換えが可能である。一方、動作主不在形式では、動作主を想定すること自体が全く不可能であり、事態は自然に生じるものとして表現される。以下は、それぞれの典型的例である。

(14) Cela ne se dit pas.

　　On ne dit pas ça.

　　（そんなことは言われない。）　　　　　　　　　（Melis 1990: 86）

(15) Le sucre se caramélise (sous l'effet de la chaleur).

　　（砂糖が(熱の効果で)固まる。）　　　　　　　　（Melis 1990: 101）

　中道的受身形式は、ある特定の時点に起きた個別的な事態の記述として解

釈されることもあれば（例16）、逆に、可能性や規範性、習慣性などの恒常的、あるいは、一般的な特性を表すと解釈されることもある（例17）。その解釈を決定するのは、動詞の語彙的特性、動詞の伴う時制やアスペクト、主語名詞句の指示性、どのような副詞句と共起するか、非人称構文に置かれるか、等々、その発話の置かれた連辞的なコンテクストであるため、どのような基準からも一般化は難しく、むしろ、個々の例ごとに詳細に検討しなくてはならない[7]。

(16) La bataille *s'est livrée* hier soir.
　　（戦いが昨晩行われた。）
(17) Ce produit ne *se vend* qu'en pharmacie.
　　（この製品は薬局でしか売られていない。）　　　　　（Melis 1990: 87）

　これまで多くの研究者が指摘してきたように、受動態と中道的受身形式の間には、動詞によって表される事態の捉えられ方について、アスペクト的違いが見られる。Melis (1990: 97–98) によれば、受動態は完了アスペクトを有し、動作の結果から生じる特性を主語に対して付与する機能を持つが、中道的受身形式は未完了アスペクトを有し、事態のもたらす結果や動作主に言及することなしに動作の展開を属性や出来事の生起として表現する機能を果たすことが指摘されている。

(18) La porte *se peint* en vert. (aujourd'hui).
　　（扉は（今日）緑色に塗装される。）
(19) La porte *sera peinte* en vert.
　　（扉は緑に塗られていることだろう。）　　　　　　　（Melis 1990: 99）

　例18では「緑色に塗装する」という動作が主語に現れる「la porte（扉）」に関して実行されるという事態を述べている。それに対し、例19では、「la porte（扉）」が「塗装された行為の結果、緑になる状態」であるという事態が述べられている。

　さて、目的語的形式 のもう１つの下位分類である動作主不在形式において
は、動作はなんらかの自然現象によって自然発生的に展開するのであって、
それを引き起こす特別な動作主が存在しているわけではない。いわゆる「自
発」的な動作を表している。このような用法を取る動詞[8]の一部のグループ
が、先の④に挙げた対称動詞と語彙的に対をなしていることも知られている。
以下がその例である。動詞 gonfler は他動詞（20）としても、自動詞（21）として
も用いられるが、それと並行して、代名動詞の se gonfler（22）の用法も持つ。

（20）Je *gonfle* le ballon.

　　　（私は風船を膨らませる。）

（21）Le ballon gonfle.

　　　（風船が膨らむ。）

（22）Le ballon se gonfle.

　　　（風船が膨らむ。）

　ただし、例 22 について、こうした語彙的特徴のみから、この動作主不在
形式を定義することはできない。*Le ballon se gonfle sous l'effet de la chaleur* とい
うコンテクストでは、例 22 は確かに動作主不在形式である。しかし、先ほ
ども述べたように、コンテクストによっては、例 22 は、*on gonfle le ballon* に
対応する可能性が十分にあり、その場合には、中道受身形式と分析するのが
妥当である。

　本稿では、Melis を援用しつつ、以上に見た２つの用法の区分については、
何よりもまず、潜在的に「有情者」である動作主が問題となる動詞の結合価
レベル[9]において、事態に関わっているか否かという点が、重要な基準であ
ると考える。また、不定主語の on はその統語意味的カテゴリーの点で分類
するならば、そもそも「有情者」に相当する代形（proforme）であると考えら
れる[10]。したがって on による書き換えが可能かどうかは２つの区分を明確
にする統語的基準である。

2.1.3　使役受動構文について

　使役受動構文とは、「se faire / se laisser / se voir / s'entendre ＋不定詞」の形式を取る構文である。前項の代名動詞の受身用法との大きな違いは、この構文の主語が不定詞で表される動作の何らかの影響（被害・恩恵）を受ける有情者として常に解釈されることが多いという点である[11]。以下に *Grammaire Méthodique du Français* で挙げられている例を見よう。

（23）Le ministre s'est fait insulter par des agriculteurs.

　　　（大臣は農民たちに罵られた。）

（24）Il s'est vu fermer la porte au nez par le concierge.

　　　（彼は管理人に目の前で扉を閉じられた。）

（25）Je me suis laissé emmener.

　　　（私は連れていかれるにまかせた。）

（26）Il s'est entendu répondre qu'il n'y avait plus de place.

　　　（彼はもう席はないという答えをされた。）

　　　　　　　（Riegel, Martin, Jean-Christophe Pellat, René Rioul 2009: 742–743）

　ここでは、4つの構文の中でも、比較的実際の使用例の中で頻度が高く、多くの研究者によって、既に繰り返し取り上げられてきた2つの形式、「se faire ＋不定詞」、「se voir ＋不定詞」について言及しておく。

　Le Bellec（2015, 2016）によれば、「se faire ＋不定詞」の解釈には se faire の文法化[12]の段階に応じて、「再帰的使役用法」から「受身的用法」そして「自発的用法」の3つのタイプがあるという。

　Le Bellec（2015）でも指摘されているように、自動詞が不定詞に現れる例では、そもそも受身的使役用法は不可能であるため、常に再帰的使役用法として解釈される。これらについては、受身形式とは別なものと考え、本稿では扱わないことにする。

　以降、不定詞の動詞が他動詞の場合に限って話を進める。さて、このような場合、「再帰的使役用法」と「受身的用法」の区別は、実際には、不定詞におかれる動詞の語彙や副詞句などの共起要素、あるいは発話の状況や語用

論的知識といった諸々のコンテクストに応じてどちらの解釈がより強く現れ
るかによって決まる。

　したがって、ここでは、この2つを一緒に扱い、むしろ主語の特性に応じ
て、大まかに「有情者を主語とする受身的用法」とし、それ以外の「非情者
を主語とする自発的用法」と合わせて2つの用法に分けておくことにする。

　1つ目の用法は、主語が「有情者」である場合だ。このような場合、主語
は動詞の表す事態の何らかの影響（恩恵・被害）を受ける被動作主であると同
時に、その事態の依頼者であったり、原因をなしていたり、あるいは事態
が起きた状況の責任者であったりする。この用法において、faire は間違い
なくその使役動詞としての本源的な意味を留めている。以下の2つの例の il
s'est fait conduire を見てみよう。

(27) a.　Il s'est fait conduire à la gare par un taxi pour être sûr d'arriver à l'heure.
　　　　（時間に間に合うように、彼はタクシーに連れていってもらった（タ
　　　　クシーを拾って行った。））

　　 b.　Il s'est fait conduire de force au commissariat.[13]
　　　　（彼は無理やり警察署まで連れていかれた。）　　　　（Le Bellec 2015）

　この例で主語に置かれている il は、a であれ、b であれ、他動詞 conduire
の被動作主となる要素である。しかし、両者の解釈は、conduire の事態の影
響をどう被るのかという点で異なる。つまり、a では、自分でタクシーを拾っ
て乗せていってもらったというポジティブな影響を受けているのに対し、b
では自分の意図に反して連れていかれたというネガティブな影響を受けてい
ることを表している。また、a の場合であれ、b の場合であれ、被動作主が
事態を引き起こす原因なり責任を負うと解釈することが可能である。

　Se faire の受身的用法では、通常、受動態では主語に置くことができない
要素—例えば、体の一部や持ち物の所有者、あるいは、間接目的語—を主語
に置くことが可能である。

(28) a.　Je me suis fait couper les cheveux.

　　b. *J'ai été coupé les cheveux.

　　　　（私は髪の毛を切ってもらった。）　　　　　　　（Le Bellec 2015）

　不定詞句で現れる動詞の目的語を主語とする se faire の受身用法と受動態は、競合関係に置かれるが、この 2 つの受身形はアスペクトの観点で全く異なる性格を持つ。Le Bellec (2015, 2016) が指摘するように、受動態が完了相を有しているのに対し、se faire の受身用法は有しておらず、完了相以外の様々な事態の様々な局面を表現することが出来る。したがって、se faire の受身用法は venir de, aller, commencer à, などの迂言的アスペクト表現と結合することが可能であるが、受動態の場合にはそれが不可能である。

(29) a.　Il venait de se faire mordre la jambe par un serpent à sonnettes.
　　 b.　*il venait d'être mordu la jambe.
　　　　（彼はがらがら蛇に嚙まれたところだった。）　　（Le Bellec 2015）

　また、Le Bellec (2015) によれば、主語の指示対象の情動性という観点から見ると、se faire の受身用法では、主語は不定詞句の動詞の表す事態の情動的な影響（恩恵や被害）を大いに受けるものとして表現されるのに対し、受動態ではその点に関しては中立的な表現である。
　さて、「se faire ＋不定詞」の 2 つ目の用法は、「無生物を主語とする自発的用法」である。主語が無生物であるために、事態を引き起こすことも、事態の影響を受けることもない。この用法が表わすのは、事態の生起である。この用法は書き言葉にしか見られないもので、さらに、Le Bellec (2016) によれば、この用法では、不定詞句に現れる動詞はごく限られており、entendre（聞こえる）、sentir（感じる）、savoir（知る）、connaître（知る）、remarquer（気づく）、attendre（期待する）といったもっぱら知覚に関わる動詞に限られている。

(30) Une petite sonnerie se fit légèrement entendre sous les couvertures.
　　　（かすかなベルの音が覆いの下からかすかに聞こえた。）

(31) Le bon sommeil se fait attendre.
　（心地よい眠りが期待される。）

（Le Bellec 2016）

　さて、続いて、「se voir ＋不定詞」の表現について見てみよう。Bat-Zeeb Shyldkrot (1981) は、「se voir ＋不定詞」を文法化の観点から 3 つの用法に分けている。1 つ目は「知覚構文の再帰的用法」、2 つ目は「知覚構文の受身的用法」、そして 3 つ目が「受身的用法」である。したがって、以下の例文は 3 つの用法にしたがい、3 通り、すなわち、1 つ目は、「両親は（自ら）プレゼントを与える姿を想像する」、2 つ目は、「両親はプレゼントを与える姿を（誰かに）見られる。」、3 つ目は、「両親はプレゼントを（誰かに）与えられる。」の解釈ができる。

(32) Les parents se voient offrir des cadeaux.　（Bat-Zeev Shyldkrot 1981 : 389）
　（両親は（自ら）プレゼントを与える姿を想像する。）
　（両親はプレゼントを与える姿を（誰かに）見られる。）
　（両親はプレゼントを（誰かに）与えられる。）

　「Se voir ＋不定詞」の受身用法において、se voir は 1 つの準助動詞として完全に文法化されていると考えられる。この受身用法の主語に立つ要素は、不定詞で現れる他動詞の直接目的語（例 33）の場合もあれば、間接目的語（例 34）の場合もある。とりわけ後者の間接目的語を受身の主語とすることができるのは、他の受身表現には見られない se voir の注目すべき特徴である。

(33) Il s'est vu rayer de la liste des candidats.
　（彼は候補者のリストから抹消された。）（Bat-Zeeb Shyldkrot 1981 : 396）
(34) Le jardin splendide s'est vu décerner le premier prix par la municipalité.
　（その見事な庭は市から一等賞を与えられた。）

（Bat-Zeeb Shyldkrot 1981 : 397）

　星野（2016）は、2011 年の Le Monde をコーパスとして使用し、どのような動詞において、どのような補語が se voir 受身用法の主語に立っているかを調査している。その結果は、se voir の受身用法の用例は全部で 421 例であり、そのうち主語が直接目的語になるものは 24 例（5.7%）、間接目的語になるものは 362 例（85.9%）であった。したがって、全体としてみれば、圧倒的に間接目的語を主語に据えるための形式として用いられていることが分かる[14]。また、不定詞として現れる動詞についても、「授与」や「拒否」などの意味を表す 3 項動詞が多く現れていることが観察された[15]。

　また、少数例ではあるが、直接目的語が se voir 受身用法の主語となる場合には、se faire 受身用法や受動態との競合が問題になる。受動態との比較に関しては、やはりアスペクトの違いが指摘できる。se voir 受身用法は se faire 受身用法同様、未完了相を有しており、受動態とは大きく性格を異にしている。また、「se voir ＋ 不定詞」は間接目的語を主語に取りうる点でも受動態と大きく異なっている。

　以上に見るように、「se voir ＋ 不定詞」と受動態の違いは、基本的には「se faire ＋ 不定詞」と受動態の違いに準ずるものであることが分かるが、それでは、se faire 受身用法と se voir 受身用法の間にはどのような違いがあるだろうか。

　これに関連して、須藤（2001）では、「se faire ＋ 不定詞」には、構文の主語が不定詞句の表す事態に何らかの形で関与すると解釈される特徴があると指摘する。その関与の仕方には 2 通りあり、1 つは意図的に不定詞句の表す事態を引き起こすよう働きかける場合ともう 1 つは不定詞句の表す事態に意図的に働きかけなくとも、そのような事態を引き起こした原因がある場合である。一方、「se voir ＋ 不定詞」では、そうした主語の関与性は前提とされないと須藤（2001）は指摘する。したがって、以下の例で、se faire を se voir に置き換えることは難しい[16]。

(35) Bien qu'il fût emprisonné, Serge Mavrodi, le président de MMM, a réussi à
　　 se faire（??se voir）élire à la Douma, ...
　　 （MMM の総裁であるセルジュ・マヴロディは投獄されてしまってい

たが、議会で選出されることに成功した。）　　　　　（須藤 2001:24）

　こうした se faire と se voir の違いは、当然のことながら、faire と voir の動詞の違いに依拠していると考えることができる。すなわち、「事態」を外的な要因によって引き起こすという意味を持つ使役動詞としての faire とそれまで見えなかったものが視界に入ってくるという起動相的意味を表す voir の違いである。また、se faire と se voir の違いを考える上で、faire の主語が動作主を主語とするものに対し、voir の主語は経験者主語であるという違いも非常に重要である。瀬賀（1994：64）も指摘しているように、se voir では被動作主がこれまで予想していなかった状況に置かれることを表す機能がある。

(36) Pierre s'est vu renvoyer de l'école et pour une si petite chose !
　　（ピエールはそんな小さなことで退学させられたんだ！）
　　　　　　　　　　　　　　　　　　　　　　　　　（瀬賀 1994: 64）

　また、「se faire ＋不定詞」の場合、動作の被動作主が主語に立つほか、目的語の所有者が主語に立つ例が多いのであるが、まれに、間接目的語が主語に立つ例が観察され、その場合には、やはり「se voir ＋不定詞」との違いが問題となる。これについても、se faire 受身用法の場合の方が、事態への積極的働きかけが強く現れると考えられる。以下は東京外国語大学大学院が所有するインフォーマルな会話のコーパスからの抜粋である。これは、話者が「時々試食品をもらいにお菓子屋さんに行く」ことを話している例であるが、お菓子をくれるのは店の人であるが、わざわざお店に立ち寄るという行為によって、話者自身がお菓子をもらえる要因を作っているわけであるから、積極的な関与性があると見ることができる。

(37) Et à chaque fois, je passe juste pour me faire offrir un gâteau tu sais parce que quand tu rentres, ils t'en offrent un en fait.
　　（それで、毎回、ちょっとお菓子をもらうだけに立ち寄るの。だって、

234 秋廣尚恵

お店に行くと一つくれるんだもの。)

（TUFS フランス語話し言葉コーパス 100225　星野 2016: 54）

　一方「se voir ＋不定詞」では、こうした主語の関与性は前提となってはいない。以下の例では、サラリーマンが解雇権の緩和を認める代わりに、補償の充実と研修の提供を受けられることになるのは、法律でそう決まったことなのであって、サラリーマン自身が働きかけて与えられたものではない。（むしろサラリーマンは解雇権の緩和に反対していたはずである。）

(38) En échange d'un assouplissement du droit de licenciement, les salariés sont mieux indemnisés et se voient offrir des formations pour retrouver un emploi.
（解雇権の緩和と引き換えにサラリーマンはよりよい補償を受け、さらに再就職のための研修を与えられる。）(Le Monde 2011　星野 2016: 54)

「Se faire ＋不定詞」と「se voir ＋不定詞」について最後に付け加えておくと、レジスターによっても、両者の頻度は異なる。「se voir ＋不定詞」は実際には書き言葉に現れることが多く、話し言葉ではほとんど観察されない。したがって、話し言葉では、「se voir ＋不定詞」の代わりに「se faire ＋不定詞」や受動態、あるいは on 主語や他の形式が用いられることになる。その実態をより詳しく知るためには異なるレジスター毎にコーパス駆動式の統計的調査をして、異なるレジスターのコーパスにおいてどのような違いが現れるのかを調査する必要がある。

2.1.4　非人称受動態

　この受身形式では 受動態の主語が非人称構文によって動詞の後に置かれるものである。この形式に現れる動詞には不定詞句や名詞節を従える動詞（demander, dire, décider など）が多く観察される[17]。また、この構文を取る動詞には間接目的語を補語とする場合もあると *Grammaire Méthodique du Français* では指摘されている。いずれにしても、通常の受動態では主語に置

きづらい要素を動詞に後置させる形で受身を構成する手段として機能していることは確かであろう。

(39) ... il a été décidé au niveau national de faire une enquête des de toutes ces industries pour euh savoir d'où venait la source ...

（その源がどこから来ているのかを知るために、国家レベルでこれらの全ての産業について調査を行うことが決定された。）

(Badreddine Hamma, Amélie Tardif, Flora Badin 2016)

(40) Il a été répondu à toutes les questions.

（すべての質問に対し、回答がなされた。）

　また、同じ間接目的語を受身の主語とする形式である「se voir ＋不定詞」とは、例 40 は性格を異にしていることに注意したい。非人称構文で間接目的語が受動態に置かれる場合、それらは代名詞化するなら y にあたるような「無生物」である（ここでは à toutes les questions（全ての質問に））。一方、se voir 受身形で主語になるのは動詞の与格、すなわち、代名詞化するならば lui にあたるような有情者と解釈できるものである。

　さらに、非人称構文には事態をレーマ化し、出来事の生起として事態を表す傾向があることが知られている。いわゆるゼロ価動詞だけではなく、自動詞や受身形の組み合わせが可能であるのも実はその表れであると考えることができるだろう。

2.1.5　不定代名詞 on 主語について [18]

　On は動詞の形式としては能動態と同じ形式を取るが、不定で主語の指示対象が低いために、動作主性が低い表現となる。そうした特性から、有情者を主語とする受身形式の代用形式としてもよく用いられる [19]。

　On には統語的に様々な制約を伴う受身形式に比べ、容易に用いることができる。Grammaire Méthodique du Français では、そうした例として、j'attends qu'on me serve（給仕してもらうのを待っている）のような従属節中に現れた 3 項動詞の例を挙げている。先に見た与格を主語に昇格させる受身形である

「se voir ＋不定詞」の構文には、アスペクト的な特殊性があり、また文体的にもフォーマルな文体でしか用いられないという性格を持つために、意味的にも統語的にも極めて制約の強い構文である。したがって、「se voir ＋不定詞」の構文 を用いる代わりに比較的に制約が少ない on 主語で代用する傾向があると考えられる。とりわけ話し言葉ではその傾向は頻繁に観察される。例えば、以下のような例がある。

(41) j'ai plus rien on m'a volé toutes mes affaires je sais pas du tout où je suis
   （私は何ももっていない。自分の荷物を全部盗まれてしまって、自分が
   どこにいるのかも全然わからない。）

                （TUFS フランス語話し言葉コーパス 57230）

2.2　日本語の受身形式について

　日本語の受身についてはこれまで実に数多くの先行研究が行われてきた。ここではそれらの全てに言及することは不可能であるので、以上に述べたフランス語の受身と対照させる際に着目するべき点のみにしぼって、以下に日本語の受身の特徴について述べることにする。

2.2.1　受身形式の構成

　日本語の受身とフランス語の受身を比べる上でまず言及しておかなくてはならないのは、屈折語であるフランス語と異なる日本語の膠着語的特徴である。日本語において受身の形式を構成する手順には、大きく分けて以下の2つの統語的な操作がある。
　・助動詞レル・ラレルを動詞の未然形に接続させ、動詞の派生形を作る。
　・被動作主を主格にし、動作主や原因の表示を斜格にする。
　日本語において、受身形を取ることができる動詞には、直接目的語を従える他動詞のほか、間接目的語を従える自動詞や、目的語を一切従えない自動詞も取ることができる。一般には、直接目的語を従える他動詞を受身にするものを直接受身、例 42 や 43 のようにそれ以外の動詞を受身にするものを間接受身と呼んでいる。

(42) 雨に降られて困った。

(43) 子供に泣かれる。

　さらに、日本語では「うなされる」のように、受身形しか存在しない動詞語彙が存在する。

　受身形式で用いられる斜格の表示には様々なタイプがある。ニ格（花子は太郎に泣かされた）、ニヨッテ格（この絵はピカソによって描かれた）、カラ格（その手紙は太郎から送られた）、デ格（庭は雪で覆われた）によって表示する。どのような斜格を伴って現れるかという点については、動詞の語彙的特徴、統語的特徴、表現される事態の参加項の特徴や事態を被る受影者の主観性の問題といった様々な要因に応じて変わり得る。

2.2.2　受身文の意味的特徴

　受身文の意味的特徴という観点からは、益岡（1987、1991）が「属性叙述受動文」、「受影受動文」、「降格受動文」の3種類の受動文が区別できることを指摘している。「属性叙述受動文」は以下の例のように、主題の属性や特性を叙述する機能を果たしている。

(44) 花子の家は高層ビルに囲まれている。　　　　　　（益岡 1991: 106）

　一方、「受影受動文」と「降格受動文」は特定の時空間に生起存在する出来事を叙述する「事実叙述」的性格を持つ。受影受動文では、生起存在する出来事の影響を被る受影者が現れる場合である。例えば、

(45) 私はそのことで親に叱られた。　　　　　　　　　（益岡 1991: 107）

　この受影者は基本的には有情者の「人」、もしくは「人」に準ずるものであるが、ときには、以下の例のように、潜在的にコンテクストに隠れているケースもある。

(46) 大切なお金が泥棒に盗まれた。 　　　　　　　　　　（益岡 1991: 111）

　益岡の述べる「降格受動文」とは、動作主を背景化するために機能する文で、以下のような例がある。このような受動文では、動作主は潜在的にコンテクストに隠れた存在となる。

(47) 答案用紙が回収された。

　益岡（1991）では、この 3 つの分類をさらに「主体の主観性」という観点から吟味し、とりわけ事実叙述に関わる受影受動文と降格受動文について検討している。受影受動文は「利害」を被る主体の主観の強く現れる受動文であり、降格受動文にはそのような主観性は現れないと述べている。
　益岡の研究において、受身構文の機能的分類として、属性叙述受身形に対し、事実叙述受身形を対立させた点では、第 2 部で見るように、フランス語の分類にも通じる点でも、興味深い分類基準を表しているように思われる。
　一方、仁田（1991）は、意志形や命令形などのテストによって得られる「自己制御性」という意味的特性の現れ方の異なりによって、能動文と直接受動文の違いを浮き彫りにし、能動文と直接受動文が同じ事態を視点の転換によって表現したものに過ぎないと考える従来の説に異論を唱える。つまり、能動動作を表す能動態と受動動作を表す受動態は「動詞のカテゴリカルな意味の一つであり、一つの語彙・文法的なタイプ・類型」（仁田 1991：38）なのである。さらに、仁田（1991）は、所有の受身は直接受身と間接受身の中間的カテゴリーであるとする。所有の受身文は、以下のようにヲ格の所有者がガ格に立つ受身文である。

(48) 武志ガ頭ヲ広志ニ殴ラレタ。 　　　　　　　　　　（仁田 1991: 34）

　また、仁田の分類では、間接受身は最も自己制御性の低い受身形式である。自己制御性の低いことは、裏を返せばその被動性の強さにも通じると考えられる。

2.2.3　テモラウ形式

　補助動詞テモラウを伴う表現もまた受身として機能する形式である。テモラウの結合する本動詞が他動詞である場合にはその動作主を斜格に降格し、被動作主を主格におく（例 49）、あるいは間接受身的に受益者を主格に置くことによって成立する形式（例 50、51）である。

（49）私は友達に助けてもらった。
（50）私は医者に来てもらった。
（51）私は先生に作文を直してもらった。

　テモラウ形式では、主格に立つものが受益者であり、動作のポジティブな影響を受けていると考えることができる。また、ときには積極的にそうした事態を引き起こす原因となっている場合もある。テモラウ形では、こうした依頼受益的な用法がほとんどである。ただし、仁田（1991：52）も指摘するように、非依頼非受益的な用法も存在する。

（52）部屋に入ってもらっても構わない。

　このようなテモラウ形式は「テクレル」で置き換えてもいいだろう（部屋に入ってくれても構わない）。このパラフレーズでも分かるように、例 52 で動作を引き起こすのは、部屋に入る本人なのであって、入られる側には動作の起因はない。

2.2.4　動詞構文のタイプと受身形式の記述的研究

　それぞれの受身形式における格表示の違いについては、その動詞の語彙と構文、すなわち結合価のタイプに応じ、様々な形式を取る。志波（2015）はそうした結合価のタイプの違いを考慮しつつ事態を分類しつつ、網羅的に受身形式を記述し、さらにテクストの中にどのようにそれぞれの受身のタイプが分布しているかを示した記述的研究である。志波（2015:44）では、まず、主語と行為者の有情、非情という特性から受身構文を大きく 4 つに分類して

いる。本稿でもその分類を援用することにする。

表1 （志波 2015: 44 の表1より）

主語／行為者	有情者	非情者
有情者	有情主語有情行為者	有情主語非情行為者
非情者	非情主語一項[20]	非情主語非情行為者

さらに、志波（2015）は有情主語有情行為者受身文については動詞のいかなる参加項が主語に立つかによって細かく下位分類する。また、動作の直接対象が常に主語の位置に立つ非情主語一項型については、動作主の個別性と事態のテンスアスペクト的特徴により下位分類を行う。さらに他動詞の意味グループ（変化、動作、認識、態度）に応じて、直接対象となる主語を立てる有情主語有情行為者型の受身と非情一項受身構文の個別的用法に関してはさらに下位分類を行う。また、非常主語非情行為者型に関しては現象受身と関係型に下位分類を行う。

以上に分類された4つの構文タイプの分布テクストのジャンルに応じて大きく変わり得る。話し言葉に近いジャンルでは有情主語有情行為型の受身が大きな割合を占めるのに対し、報道文では、逆に非有情主語非有情行為型の受身が大半をしめることが、志波（2015：363）に指摘されている。

確かに、動詞構文の分類の方法に関してはまだ検討するべき問題が残されており、コーパスでの調査についても量的・質的にさらに踏み込んだ調査や議論が必要であると思われる。しかしながら、これまでの先行研究にはなかった結合価の分類に基づく実証的研究という点で興味深い研究である。

本稿ではとりわけ表1に引用した志波（2015）の4つの分類を援用しつつ、日本語とフランス語の対照分析を進めていくことにする。

3　日本語とフランス語の受身形式の対照分析

さて、第2節において、それぞれの言語における受身形式の全体像を先行研究に基づきつつ概観したが、ここでは両者をつき合わせつつ、いくつかの形式に焦点を当てて、両者の類似点と相違点を明らかにしたい。

対照分析にあたっては、以下の2つの視点から分析を加える。1つ目は主語の有情性について、2つ目は、叙述のタイプについてである。

3.1　主語の有情性について

3.1.1　有情主語を取る構文に関して

受身構文で主語に立ちうる有情主語には、動詞の表す事態の中でa) 直接対象のタイプ、b) 間接的対象のタイプ、c) 持ち主となるタイプ d) 事態の参加項以外の第3者のタイプの4つに分けることができる。

間接受身や持ち主受身は日本語だけに特有なものではなく、フランス語においても、使役受身の形式である「se faire ＋不定詞」や「se voir ＋不定詞」を用いることで表現することが可能である。これらの構文において、主語の有情性は受影性と表裏一体をなす特性である。フランス語の「se faire ＋不定詞」は先に述べたように、使役動詞の文法化した表現であるが、本来の語彙的な「使役」の意味の痕跡を留めている。つまり、se faire の主語は事態の影響を被ると同時に事態を引き起こす原因でもある。また、その点で、日本語の依頼受益型の「テモラウ」形式との類似が見られる。依頼受益型の「テモラウ」形式でも、主語は動作の受け手であると同時に依頼を行う主体となっているのである。

さて、フランス語では自動詞を受身にすることは全く不可能である。例えば、dのような自動詞の「迷惑」の受身が表わす事態をフランス語で言い表すには、受身形式を用いず、2つの事態(「子供が泣くこと」と「困っていること」)に分けて表現しなくてはならない。

(53)（インターネットのフォーラムに掲示された母親の相談から。）

… il pleurait tout le temps, toute la journée et la nuit, j'étais épuisée.

（赤ちゃんはいつも泣いていました。昼も夜もずっと。私は疲れ切っていました。）

また、有情者が事態から何等かの影響を受ける場合、その影響には、「被害」や「恩恵」のようにネガティブなものもあれば、ポジティブなものもあ

表 2　有情主語を取る構文

	フランス語	日本語
a. 直接対象	・être + 過去分詞 Marie *est aimée* par Paul. （マリーはポールに愛されている。） ・代名動詞 La porte *se peint* en vert. （扉は緑で塗られる。） se faire + 不定詞 Il *s'est fait* conduire à la gare. （彼は駅まで送ってもらった。） ・se voir + 不定詞 Il *s'est vu* rayer de la liste des candidats （彼は候補者のリストから削除された。）	・レル・ラレル 私は親に叱られた。 ・テモラウ 私は友達に助けてもらった。
b. 間接対象	・se faire + 不定詞 Je passe juste pour *me faire offrir* un gâteau. （私はお菓子をもらうためだけに行く。） ・se voir + 不定詞 Les salariés sont mieux indemnisés et *se voient offrir* des formations. （サラリーマンたちはもっと手当をもらい、研修も受けさせてもらえる。）	・レル・ラレル 私は質問をされた。 ・テモラウ 私は荷物を送ってもらった。
c. 持ち主	・se faire Vinf Je me suis fait voler mon sac. （私はバッグを盗まれた。） Je me suis fait couper les cheveux （髪の毛を切ってもらった。）	・レル・ラレル 私は財布を盗まれた。 ・テモラウ 私は髪を切ってもらった。
d. 第三者	受身形式なし。	・レル・ラレル 私は子供に泣かれた。

る。フランス語の「se faire ＋不定詞」や「se voir ＋不定詞」もいずれの影響を表す場合においても用いられる。日本語のテモラウ形は多くの場合「恩恵」を受ける場合に用いられるが、例52のように、「非受益」の意味で用いられることもある。また、レル・ラレル形も、多くの場合、動詞の語彙に応じて、どちらの影響も現れることがある。

(54) 彼女は莫大な遺産を譲られた。【恩恵】

(55) 彼女は級友にいじめられた。【被害】

(56) 私は財布を盗まれた。【被害】

(57) 私は礼を言われた。【恩恵】

　また、レル・ラレル形では、動詞の語彙からは、主語が受ける影響をネガティブなものであるかポジティブなものであるかに分けることが出来ないものもある。例えば、志波(2015)で挙げられる「提示型」の動詞(見せられる、紹介される、教えられる、示される、指示される…)における受影性は言語活動的な事態を通して情報を得たり、あるいは認識面に何らかの影響を受けたりするものであるが、例58のように、それが用いられるコンテクストに応じて、ポジティブな影響(誤りを指摘してもらって助かる場合)にも、ネガティブな影響(誤りを指摘されて嫌な思いをする場合)にも解釈される。

(58) 私は誤りを指摘された。

　また、既に多くの研究が指摘しているように、有情者が自動詞の参加項とは別の第3者的な存在である場合には、いわゆる「迷惑」や「被害」の受身となる。そして、これはフランス語にはない型の受身である。フランス語において、受身とは何よりもまず結合価の内部に関わる問題であり、その結合価の枠外にあるものを付け足して受身を作ることが出来ないというつよい統語的制約がある。それに比べ、日本語においては、結合価の枠外にあるものをも取り込んだ受身形を作成したり(自動詞の受身)、対応する他動詞形を持たない本来的な受身形(「夢にうなされる」など)があったりする点で、フランス語とは大きく異なっている。

3.1.2　非情者を主語に取る構文に関して

　主語が非情者である場合には、ここでは、下位分類として、行為者が有情者であるか非情者であるか、あるいは行為者が統語的コンテクスト上に現れるか現れないか、によって分類を行う。志波(2015)によれば、非情者を主語とする構文において、有情者の行為者が現れることは非常にまれである。フランス語でもその傾向は観察されるが、とりわけ、代名動詞の場合には顕著である。このことは代名動詞が自発的な事態を表す傾向があることと密接

に関係していると思われる。

　また、行為者が非情者の場合には、フランス語においても、日本語においても、属性叙述的な性格が現れる傾向がある。しかもこうした非情者の行為者はしばしば省略することが不可能である。

表3　非情者主語の構文

	フランス語	日本語
行為者が有情者	・être + 過去分詞 　Ce livre a été écrit par Soseki.	・レル・ラレル形 　その本は漱石によって書かれた。
行為者が非情者	・être + 過去分詞 　Le fer est attiré par l'aimant. 　（鉄は磁石に引き寄せられる。） 　代名動詞 ・Toute suppression d'emplois s'accompagne souvent de graves conséquences pour les travailleurs visés. 　（いかなる雇用の削減もそれに関わる労働者にとって重大な影響を伴う。）	・レル・ラレル形 　水面が日に照らされる。 　庭は雪に覆われた。
行為者が存在しない	・être + 過去分詞 　Rien n'a été fait. 　（何事もされなかった。） 　代名動詞 ・L'histoire scolaire s'est transformée. 　（学校の歴史は変貌した。）	・レル・ラレル形 　花が活けられている。

3.1.3　叙述のタイプについて

　叙述のタイプとして、先にも言及した益岡（1987, 1991, 2000）などでも既に挙げられていたように、受身には、事象叙述的なものと属性叙述的なものとがある。この分類は日本語だけでなく、フランス語にも適用できる。事象叙述とは、個別化された事象（出来事、ないしは行為）が時間的、空間的に位置づけられて実現されることを表す叙述のタイプである。また、属性叙述とは、ある対象の持つ恒常的な特性やその対象の置かれた継続的な状態を表す叙述のタイプである。

　本稿では、話を分かりやすくするために便宜上、大きく2つの分類に分け、それぞれに典型的と思われる例を挙げておくことにする。しかし、事象叙述、属性叙述というカテゴリーは、決して二律背反的なものではなく、両者の間の中間段階を含む緩やかな分類である。中間段階に属すると考えられる幾つかの例については、個別に注やコメントをつけておく。

　また、1つの統語的形式が必ず1つのカテゴリーに属すといったシンプルな分類には至らないことも予想される。むしろ、それぞれの用例について、動詞の語彙、用法、動作主、非動作主の特性、コンテクストに応じてどちらのカテゴリーに属するかを細かく具体的に検討する必要がある。

　さて、本稿では「事象叙述」というカテゴリーをさらに「出来事の生起」を表す場合と「行為の実現」を表す場合の2つの下位分類に区分することにする。両者を区別するのは、「結果」をどう表すかというアスペクト的違い、および、「行為」に関わる動作主性の高さの違いである。

　「出来事の生起」においては、時間的、空間的に位置づけられた「ことがら」ないしは「事象」として事態は表現される。「出来事の生起」の中では、「結果」は「行為」から切り離されることなく、動詞の表すプロセス全体の中に含まれる形で提示される。またこうした表現において、「行為」を引き起こす「主体」は動作には関わりつつも動作主として強く主張されるものではない。したがってその動作主性は低い。

　それに対して、「行為の実現」においては、動詞があらわすのは、動作主によって引き起こされ、なんらかの「結果」を生み出す「行為」の実現である。動作主は「行為」の主体として、なんらかの「結果」をもたらす要素としてより個別化されて現れる。とりわけフランス語においてはこのような下位区分が受動態と中道的受身を分ける際にも重要である。例えば、先に見た例18と例19は、以上の違いを示すよい例である[21]。

　さて、「属性叙述」に関しては、アスペクト的な違いから、「恒常的事態」を表す場合と「結果状態の継続」を表す場合とを分けることにする。「恒常的事態」とは、主語が恒常的、あるいは習慣的[22]に持つ特性を「結果状態」を含まない「事態」によって表現するタイプである。フランス語においては、この分類に入るものには、非情者を主語とする中道的受身形が多く、「可

能」「規範」といったモダリティを伴いつつ「一般的な特性」を叙述するケースが多く見られるが、以下の分類に見るように、être + 過去分詞形で表される場合もある。

　一方、「結果状態の継続」は「事態」の結果によって生じた「状態」の継続を表す。日本語では、こうした状態は「ている」、あるいは「てある」を伴って表現される。フランス語では、être + 過去分詞の形式で表されることが多い。両言語共に、とりわけ起動相的アスペクトを持つ動詞によって表される事態の結果、生じた「状態」の継続を表すものがよく見られる。

　以下の表に分類を示す。

表 4　叙述のタイプ

	フランス語	日本語
事象叙述	【出来事の生起】 ・代名動詞 　La porte se peint en vert aujourd'hui. 　（今日、扉が緑に塗られることになっている。） ・非人称構文 　Il s'est livrée une bataille ici hier soir. 　（昨晩、ここで戦いが起こった。） 【行為の実現】 ・être + 過去分詞 　La loi a été votée par le Parlement. 　（その法は国会で決議された。） ・se faire + 不定詞 　Il s'est fait conduire par un taxi. 　（彼はタクシーで送ってもらった。）	【出来事の生起】 ・レル・ラレル形（降格受動文） 　投票は明日行われる。 　応募は昨日締め切られた。 　その本は 1000 部売られた。 　具体策が示される。 【行為の実現】 ・レル・ラレル形（受影受動文） 　彼は警察に逮捕された。 　私は彼に頭を叩かれた。 　私は彼に手紙を送られた。 　花子は子供に泣かれた。 ・テモラウ形 　私は彼に駅まで送ってもらった。
属性叙述	【恒常的事態】 ・代名動詞 　Le vin d'Alsace se boit jeune. 　（アルザスワインは若いうちに飲む。） ・être + 過去分詞 　Le français est parlé dans ce pays. 　（フランス語はこの国で話されている。）	【恒常的事態】 ・レル・ラレル形 　日本人はスリに狙われる。 　牛は牧場で育てられる。 　授業は日本語で行われる。 　収穫高は天候に左右される。 ・レル・ラレル＋テイル・テアル形 　その薬にはビタミン C が含まれている。

【結果状態の継続】	【結果状態の継続】
・être ＋過去分詞 Marie est mariée. （マリーは結婚している。） Le verre est rempli. （グラスは満たされている。） Je suis étonné. 私はびっくりしている。	・レル・ラレル＋テイル・テアル形 絵が描かれてある。 花が活けられている。 彼はよく知られている。

4　おわりに　文法教育への応用に向けて

　受身表現の教育は学校文法の教育においては能動態からの変形という形で
まずは導入されることが多い。そのことは外国語教育の現場においても往々
にして起こり得る状況ではあるが、冒頭にも述べたように、そもそも受身表
現は能動態のペアを持たないものも多いので、能動態とは全く異なった独自
の機能を備えたものとして体系的に教える必要がある。

　日本語とフランス語の最も大きな違いは、受身表現がフランス語では動詞
の結合価の中に含まれた要素のみを主語に据えて受身形式が組まれるのに対
し、日本語では自動詞の「迷惑」受身のように、動詞の結合価の外に置かれ
た第三者も受影者として主語におき、受身形式を組めるということである。
フランス語の方がより動詞の統語的特徴に強く制約を受けていることが分か
る。

　また、フランス語では受身形式に、完了相を持つ être ＋過去分詞形によっ
て表される受動態と、未完了相を持つ代名動詞形、se faire や se voir を用い
た使役受身形によって表される代名態という全く異なったアスペクト的特徴
を持つ 2 つの系列が存在する。一方、日本語では基本的にはレル・ラレル形
が中心である。テモラウ形もあるが、本来は授受表現であるものが、疑似的
な受身的表現として機能しているだけに過ぎない。

　結果状態の継続は受身形式にテイル・テアルを付加することにより表現さ
れる傾向がある。日本語の受身形式の用法の分類は、主語や動作主補語が有
情者であるか非情者であるか、動作主補語が現れるかいなか、テイル・テア
ル形を伴うか否か、といった特徴によりなされるが、こうした用法分類のい

くつかは、フランス語では異なった形態の違いと対照させることによって説明が可能である。

　そうしたことから、フランス人は受身について日本人よりもより細かな用法区分に敏感に反応できることが予想されるのではないだろうか。日本語の受身の様々な用法を教える際には、以上に記したフランス語の受身の2つの形態の違い、それぞれの特徴を知っておくことが有益であると思われる。

　さて、受身形式の機能的側面においては、日本語とフランス語は類似している。つまり、いずれの言語にせよ、受身とは、動作主の降格と被動作主の主語への昇格をなすものである。またこの2つの項が有情者か非有情者かにより、その機能には違いが生じる。動作主が有情者で受影性が強いほど、事象叙述として機能し、動作主が非情者で受影性が低いほど属性叙述として機能する傾向にある。

　本稿では、紙面の都合上、触れることが出来なかったが、レル・ラレル形は「可能」「自発」「受身」「尊敬」の意味で用いられる多義的な形式であり、同様に、フランス語の代名態もまた、「可能」「自発」「受身」の意味で用いられる多義的な形式である[23]。それぞれの形式の文法化の過程は異なるが、隣接する意味的特徴への用法の拡大として、これらの用法を観察することが必要である。

　最後に、受身形式の使用という観点から見た場合、テクストのジャンルごとに用法の分布が異なるということは、志波（2015）などの先行研究で明らかにされている。文体と受身形式の関係や、様々な受身形式の使われる文脈を知るためにも、実際のコーパスの中での用法の使われ方を教えることは有益であると考えられる。

　本稿では、受身形式の体系を対照的に分析することで、日本語とフランス語の類似点と相違点を明らかにすることを目的としているので、実際の教育の場でこうしたことをどのように教えるべきか、いかなる誤用があるか、といった議論はできなかった。誤用の研究には学習者コーパスを構築し、実際にどのような誤用が現れるかを観察した上でなければ、はっきりしたことは何も言えない。それは今後の課題である。ただし、以上に述べた受身の体系の対照分析は学習者の誤用例の分析、及びその対策を考える際に何等かの役

立つ視点を提供するものであると考える。

注

1　自動詞と他動詞が同形を取る動詞で、brûler（燃やす／燃える）、cuire（火を通す／火が通る）などがある。動詞の態を変えることなく目的語を主語の位置に昇格し、自動詞用法を作ることができる。

2　Par と de の使い分けは動詞の特性と深く関わっており、一般には de は状態動詞の受動態において用いられると言われている。

3　Français contemporain vernaculaire はパリ第 3 大学に拠点を置く「現代フランス語コミュニティ内共通語」の研究プロジェクト。詳細については、以下のサイトを参照のこと。（http://www.univ-paris3.fr/fracov-227156.kjsp）

4　Badreddine Hamma, Amélie Tardif, Flora Badin « Le passif à l'oral » はオンラインで公開されている Fracov の研究ノート（http://www.univ-paris3.fr/index-des-fiches-227311.kjsp?RH=1373703153287）である。

5　Badreddine Hamma, Amélie Tardif, Flora Badin の取ったオルレアン大学の話し言葉コーパスの統計によると、受動態の形式は 1929 例が見つかったが、そのうち、動作主を伴わない例は 1622 例（84.1%）、動作主の代わりに別な状況補語（場所、時、様態など）を伴うものが 121 例（6.3%）、動作主を伴うものは 186 例（9.6 %）と極めて少数であった。

6　この 2 つの分類に関しても、研究者により様々な基準が提唱されている。また両者の区別が必ずしもはっきりしない場合もあるので、注意が必要である。Zribi-Hertz（1982）、Ruwet（1972）、井口（2007）などを参照のこと。

7　この点についても、幾つかの先行研究で活発な議論が行われている。井口（2004、2005、2007）、春木（1996, 1997, 2009）、山田（1997）などを参照のこと。

8　このシリーズをなす動詞の研究に関しては、Boons, Guillet et Leclère（1976）、Zribi-Hertz（1981）などを参照のこと。

9　動詞の結合価とは、個々の動詞が潜在的に有している動詞構文の統語的・意味的構造を決定する特性である。実際の発話の話線上では、結合価の全ての要素が語彙形式により実現されるわけではない。実現のレベルと動詞の構造を決定するレベルとは分けて考える必要がある。結合価と実現レベルのずれについては、Blanche-Benveniste（2001）、Akihiro（2004）を参照。

10　ちなみに非情者に対する代形は ça である。

11　実際には、これらの使役受身構文に立つ主語は「人」だけには限られないが、た

とえ「人以外」のものが立つ場合であっても、「人の集団」「機関」など、メトニ
ミック的に「人」的性格を持ち、「有情者」解釈できるものばかりである。例：
Comment expliquer que *la France* se voie éjecter au premier tour par une nation（ある
国によって最初にフランスが締め出されてしまうということをどう説明すればい
いのだろうか。）Le Monde 2011 年より抜粋。

12　se faire が「再帰代名詞」＋「使役動詞」の結合体ではなく、個々の形態の意味が
　　薄れ、ひとつの準助動詞として機能するようになること。

13　この文においては、Il は警察署に連れていってくれと頼んだわけでない。しかし、
　　Il が何等かの原因をなし、そのために警察に連れていかれたという解釈を受ける。

14　Melis (1990: 54) は se voir ＋不定詞の使役受身用法を tour datif（与格的用法）とし
　　て分類している。

15　須藤 (2001) の調査でも同様の結果が指摘されている。

16　須藤 (2001) によれば、se faire を se voir に置き換えられなかった例には、「移動」
　　や「達成」などの、主語の積極的働きかけが前提となるような語彙の例が多く見
　　られたという。

17　Badreddine Hamma, Amélie Tardif, Flora Badin の ESLO コーパスの調査では、52
　　例が見つかったが非人称受動構文で現れている動詞の全てが、不定詞句や名詞節
　　を直接目的語として従えるものであった。

18　ここでは話し言葉で用いられる nous や tu などの代用としての on の用法は除外し
　　て考える。

19　On の指示性について、小田 (2016: 41) は以下のように記述する。「…on 自体の指
　　示性は限りなく希薄で、on が行為主体を希薄化、背景化して事行・出来事に焦点
　　を置くという意味価値を持つ」このような性格は受動態にも通じるものである。

20　志波 (2015: 44) によれば、「非情主語一項受身構文は非情主語有情行為者の受身構
　　文に相当しているのだが、有情行為者が文中に現れることが極めて少ないので、
　　これを非情主語一項受身構文とした。」という。

21　中道的受身形の「出来事」的解釈については、Melis (1990: 90) にも詳しく説明さ
　　れているので参照のこと。ちなみに、Melis (1990: 90) では、このことを通して、
　　中道的受身が être ＋過去分詞の受身には書き換えができないことを説明している。

22　本稿では分類の便宜上、習慣的に繰り返されることによる「事態」を属性叙述に
　　分類しておく。習慣的に持つ「特性」を習慣的に繰り返される「事態」と考えて
　　事実叙述に分類することももちろん可能であろう。「習慣」は両者のカテゴリー
　　に関わるものである。先ほども述べたように、事態叙述と属性叙述の間の中間段
　　階を設ける必要性があると思われるのはそのためである。

23　この点に関しては、井口 (2007) や春木 (2009) などを参照のこと。

参考文献

Akihiro, Hisae. (2004) *Contribution à l'étude de la valence verbale en français contemporain : la non-réalisation du complément d'objet direct*, Thèse de doctorat, Ecole Pratique des Hautes Etudes.

Bat Zeev-Shyldkrot, Hava. (1981) A propos de la forme passive « se voir + V inf », *Folia Linguistica 15* : 387–407. Leuven : De Gruyter.

Blanche-Benveniste, Claire. (2001) Terminologie de quelques relations syntaxiques du domaine verbal : rection, valence, réalisation zéro, *Métalangage et terminologie linguistique, actes du colloque international de Grenoble*, Orbis / Supplementa 17 : 51–64. Leuven : Peeters.

Boons, Jean-Paul, Alain Guillet et Christian Leclère. (1976) *La structure des phrases simples en français, constructions intransitives*, Genève : Droz.

Catherine Camugli Gallardo et Takuya Nakamura. (ed.) (2014) *Le moyen : données linguistiques et réflexions théoriques*, *Langages 136*, Paris : Larousse.

Hamma, Badreddine, Amélie Tardif et Flora Badin. (2017) Le passif à l'oral, *fiches de FRACOV*, http://www.univ-paris3.fr/index-des-fiches-227311.kjsp?RH=1373703153287 , Université de Paris 3.

春木仁孝 (1996)「現代フランス語の再帰構文再考―意味解釈の仕組みとモダリティー」『言語文化研究』22 : 171–194. 大阪大学言語文化部

春木仁孝 (1997)「意味カテゴリーとしての再帰―現代フランス語の場合」『言語文化研究』23: 177–200. 大阪大学言語文化部

春木仁孝 (2009)「フランス語の再帰構文受動用法の一体性について―モダリティーの観点から」『言語文化研究』35：119–140. 大阪大学言語文化部

星野加奈子 (2016)『フランス語の se voir + V inf 構文について―受動表現を中心に』修士論文　東京外国語大学大学院　総合国際学研究科

井口容子 (2004)「受動的代名動詞のモダリティーと中相範疇機能拡張のメカニズム」『ステラ』23：1–17.　九州大学フランス語フランス文学研究会

井口容子 (2005)「受動的代名動詞再考―叙述の類型とアスペクト」『フランス文学』25：1–11. 日本フランス語フランス文学会中国四国支部

井口容子 (2007)「代名動詞の意味・機能的ネットワーク―自発、受動、非人称」『フランス語学研究』41：31–44. 日本フランス語学会

Le Bellec, Christel. (2015) La grammaticalisation de la construction passive en se faire, *Cahier de praxématique 65*, https://praxematique.revues.org/4133 , Presse Universitaire de Méditerranée.

Le Bellec, Christel. (2016) La séquence en se faire à sujet inanimé, *SHS Web of Conferences*

27, *5e Congrès Mondial de Linguistique Française,* https://doi.org/10.1051/shsconf/20162712013 , EDP Sciences.

益岡隆志(1987)『命題の文法―日本語文法序説』くろしお出版

益岡隆志(1991)「受動表現と主観性」仁田義雄(編)『日本語のヴォイスと他動性』pp.105–121. くろしお出版

益岡隆志(2000)「第 5 章　叙述の類型から見た受動文」『日本語文法の諸相』pp. 55–69. くろしお出版

Melis Ludo. (1990) *La voie pronominale, la systématique des tours pronominaux en français moderne.* Paris-Louvain-la-Neuve : Duculot.

森田良行(2002)『日本語文法の発想』ひつじ書房

仁田義雄(編)(1991)『日本語のヴォイスと他動性』くろしお出版

小田涼 (2016)「不定代名詞 on による行為主体の希薄化について」『フランス語学の最前線 4　東郷雄二・春木仁孝編』pp.1–45　ひつじ書房

Riegel, Martin, Jean-Christophe Pellat et René Rioul. (2009) *Grammaire méthodique du français.* Paris : PUF.

Ruwet, Nicolas. (1972). *Théorie syntaxique et syntaxe du français,* Paris : Le Seuil.

瀬賀正章 (1994)「Se voir + Vinf. 構文について」『人文論究』43–4：109–122. 関西学院大学人文会

志波彩子 (2015)『現代日本語の受身構文タイプとテクストジャンル』和泉書院

須藤佳子 (2001)「Se voir + Vinf. 構文について」『フランス語学研究』35：22–29. 日本フランス語学会

山田博志(1997)「中間構文について ―フランス語を中心に」『ヴォイスに関する比較言語学的研究』筑波大学現代言語学研究会 pp.97–131. 三修社

Zribi-Hertz, Anne. (1982) La construction « se moyen » du français et son statut dans le triangle : moyen – passif – rélfléchi, *Linguisticae Invastigations* 6 : 345–401. Amsterdam : John Benjamins.

索引

執筆者紹介　※論文掲載順（＊は編者）

野田尚史（のだ　ひさし）
大阪外国語大学大学院修士課程日本語学専攻修了。博士（言語学）。国立国語研究所教授。
（主著）『日本語学習者の文法習得』（共著、大修館書店、2001）、『コミュニケーションのための日本語教育文法』（編著、くろしお出版、2005）、『日本語教育のためのコミュニケーション研究』（編著、くろしお出版、2012）。

砂川有里子（すなかわ　ゆりこ）
大阪外国語大学大学院修士課程外国語学研究科日本語学専攻修了。博士（言語学）。筑波大学名誉教授、国立国語研究所客員教授。
（主著）『文法と談話の接点―日本語の談話における主題展開機能の研究―』（くろしお出版、2005）、『日本語文型辞典英版版』（共編・共著、くろしお出版、2015）、『新日本語教育のためのコーパス調査入門』（分担、くろしお出版、2018）。

黒沢晶子（くろさわ　あきこ）
ロンドン大学キングス・コレッジ大学院博士課程修了。ロンドン大学博士（言語学）。山形大学学士課程基盤教育機構教授。
（主論文）The interaction of syntax and pragmatics: The case of Japanese 'gapless' relatives, *Meaning Through Language Contrast*（John Benjamins, 2003）、At the Syntax-Pragmatics Interface: Japanese Relative Clause Construal, *The Dynamics of the Language Faculty: Perspectives from Linguistics and Cognitive Neuroscience*（共著、Kuroshio Publishers, 2009）、「グループワークによる受身文の多言語対照アプローチの役割」『BATJ Journal No.17』（英国日本語教育学会、2016）。

中尾雪絵（なかお　ゆきえ）
ナント大学言語科学学科博士課程修了。博士（言語学）。ナント大学外国語外国文化学部専任講師。
（主論文）「現代フランス語における kamikaze の変遷」『ガリア』57（大阪大学フランス語フランス文学会、2018）、「助詞「は」と「が」」『フランス日本語教育：第13回シンポジウム報告・発表論文集』8（フランス日本語教師会、2013）。

竹村亜紀子（たけむら　あきこ）
神戸大学人文学研究科後期博士課程修了。博士（文学）。フランス国立東洋言語文化大学（INALCO）講師。
（主著・主論文）Parental influence on dialect acquisition: The case of the tone system of Kagoshima Japanese, *NINJAL Research Papers* 3（国立国語研究所、2012）、Geminate judgments of English-like words by Japanese native speakers: Difference in the borrowed forms of 'stuff' and 'tough', *Journal of East Asian Linguistics* 21（4）（共著、Springer, 2013）、「連濁の心理言語学的実験」『連濁の研究』（共著、開拓社、2017）。

神山剛樹（かみやま たけき）
東京大学大学院総合文化研究科言語情報科学専攻博士後期課程単位取得退学。
2009 年パリ第 3 大学博士課程修了。博士（音声学）。パリ第 8 大学外国語文化学
部英語圏学科准教授。
（主 論 文）Pronunciation of French vowels by Japanese speakers learning French as a
foreign language: back and front rounded vowels /u y ø/,『音韻研究第 14 号』（開拓社、
2011）、Do French-speaking learners simply omit the English /h/? , Proceedings of the
17th International Congress of Phonetic Sciences（共著、Hong Kong, 2011）、Native
French speakers' perception of the Japanese /h/: ha piece hof cake?,Proceedings of the
18th International Congress of Phonetic Sciences（共著、Glasgow, Scotland, 2015）。

岩内佳代子（いわうち かよこ）
パリ社会科学高等研究院（EHESS PARIS）言語学科博士課程修了。博士（言語学）。
セルジーポントワーズ大学外国語国際研究学部准教授。
（主論文）Modalité en langue écrite-Analyse de lettres d'amour en ligne, *Japon pluriel 9
Actes du Neuvième Colloque de la Société Française des Études Japonaises*（Philippe Picquier,
2013）、Manipulation du langage par les femmes et détournement du pouvoir, *Des
paroles, des langues et des pouvoirs*（共著、L'Harmattan, 2014）。

Jean Bazantay（ジャン・バザンテ）
1996 年日本語アグレガシオン（Agrégation）取得、以降 8 年間フランス中等後期
教育機関で日本語を教える。博士（言語学）（日本語）。フランス国立東洋言語文化
大学（INALCO）准教授。
（主論文）「非母語話者による日本語教育」『ことばと文字』5 号（日本のローマ字
社、2016）、Apports du CECRL à l'enseignement du japonais en France, *Les Langues
Modernes 4/2015*（APLV Paris, 2015）、Un mode de justification en japonais : l'emploi
de *mono* en fin d'énoncé, *Faits de Langues* 45（Peter Lang Academic Publishing Group,
2015）。

デロワ中村弥生（デロワ なかむら やよい）
パリ第 7 大学博士課程修了。博士（言語学）。フランス国立東洋言語文化大学
（INALCO）准教授。
（主論文）Éléments initiaux dans la phrase japonaise, *Corpus* 13（Bases, corpus et langage
- UMR 6039, 2014）、Étude contrastive français-japonais : comportements syntaxiques
des interrogatifs et indéfinis, *Japon Pluriel* vol.9（Éditions Philippe Picquier, 2014）、
Subordonnants japonais : réflexion sur les caractères substantifs des mots, *Morphologie,
syntaxe et sémantique des subordonnants*（Presses universitaires Blaise Pascal, 2013）。

牛山和子（うしやま かずこ）

グルノーブル第3大学（現グルノーブル・アルプ大学）言語学科博士課程修了。博士（言語学）。グルノーブル・アルプ大学外国語学部日本語科常勤講師。

（主論文）「日本人の議論の展開と言語表現選択における傾向―対照言語・対照修辞学的観点から」『ヨーロッパ日本語教育 12』（Association of Japanese Language Teachers in Europe, 2008）、「B1 レベル学習者にとって難しい段落の特徴とは何か―テクストタイプ、テクスト構成の観点を中心に」『CEFR B1 言語活動・能力を考えるプロジェクト 2012 年度活動報告書』（2013）、Echanges linguistiques et stage à l'étranger : le japonais sur objectifs professionnels, *Didactique plurilingue et pluriculturelle : l'acteur en contexte mondialisé* （共著、Editions des archives contemporaines, 2013）。

中島晶子（なかじま あきこ）

パリ第7大学（現パリ・ディドロ大学）言語学科博士課程修了。博士（言語学）。パリ・ディドロ大学東アジア言語文化学部准教授。

（主論文）「味を表す言葉―『おいしい、うまい、まずい』の多義性と構文の特徴―」『比較日本学教育研究センター研究年報』第 10 号（お茶の水女子大学、2014）、「新造語における『度』『系』『力』の用法」『漢語の言語学』（くろしお出版、2010）、Fonctionnement de la particule *to* en japonais comme marque d'identification, *Construction d'identité et processus d'identification.* （Peter Lang, 2009）。

大島弘子＊（おおしま ひろこ）

パリ第5大学一般言語学博士号取得。パリ・ディドロ（第7）大学東アジア言語文化学部准教授。

（主著）*Modalité et discours*（Les Indes savantes, 2009）、『漢語の言語学』（共編、くろしお出版、2010）、『（新版）意味論』（翻訳、白水社、2013）。

東伴子（ひがし ともこ）

グルノーブル第3大学（現グルノーブル・アルプ大学）言語学科博士課程終了。博士（言語学）。グルノーブル・アルプ大学外国語学部日本語科准教授。

（主著・主論文）*Parlons japonais* （3ème édition）（共著、Presses Universitaires de Grenoble, 2016）、Quand les jeunes parlent du mariage : analyse narrative et interactionnelle du discours sur le genre, *Japon Pluriel* 11 （Philippe Piquier, 2016）、La médiation linguistique avec une perspective actionnelle dans l'enseignement du japonais, *Les langues modernes 4/2015 n° 109* （APLV Paris, 2015）。

秋廣尚恵（あきひろ ひさえ）

高等研究実習院博士課程修了。博士（言語学）。東京外国語大学大学院総合国際学研究院准教授。

（主著）『フランス語学の最前線 5』（共著、ひつじ書房、2017）、『フランス語学の最前線 4』（共著、ひつじ書房、2016）、『フランス語をとらえる―フランス語学の諸問題 IV』（共著、三修社、2013）。

フランス語を母語とする日本語学習者の誤用から考える

Analyses of Errors Made by Native French Speakers Learning Japanese
Edited by Hiroko Oshima

発行	2018 年 11 月 21 日　初版 1 刷
定価	4200 円＋税
編者	© 大島弘子
発行者	松本功
カバーイラスト	ヒライタカコ
組版所	株式会社 ディ・トランスポート
印刷・製本所	株式会社 シナノ
発行所	株式会社 ひつじ書房

〒 112-0011 東京都文京区千石 2-1-2　大和ビル 2 階
Tel.03-5319-4916　Fax.03-5319-4917
郵便振替 00120-8-142852
toiawase@hituzi.co.jp　http://www.hituzi.co.jp/

ISBN978-4-89476-925-0